DES AVARIES

DU JET ET DE LA CONTRIBUTION

DANS LEURS RAPPORTS

AVEC LE TEXTE DU CODE DE COMMERCE

ET LES RÈGLES OBSERVÉES DANS LA PRATIQUE

PAR

LOUIS MOREL

AVOCAT, CHEVALIER DE LA LÉGION-D'HONNEUR, OFFICIER D'ACADÉMIE

PARIS

COTILLON, ÉDITEUR, LIBRAIRE DU CONSEIL D'ÉTAT

24, rue Soufflot, 24

1874

DES AVARIES

DU JET ET DE LA CONTRIBUTION

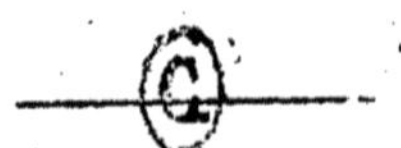

Marseille. — Typ. et Lith. Barlatier-Feissat Père et Fils.

DES AVARIES
DU JET ET DE LA CONTRIBUTION

DANS LEURS RAPPORTS

AVEC LE TEXTE DU CODE DE COMMERCE

ET LES RÈGLES OBSERVÉES DANS LA PRATIQUE

PAR

LOUIS MOREL

AVOCAT, CHEVALIER DE LA LÉGION-D'HONNEUR, OFFICIER D'ACADÉMIE

PARIS
COTILLON, ÉDITEUR, LIBRAIRE DU CONSEIL D'ÉTAT
24, rue Soufflot, 24

1874

PLAN DE L'OUVRAGE

A part certaines nuances de rédaction et de rares modifications dont l'utilité est souvent contestable, le titre des avaries et celui du jet et de la contribution n'offrent, comme la majeure partie de notre droit maritime, que la reproduction à peu près littérale de l'Ordonnance de 1681.

Peut-être eût-il mieux valu, en conservant le texte de cette Ordonnance et en fondant le tout dans un seul et même titre, ne pas renvoyer à un titre à part, et le jet qui n'est qu'une sorte d'avarie commune, et les règles de la contribution qui s'appliquent à toutes les avaries de cette dernière classe, quelle que soit la cause d'où elles procèdent. Les dispositions relatives aux abordages eussent naturellement trouvé leur place à la fin de ce titre unique, au lieu de rester intercalées, on ne sait pourquoi, vers la dernière partie du titre des avaries, entre ce titre et celui du jet et de la contribution qui y fait suite.

Il nous a donc paru plus logique, après un rapide exposé des avaries en général et un examen détaillé des avaries communes dont le jet n'est qu'une des nombreuses espèces, de traiter immédiatement de la contribution à laquelle cette dernière sorte d'avarie peut donner lieu et du mode à suivre pour l'établissement de cette contribution.

La matière des avaries communes ainsi épuisée, nous passerons aux avaries particulières pour lesquelles il n'est pas dû de contribution et qui ne regardent que le propriétaire de l'objet qui en a été atteint.

Nous terminerons par l'espèce d'avarie qui vient de l'abordage, et par les règles à suivre pour le règlement de ces dernières avaries entre les navires qui les ont éprouvées et ceux qui les ont occasionnées (1).

(1) C'est l'ordre qui a été suivi par Pothier.

DES AVARIES EN GÉNÉRAL

L'étymologie probable de l'avarie est dans le mot *aver* ou *avere* (en français, avoir) (1).

L'*avere*, l'*aver*, lo *havere* désignaient, à ce qu'il paraît, dans le principe, les marchandises chargées à bord d'un navire.

Le chapitre LXIII du *Consulat de la mer*, est relatif à l'*avoir* qui prend dommage. Par le mot *avoir* qui, dans le langage du *Consulat*, désigne, suivant Boucher (2), tout ce qui a une valeur, il faut évidemment entendre le chargement. Avoir ou facultés ! c'est ainsi qu'en nature d'assurances on désigne, chez nous, sous le nom de facultés, les marchandises chargées à bord des navires et qui font l'objet de l'assurance.

Anciennement les différents droits à payer à l'entrée et à la sortie des ports étaient mis à la

(1) Fremery. *Études du droit commercial*, page 193. Delaborde. *Traité des avaries*, page 38. Frignet, tom. 1, page 247.

(2) *Consulat de la mer*, note 1, page 119.

charge des marchandises ou de l'*avoir* et faisaient l'objet d'une contribution proportionnelle entre les divers chargeurs ; c'était le compte de contribution de l'avoir, l'*averie* ou, comme ont l'a dit plus tard, chez nous, l'*avarie.* Ainsi dans l'origine, le mot avarie a été synonyme de contribution.

C'est sans doute par cette raison, qu'au dire de William Beneck (1), les auteurs anglais se servent encore du mot *avaries* pour désigner principalement *les dommages et frais volontaires supportés pour le salut et la préservation du navire et du chargement*, ceux précisément qui donnent ouverture à contribution.

Plus tard on étendit le sens de ce mot à tous les frais, pertes et dépenses dont la marchandise pouvait être l'objet pendant le voyage.

Ces diverses manières d'entendre le mot *avaries* ont donné lieu à des distinctions et à des divisions sans nombre (2).

On a d'abord désigné, par *avaries grosses*, les pertes et les dépenses faites pour éviter un péril, celles qui donnent lieu à contribution entre le navire et les cargaisons, et sous le nom d'*avaries communes*, les frais de pilotage.

(1) *Principes d'indemnité en matière d'assurances,* traduction de M. Dubernad, tom. I, page 446 et la note 3 au bas de la page.

(2) Valin, édit. de 1766, tom. II, page 159. Emérigon, édit. de 1783, page 577 et 600.

d'ancrage, de convoi et autres à la charge de la marchandise.

D'autres ont distingué les avaries en *avaries proprement dites* et en *avaries improprement dites*, mettant, dans la classe des *avaries improprement dites*, les droits ordinaires de pilotage, d'ancrage et autres frais de même nature, et, dans celle des *avaries proprement dites*, les dommages occasionnés au navire ou aux marchandises par cas fortuit.

D'autres encore les ont divisées en *ordinaires* et *extraordinaires*, les *extraordinaires* ayant pour cause la force majeure et, dans ce nombre, les pertes et les dépenses pouvant donner lieu à contribution entre le navire et le chargement, et les *ordinaires* comprenant les divers frais indiqués plus haut, tels que frais de pilotage, d'ancrage et autres qui, comme on l'a déjà vu, étaient mis à la charge de la marchandise.

Ainsi, de même que les frais extraordinaires, ou les dommages qui pouvaient être la suite d'événements de mer, les frais ordinaires de la navigation étaient alors appelés *avaries*.

Cette désignation primitive, qui paraît précisément avoir servi de point de départ au mot *avarie*, dans le sens où nous l'entendons aujourd'hui, prouve combien les principes étaient mal arrêtés en matière de commerce et de navigation.

Il était, en effet, souverainement injuste de faire supporter à la marchandise, et par contribution entre les divers chargeurs, les frais de pilotage, ancrage et autres, qui sont la suite ordinaire de la navigation et qui doivent rester à la charge du navire, en échange du fret que lui paie la marchandise.

Quant à cette dernière, il est évident que les frais ordinaires qui la concernent, et que le propriétaire a dû faire entrer d'avance dans ses combinaisons et dans ses calculs, sont une partie intégrante de la valeur et du prix qu'elle aura atteints, lorsqu'elle sera parvenue sur le marché auquel elle est destinée.

Ces divers frais doivent donc rester en dehors du sens que l'on doit attacher au mot *avarie* qui ne peut s'entendre que des dépenses ou des dommages qui diminuent la valeur de la chose, et non des frais ordinaires, qui ont pour résultat d'en faire hausser le prix vénal. L'Ordonnance de 1681 et, après elle, le Code de Commerce, ont donc sagement fait de restreindre le sens de ce mot à la signification que nous lui donnons aujourd'hui, en l'appliquant, ainsi que cela avait été fait, aussi bien au navire qu'à la cargaison.

Ainsi, aux termes de l'article 397 du Code de Commerce, on appelle *avaries* tout dommage qui peut arriver au navire et aux marchandises depuis *le chargement et le départ*, jusqu'au *retour et au déchargement* (1) et toutes les dépenses extraordinaires faites pour le navire et les marchandises, conjointement ou séparément.

L'avarie est donc de deux natures: elle consiste, ou dans un dommage réel éprouvé par la chose qui en a été atteinte, ou dans les dépenses extraordinaires auxquelles cette chose a pu donner lieu.

Dans l'un et l'autre cas, c'est l'imprévu qui

(1) Le chargement et le départ, comme le retour et le déchargement, se rapportent à des circonstances inverses, le chargement devant précéder le départ, comme le retour précède le déchargement, le Code et l'Ordonnance ont, entre ces deux points extrêmes, établi, pour la durée des risques, une différence essentielle entre le navire et les marchandises. C'est l'objet d'une disposition formelle insérée au titre des Contrats à la grosse et reproduite à celui des Assurances (art. 328. 341, Code Comm.)

Les marchandises, du moment qu'elles sont embarquées, soit dans le navire, soit dans les alléges qui doivent les porter à bord, commencent à courir les risques de mer, qui ne finissent pour elles que du jour où elles ont été mises à terre. Le navire, au contraire, étant réputé en sûreté dans le port, les risques ne commencent pour lui que du jour où il a fait voile jusqu'à celui où il est arrivé à son lieu de destination, mais cette double disposition, dont l'utilité est évidente pour déterminer le commencement et la durée des risques à l'égard de l'assureur et du prêteur à la grosse, lorsque le contrat ne contient aucune stipulation à ce sujet, ne paraît pas aussi bien motivée en ce qui concerne l'avarie considérée en elle-même et abstraction faite de l'assurance ou du prêt à la grosse; peu importent en effet au propriétaire qui doit en subir les conséquences le lieu ou le moment où cette avarie aura pu se produire.

Ajoutons que, même dans le port, un navire peut être exposé à des accidents d'abordage ou autres, qui, si la marchandise était à bord, seraient, outre les avaries particulières, de nature à entraîner des avaries communes, de sorte que, même avant le départ, le navire, en dehors des risques à la charge de l'assureur ou du prêteur à la grosse, ne saurait être considéré comme étant rigoureusement exempt, au moins à l'égard de ses propriétaires, du danger de subir l'une ou l'autre de ces deux sortes d'avaries.

constitue le caractère essentiel de l'avarie; il faut que la dépense, comme la détérioration matérielle, soient le résultat d'un accident en dehors des déchets ou des frais ordinaires qui sont la suite nécessaire de l'opération.

Ainsi, l'usure du navire et les frais de navigation auxquels il est soumis constituent une diminution de valeur et des dépenses prévues, dont l'armateur se récupère par le fret; de même, pour le propriétaire de la marchandise, les déchets ordinaires et les frais de douane ou autres, qui sont la conséquence du transport de cette marchandise d'un lieu à un autre, se trouvent compensés par la différence de prix entre le lieu de production et celui du marché.

Il est difficile, quand on a erré longtemps dans la pratique, de secouer tout d'un coup l'empire des habitudes et de la tradition. C'est à cette cause, sans doute, qu'il faut attribuer l'inadvertance du rédacteur de l'Ordonnance qui, après avoir clairement défini, dans une série d'articles, ce qu'on devait entendre par avaries et les avoir divisées en deux catégories, les communes et les particulières, avait imaginé, dans un article subséquent (l'article 8 du titre des *Avaries*), de faire la part de ce qu'il appelait *menues avaries*, dont un tiers à payer par le navire et les deux autres tiers par la marchandise.

On voyait ainsi, en dehors des avaries communes te particulières, un article spécial restaurer, par un retour vers une doctrine dont on n'avait pas complètement réussi à s'affranchir, une troisième classe d'avaries comprenant les frais de lamanages, touages, pilotages pour entrer dans les havres ou rivières ou pour en sortir et ayant son mode particulier de contribution.

Les droits de congé, visite, rapport, tonnes, balises et ancrages étaient seuls rétablis dans leur véritable caractère, l'article 9 du même Titre refusant à ces dépenses le caractère d'avaries, et disposant qu'elles seraient acquittées par les maîtres, c'est-à-dire par les propriétaires du bâtiment.

Il est inutile de faire observer que la même raison existait pour ces diverses natures de dépenses, car les unes et les autres sont des frais ordinaires de navigation dépourvus du caractère essentiel de l'avarie, auxquels, dans tous les cas, la marchandise doit demeurer étrangère. Aussi, l'article 406 du Code de Commerce, abolissant, avec la dénomination de *menues avaries*, la distinction faite par l'Ordonnance et réunissant en un seul les deux articles qui l'avaient établie, déclare-t-il d'une manière formelle que toutes ces dépenses, les lamanages, touages et pilotages, aussi bien que les droits de congé, visite et autres, ne sont pas des avaries mais de simples frais à la charge du navire.

Aujourd'hui il n'y a donc plus d'autres avaries, dans le sens de la loi et des usages commerciaux, que celles qui consistent dans le dommage réel éprouvé par le navire ou par la marchandise et dans les dépenses extraordinaires dont l'un ou l'autre peuvent être l'objet.

L'avarie ainsi définie se divise en deux classes ; les avaries grosses ou communes et les avaries simples ou particulières.

L'avarie simple ou particulière est le dommage qui arrive à la marchandise seule ou au navire seul et la dépense extraordinaire qui peut être faite pour l'un ou pour l'autre séparément.

L'avarie grosse ou commune est le dommage souffert ou la dépense extraordinaire accomplie volontairement pour le bien et le salut commun du navire et de la cargaison.

Nous verrons, dans le cours de cet ouvrage, les règles particulières à ces deux sortes d'avaries. Contentons-nous, pour le moment, de faire remarquer, avec Valin (1), qu'il eût mieux valu faire disparaître de la loi les dénominations de *simples* et de *grosses* qui, accolées à celles de *particulières* et de *communes*, n'ajoutent rien à la clarté et rappellent des distinctions justement discréditées. Les mots de *communes* et de *particulières* disent suffisamment tout ce qu'il y a à dire. Les deux autres manquent de précision et sont loin d'être en rapport avec les idées qu'on voudrait leur faire exprimer.

Dans l'ordre du Code, comme dans celui de l'Ordonnance et dans l'ordre logique lui-même, ce sont

(1) Comment. de l'art. II, au titre des *Avaries*

les avaries communes, qui se présentent les premières. Leur énumération une fois faite, celle des avaries particulières s'en déduit tout naturellement, en vertu de ce principe qu'en matière d'avaries, tout ce qui n'est pas avarie commune constitue, par cela seul, une avarie particulière.

LIVRE PREMIER.

DE L'AVARIE COMMUNE ET DE SES CARACTÈRES.

L'article 400 du Code de Commerce, après avoir énuméré les avaries communes les plus usuelles, celles que l'expérience a signalées comme étant les plus fréquentes, donne, dans son dernier paragraphe, une définition générale destinée à embrasser tous les autres cas qui peuvent se révéler dans la pratique.

L'Ordonnance avait suivi l'ordre inverse, après avoir défini, dans un article spécial, ce qu'il faut entendre par avarie commune, elle avait détaillé, dans deux articles séparés, les divers cas d'avaries communes dont notre Code a conservé l'énumération.

Au fond, le détail est le même ; les définitions sont identiques ; les rédacteurs du Code semblent n'avoir rien innové. Cependant, certaines modifications jetées çà et là, quoique sans raison bien apparente, et les changements survenus dans les habitudes du commerce et les pratiques de la navigation exigent de nouveaux développements sur cette partie des avaries qui est, sans contredit, la plus importante de la matière qui nous occupe.

L'essentiel est de bien établir tout d'abord les caractères qui distinguent l'avarie commune de l'avarie particulière.

L'article 2 de l'Ordonnance (au titre des *Avaries*) appelle avaries grosses ou communes *les dépenses extraordinaires faites, et le dommage souffert pour le salut commun des marchandises et du vaisseau.*

L'article 400 du Code de Commerce (*in fine*) appelle également avaries communes les *dommages soufferts volontairement, et les dépenses faites, d'après délibérations motivées, pour le bien et le salut commun du navire et des marchandises*, depuis leur chargement et départ, jusqu'à leur retour et déchargement.

En comparant ces deux définitions, on voit que le Code a eu l'intention d'être plus complet et plus précis que l'Ordonnance. Au fond, il n'a rien ajouté à ce qui se pratiquait sous l'empire de l'ancienne législation. Les mots qui terminent l'article 400, « depuis leur chargement et départ jusqu'à leur retour et déchargement » se lisent également dans l'article 1er de l'Ordonnance qui donne la définition de l'avarie en général, et avaient déjà été insérés dans l'article 397 du Code de Commerce, qui n'est que la copie littérale de cet article ; leur reproduction dans l'article 400 peut donc être considérée comme une répétition inutile.

L'adverbe *volontairement*, ajouté à l'article 400

et qui ne se trouve pas dans l'Ordonnance, exprime le caractère essentiel de l'avarie commune, aussi bien sous l'ancienne que sous la nouvelle loi ; il ne change pas le principe, mais il lui donne plus de précision.

Quant à la mention des *délibérations motivées* comme devant précéder la dépense ou le sacrifice volontaire, on serait tenté au premier abord de supposer, cette partie de la disposition n'existant pas dans l'Ordonnance, que le Code a voulu en faire une condition essentielle de l'avarie commune.

Les articles 1 à 5 de l'Ordonnance (titre du *Jet et de la Contribution*), dont les articles 410, 411 et 412 du Code de Commerce ne sont que la reproduction, prescrivent au capitaine qui se croit obligé de jeter une partie du chargement, ou de sacrifier ses mâts ou ses ancres, de prendre auparavant l'avis des intéressés à la cargaison et des principaux de l'équipage. Ils règlent la manière dont la délibération doit avoir lieu, comment il faut qu'elle soit constatée, et la déclaration qui en doit être faite à l'arrivée par le capitaine ; mais rien n'indique, dans l'Ordonnance comme dans le Code, que ces diverses prescriptions soient autre chose que des précautions dont l'omission peut bien engager la responsabilité du capitaine, mais ne saurait dénaturer le caractère de l'avarie.

Le jet d'une partie des marchandises, s'il est établi par les circonstances qu'il a eu lieu dans l'intérêt et pour le salut communs, ne cesse pas d'être considéré comme avarie commune, par cela seul qu'il n'a pas été précédé d'une délibération. Telle était du moins l'opinion suivie sous l'ancienne législation, et contre laquelle l'article 400 semblerait avoir voulu réagir, en rappelant d'une manière générale aux capitaines la nécessité de faire précéder d'une délibération motivée le sacrifice ou la dépense constituant l'avarie commune.

Toutefois, malgré cette addition que l'on pourrait considérer comme peu opportune, la jurisprudence a persisté, comme les auteurs, à ne voir dans cette prescription ainsi renouvelée que le rappel d'une précaution à laquelle il est bon de se conformer, mais dont l'omission ne détruit pas le caractère de l'avarie ; car de même que l'existence d'une délibération ne saurait changer une avarie particulière en avarie commune, l'absence de cette formalité ne saurait faire d'une avarie commune une avarie particulière (1).

Il faut ajouter, pour ceux qui sont complètement étrangers à la pratique de la navigation, que ces délibérations, qui pouvaient avoir une certaine portée autrefois, alors que les équipages voyageaient le plus souvent à la part avec les capitaines, les uns et les autres étant à peu près de niveau, sous le rapport des connaissances et des habitudes, les chargeurs suivant leur marchandise à bord et voyageant d'or-

(1) Rouen, 2 janvier 1826 et 6 février 1843, J. d. P., tom. 1 1843, page 659. Bordeaux, 23 février 1829.

dinaire avec elle, n'ont plus aucune valeur aujourd'hui que la navigation étant devenue, par la nature des voyages entrepris, un art véritable qui a cessé d'être à la portée des matelots, c'est l'ascendant du maître qui décide de tout à bord et qui seul détermine les mesures à prendre en cas de danger. Les mentions qui se lisent encore dans les rapports et qui ont pour objet d'établir qu'en fait l'équipage a été consulté, ne sont que des énonciations de style et une sorte d'acquit envers d'inutiles formalités auxquelles l'imminence du péril, l'inaptitude des équipages et souvent leur mauvaise volonté ne permettent pas de s'astreindre en réalité.

Nous avons vu que le caractère essentiel de toute espèce d'avarie était l'imprévu ou la force majeure. Il y a aussi un caractère dominant dans l'avarie commune, c'est la circonstance de la volonté commandant la dépense ou le sacrifice, dans l'intérêt commun du navire et de la cargaison.

C'est le cas fortuit qui produit l'avarie particulière; c'est le fait de l'homme qui crée et détermine l'avarie commune. Dans le premier cas, l'avarie ne dépend que de l'événement; dans le second, elle a pour cause principale la volonté.

Ce n'est pas que la volonté de l'homme suffise seule pour constituer une avarie commune; car un sacrifice qui ne serait pas motivé par les circonstances et qui n'aurait pas pour objet l'intérêt et le salut communs n'engagerait que la responsabilité du capitaine, sans donner naissance à une contribution.

La volonté n'est, comme nous l'avons dit, que le caractère dominant. Il faut, autour de ce fait principal, grouper encore deux conditions essentielles : la première qu'il ait été commandé par un péril imminent ; la seconde, qu'il ait eu pour but le salut commun du navire et de la cargaison.

Ainsi le caractère principal de l'avarie commune est la volonté, le péril imminent est la cause déterminante, le salut commun le but proposé.

Quelques auteurs ont ajouté une quatrième condition : c'est que le sacrifice une fois fait ait procuré la conservation du navire et de la cargaison ; c'est là une erreur ; la perte des objets que le capitaine a voulu sauver peut bien empêcher qu'il y ait lieu à contribution, mais elle ne fait pas que l'avarie commune n'ait existé avec tous les caractères que la loi lui attribue. Ce n'est pas l'avarie qui fait défaut dans ce cas, c'est l'action en contribution qui s'efface devant le sinistre majeur qui a amené la perte du navire et de la cargaison.

La condition de la volonté humaine est un caractère tellement essentiel de l'avarie commune que, par une extension singulière donnée au principe, on s'est avisé de soutenir que, pour qu'il y eût avarie commune, il fallait que la volonté fût libre et spontanée, de telle sorte que si, en présence d'un péril imminent, le capitaine se trouvait placé entre l'alternative d'une perte entière ou d'un sacrifice partiel, le choix ne pouvait être considéré comme libre et l'avarie cessait d'être commune. Comment, en effet, disaient les partisans de ce système, concevoir la pensée d'ouvrir une contribution, pour indemniser le propriétaire d'un objet qui était fatalement destiné à périr, qu'il eût été résolu ou non de le sacrifier par avance?

Ce singulier abus de raisonnement, qui avait pour résultat de nier la solidarité de perte ou de salut qui existe dans le cas de péril imminent entre le navire et tout ce qui compose la cargaison, a été condamné par plusieurs arrêts, notamment par les cours de Rennes et de Bordeaux (1). Comment, en effet, si tout était fatalement destiné à périr, ne pas rendre communs à tous les intéressés, les avantages d'un salut opéré par le sacrifice de quelques-uns, quelquefois d'un seul? qui ne sent qu'à moins d'une contribution équitable entre tous, le choix de l'objet à sacrifier, qui est un profit pour les autres, devient une injustice criante envers le perdant.

Il faut, à coup sûr, pour qu'il y ait avarie commune, qu'il y ait un acte volontaire; mais la volonté qui agit, dans ce cas, ne peut être arbitraire; elle doit être commandée par le péril; il faut, comme le dit Emerigon (2), que le fait de l'homme ait concouru avec le cas fortuit; il faut qu'il y ait volonté forcée! « *volontà violentata dal accidente del peri-* « *colo* » *Targa*, cap. 58. Cela n'enlève pas à l'action son caractère de volonté et de liberté (3).

(1) Rennes, 22 mai 1826. Bordeaux, 23 février 1829.

(2) Tom. I, page 603, chap. XII, sect. 39.

(3) Lorsqu'on jette les marchandises pour se sauver, dit Leibnitz, à

Abondant dans le sens contraire, on a soutenu qu'une terreur panique ne saurait justifier le capitaine qui se serait avisé de jeter à la mer une partie de sa cargaison (1); que, dans aucun cas, l'opinion où le capitaine et l'équipage pourraient être de l'imminence du danger n'est un motif suffisant d'excuser le sacrifice, si sa nécessité n'est pas établie par les circonstances.

Tout cela est vrai en principe; mais comment, à moins d'avoir été présent au moment de l'événement, se faire une idée exacte de l'imminence du danger et du trouble qu'il a pu faire naître dans l'esprit du capitaine et des gens de l'équipage? Il est facile de raisonner à distance et lorsqu'on est en dehors de tout péril; mais pour ceux qui se trouvent battus par la tempête et dans l'attente du sort qui semble les menacer, une crainte même exagérée est tellement naturelle qu'on ne saurait leur reprocher le parti extrême qu'ils ont pu prendre et auquel il sera toujours impossible, après tout, de prouver que le navire n'ait pas dû son salut.

C'est peut-être encore par une application outrée du principe qu'il n'y a pas d'avarie commune sans l'intervention de la volonté de l'homme, que la Cour de Montpellier, dans un arrêt du 25 décembre 1837 (2), après avoir reconnu à une relâche le

propos de la liberté humaine, l'action que les écoles appellent mixte est volontaire et libre.

(1) Emerigon, *loc. cit.*

(2) J. d. P., tom. II, 1838, page 380.

caractère de l'avarie commune, a refusé de considérer autrement que comme une avarie particulière l'échouement du navire au moment où il tentait d'entrer dans le port où devait s'opérer cette relâche. On ne saurait, il est vrai, par cela seul qu'une résolution de ce genre a été prise, mettre à la charge des avaries communes tous les dommages fortuits que le navire peut éprouver dans le trajet nécessaire pour atteindre le lieu de la relâche. Peut-être la Cour de Montpellier a-t-elle pensé que la rencontre du navire contre l'écueil sur lequel il avait échoué n'était pas de telle nature qu'avec une meilleure manœuvre elle n'eût pu être évitée. Mais en dehors des circonstances particulières qui ont pu influer sur cette décision, il faut reconnaître que lorsqu'un navire, forcé de relâcher pour le salut commun, donne, à l'entrée du port, sur un obstacle qu'il lui était impossible d'éviter, les avaries qui en résultent doivent suivre le sort de celles qui ont occasionné la relâche et être admises, comme elles, dans la classe des avaries communes.

Il y a pourtant une distinction essentielle à faire entre le cas fortuit qui se produit indépendamment de la volonté de l'homme et celui qui n'en est que la conséquence.

Ainsi, dans le cas d'un péril imminent et alors qu'on a résolu de sacrifier des voiles ou de couper un mât pour le bien et le salut communs, si avant que cette résolution ait pu être exécutée, les voiles sont enlevées ou le mât brisé par la violence de la tempête, la perte éprouvée ne donne lieu à aucune contribution. Il ne suffit pas, en effet, qu'on ait voulu faire un sacrifice, il faut encore que ce sacrifice ait été consommé. Il en serait autrement si, après s'être décidé à jeter une partie de la marchandise pour alléger le navire et après l'avoir, dans ce but, extraite de la cale, elle venait, au moment du jet, a être enlevée sur le pont par un coup de mer. Bien que, dans ce cas, un accident imprévu et involontaire ait fait périr la marchandise avant que le sacrifice qui en avait été résolu eût pu être accompli, il y a cependant avarie commune par la raison qu'en tirant la marchandise de la cale et en l'exposant sur le pont, on avait commencé à exécuter la résolution de la jeter à la mer et que, sans ce préliminaire indispensable du jet, elle n'eût pu être enlevée par la mer; qu'elle doit, par conséquent, être considérée comme ayant péri par suite de la détermination qui avait été prise de la sacrifier.

Il semble que ce soit ici le cas de faire observer qu'alors qu'il y aurait eu détermination volontaire, l'avarie cesserait d'être commune, si la nécessité du sacrifice avait été occasionnée par un fait reprochable, soit au capitaine, soit à l'un des chargeurs.

C'est ainsi que, lorsque pour préserver le navire et la cargaison, il aura fallu faire jet à la mer d'objets dangereux pouvant compromettre la sûreté générale, que ces objets aient été chargés d'accord ou non avec le capitaine, mais à l'insu des autres chargeurs, le jet ne constituera qu'une avarie particulière à la charge du propriétaire dont la marchandise aura été sacrifiée.

Il en serait de même si le capitaine, ayant chargé des marchandises de contrebande, venait à jeter à la mer une partie de son chargement, pour alléger le navire et échapper aux poursuites dont il serait l'objet. Le jet deviendrait alors une avarie particulière dont le capitaine aurait à répondre envers les chargeurs qui auraient eu à souffrir de l'événement.

La même décision s'applique au cas où un capitaine, poursuivi pour avoir tenté de forcer un blocus régulièrement notifié, chercherait également à s'alléger, par le jet, d'une partie de sa cargaison.

Il en serait autrement si le navire avait été armé, de l'aveu de tous, pour aller déposer quelque part de la *contrebande de guerre* (1) ou pour faire un commerce interlope (2) sur quelque côte étrangère. Il semble, au premier abord, que des conventions de cette nature ne devraient produire aucune action en justice ; mais il n'en est pas des principes qui servent à régler les rapports entre des nations étrangères ou ennemies, comme des lois qui s'observent dans l'intérieur des États. Pothier, examinant la question au point de vue de l'assureur, a été conduit, par des considérations de morale absolue, à pros-

(1) On appelle contrebande de guerre, les armes, munitions ou effets destinés ou pouvant servir à des opérations hostiles et que les navires neutres tentent d'introduire parfois dans le territoire des parties belligérantes.

(2) Le commerce interlope est celui des navires marchands qui trafiquent en fraude et au mépris des lois prohibitives du commerce.

crire toute distinction entre la contrebande qui serait faite sur les côtes de France et celle qu'on chercherait à pratiquer à l'encontre des nations étrangères; mais cette opinion, combattue par Valin, Emerigon et par Estrangin le commentateur de Pothier, ne saurait être soutenue dans la pratique (1).

Il est inutile de dire que les différents cas qui viennent d'être proposés ne l'ont été qu'à titre d'exemples et que, dans toutes les circonstances qui peuvent se présenter, il faut se demander si le sacrifice volontaire, quel qu'en soit la nature, n'a pas eu pour cause une faute imputable au capitaine, aux gens de l'équipage, ou à l'un des chargeurs, auquel cas la perte éprouvée, au lieu d'être considérée comme une avarie commune, ne sera plus qu'une avarie particulière à la charge du capitaine, de l'armement, ou de celui à qui la faute sera imputable.

Après avoir ainsi examiné d'une manière générale quelles sont les conditions de l'avarie commune, il ne nous reste plus qu'à parcourir les divers cas énumérés par le Code de Commerce et à indiquer ceux dont la pratique a fait connaître la possibilité.

(1) Pothier, *Assurance* n° 58. Estrangin, *Comment.* sur Pothier. Valin, *Assurance*, art. 49. Emerigon, *Assurance*, chap. VIII, sect. 5.

PREMIÈRE PARTIE.

DES AVARIES COMMUNES ÉNUMÉRÉES DANS L'ART. 400 DU CODE DE COMMERCE.

CHAPITRE PREMIER.

DES CHOSES DONNÉES PAR COMPENSATION ET A TITRE DE RACHAT DU NAVIRE ET DES MARCHANDISES.

---

§ 1. — DU RACHAT.

Un navire peut être capturé en mer, conformément aux lois de la guerre, ce qu'on est convenu d'appeler une prise régulière, ou irrégulièrement, c'est-à-dire en dehors du droit des gens, par des pirates ou des corsaires non autorisés. Si dans l'un et l'autre cas, quelles que soient les causes de l'agression, le capitaine du navire capturé entre en composition avec le capteur et obtient de dégager le navire et la cargaison, soit par une somme d'argent, soit par le sacrifice d'une partie de la cargaison ou des effets qui se trouvent à bord, cette composition, ayant pour objet le salut commun du navire et de la cargaison, constituera évidemment une avarie commune.

La loi parle des *choses* données par composition sans les définir; peu importe, en effet, la nature des objets donnés, si, en considération de ce qui lui a été offert et abandonné, le capteur a consenti à se désister.

C'est une sorte de transaction intervenue entre les deux parties contractant, il est vrai, l'une, à l'aide de la force, l'autre, sous l'empire de la contrainte, où l'une d'elles fait le sacrifice d'une partie de ce qui lui a été confié dans le but de conserver le reste, et l'autre, en considération de ce qu'elle reçoit ou qu'on promet de lui donner, consent à laisser libre le navire et la cargaison dont il lui était loisible de s'emparer.

Mais il faut, pour que la composition donne ouverture à contribution, qu'elle ait eu pour objet de dégager à la fois le navire et les marchandises, car si le navire ennemi, le corsaire ou le pirate ne s'est attaqué qu'au navire seul, à la cargaison ou à une partie de la cargaison, la composition n'ayant eu lieu que dans l'intérêt du propriétaire des objets saisis ou capturés ne peut et ne doit être supportée que par lui.

Ainsi, dans le cas où des marchandises ennemies viendraient à être appréhendées à bord d'un navire neutre, le capitaine de ce navire, qui aurait retiré ces marchandises au moyen d'une composition, n'aurait à en réclamer le montant qu'à leur propriétaire.

Boulay Paty propose, d'après Stracca et Casaregis, le cas d'un navire dont la cargaison ne serait composée que de marchandises ennemies, et dont le capitaine aurait sauvé la meilleure partie en détournant les soupçons du capteur sur quelques unes de ces marchandises qu'il aurait réussi à faire passer seules pour hostiles. Il décide, avec les auteurs déjà cités, que la partie de la cargaison sauvée par cette ruse de guerre, serait tenue de contribuer au remboursement de celle qui aurait été confisquée.

Il est à remarquer que dans l'exemple ainsi posé, le salut du navire n'est pas intéressé, qu'il échappe dès lors à toute contribution; quant aux marchandises, le sacrifice volontaire que fait le capitaine de celles qu'il a livrées comme ennemies ayant eu pour résultat de sauver les autres, constitue, à l'égard de la totalité de la cargaison, une sorte de composition dont il n'est pas permis à ceux qui en ont profité, de s'affranchir, en refusant d'y contribuer.

La composition se fait de deux manières, ou au moyen de lettres de change tirées par le capitaine sur son armateur, auquel cas il arrive souvent qu'un officier du navire capturé est laissé en otage, ou immédiatement, au moyen d'une rançon en vivres, effets ou marchandises, agréée par le capteur.

Dans le cas où, au lieu d'un paiement immédiat, le capteur se contente d'une promesse, avec ou sans otage, l'acte qui constitue cette promesse, s'appelle billet de rançon.

§ 2. — DE LA DÉTENTION PAR SUITE DE CAPTURE.

La nature du sujet nous conduit à examiner ce qu'il y a lieu de décider dans le cas où, dans l'absence de toute composition, un navire ayant été pris de force et conduit dans un port, la prise est reconnue plus tard invalide, et la restitution opérée au profit des propriétaires?

On demande si les frais faits pendant la détention, pour la nourriture et les gages de l'équipage, et ceux relatif aux démarches faites pour obtenir la relaxation du navire et de la cargaison, doivent entrer en avaries communes?

Emérigon se prononce pour l'affirmative, et c'est dans ce sens qu'avant la promulgation de notre Code de Commerce, la question a été jugée par un arrêt de la cour de Rouen du 10 frimaire an X (1).

Cette solution n'est pourtant pas sans difficulté. On a le droit de se demander en effet comment la capture du navire et la détention qui en a été la suite étant évidemment un cas

(1) Cour de Rouen, *Journal du Palais* à la date indiquée et Emérigon, *Assurances*, chap. XII, sect. 22.

de force majeure, il serait possible d'admettre en avaries communes des dépenses qui n'ont rien de volontaire, et qui ne sont que la conséquence de l'événement fortuit qui est venu aggraver la position du navire et de la cargaison.

Cependant et bien qu'en faisant des démarches pour obtenir la main levée du navire et des marchandises, le capitaine n'ait fait que se soumettre à une nécessité et remplir un devoir, si de ces démarches il est résulté quelques frais, comme ces frais constituent, après tout, une dépense volontaire qui a profité à la libération commune, il paraît juste avec Emérigon et avec la Cour de Rouen, de les admettre en avaries communes.

Mais peut-il en être de même pour la nourriture et les gages des gens de l'équipage? cette dépense peut-elle être réputée volontaire? n'est-elle pas la suite obligée de la prolongation du voyage? cette prolongation elle-même n'a-t-elle pas pour cause l'acte de violence exercé sur le navire, et peut-elle être considérée autrement que comme la conséquence directe d'un cas fortuit?

Ne serait-ce pas, tout au moins, le cas d'appliquer les dispositions des articles 400 et 403 § 6, d'après lesquelles les loyers et la nourriture des matelots ne peuvent être classés en avaries communes que lorsque le navire a été affrété au mois, et doivent être réputés avaries particulières, toutes les fois qu'il a été affrété au voyage?

Pardessus (1) pense que la nourriture et les loyers de l'équipage deviennent avaries communes, et que ce n'est pas le lieu de distinguer si le navire a été loué au mois ou au voyage. C'est aussi l'opinion de Boulay Paty (2) qui, pour la motiver, veut que l'on distingue s'il y a eu prise réelle ou si le navire a été simplement arrêté par ordre d'une puissance. Selon lui, le § 6 de l'article 400 ne s'applique qu'à ce dernier cas, d'où la conséquence que, si la détention a été la suite d'une capture, la nourriture et les loyers des matelots doivent entrer en avaries communes, sans égard au mode d'affrétement.

M. Frignet (3) se décide dans le même sens, mais par une autre raison, en se fondant uniquement sur le principe que la prise rompt le contrat d'affrétement et dégage le propriétaire du navire et le chargeur de toute obligation réciproque ; que, par suite, l'obligation de nourrir et de payer l'équipage n'étant plus la conséquence du contrat, c'est aux parties intéressées à supporter cette dépense, par voie de contribution.

Ce dernier raisonnement pêche au moins par l'application. En effet, ou la prise est jugée valable, ou elle ne l'est pas. Dans le premier cas, le contrat d'affrétement est réellement rompu, et le chargeur, dont la marchandise se trouve confisquée, ne doit ni fret ni contribution. Dans le second cas, on ne

(1) Tom. III, page 22

(2) Tom. IV, page 144.

(3) *Traité des avaries*, tom. I, page 416.

saurait dire qu'il y a eu prise véritable, mais seulement détention temporaire; le contrat d'affrétement continue donc à subsister et doit s'exécuter entre les parties, comme si l'événement n'avait pas eu lieu.

C'est ce qu'a jugé la Cour de Cassation, le 11 août 1818, sur un pourvoi dirigé contre la Cour d'Aix qui, le 17 juin 1817, avait décidé qu'il n'y avait pas eu rupture d'affrétement, la prise ayant été déclarée invalide et la restitution ayant été opérée.

Reste donc la question de savoir si, comme le prétend Boulay Paty, les dispositions de l'article 400, § 6, du Code de Commerce ne sont applicables qu'au cas de détention par ordre d'une puissance?

Aux termes de cet article, il faut distinguer, comme le faisait l'Ordonnance, l'affrétement au mois de l'affrétement au voyage. Chacun de ces deux modes d'affrétement entraîne des conséquences différentes. Si le navire a été affrété au mois, la nourriture et les loyers des matelots, pendant le temps de la détention, entrent en avaries communes; s'il a été affrété au voyage, ils conservent le caractère d'avaries particulières.

Pothier seul (1) s'est rendu un compte exact du motif de cette différence. « On ne peut dire, selon « lui, que la dépense extraordinaire qu'a causée

(1) Pothier, *Charte-partie*, n° 85. Vid. Emérigon, chap. XII, sect. 30, § 5.

« l'arrêt de prince, pour les loyers et la nourriture « des matelots, ait été faite pour le salut commun. « Cet arrêt est une force majeure, involontaire. « dont les marchands ne sont pas garants envers « le maître, et dont le maître n'est pas garant « envers eux ; aussi l'article VII de l'Ordonnance « (titre des *Avaries*) décide-t-il que, lorsque le na- « vire est loué au voyage, ces frais doivent être « portés par le vaisseau seul, comme avaries « simples.

« Si lorsque le vaisseau est loué au mois, ces « frais sont réputés avaries grosses, c'est par une « raison particulière qui est que le maître ne re- « cevant, en ce cas, aucun fret du marchand « pendant que l'arrêt dure, il n'est pas obligé de « fournir pour rien au marchand ses matelots, pour « la garde et la conservation des marchandises. »

Ainsi, comme le fait très-bien observer Pothier, la détention forcée d'un navire dans un port, quelle qu'en soit la cause, ne saurait par elle même donner naissance à des avaries communes, la loi voulant expressément, pour que les dépenses faites participent de cette sorte d'avaries, qu'elles aient été la suite d'une détermination volontaire, ayant pour objet le salut commun du navire et de la cargaison.

Un navire entre-t-il dans un port, par crainte de la tempête ou de l'ennemi ? la résolution qui a précédé la mesure, le péril commun qu'il s'agit d'éviter, tout concourt d'avance à déterminer le caractère de l'avarie qui va suivre. Si la persistance du danger fait prolonger le séjour dans le port de refuge, les dépenses en résultant ne pourront être considérées autrement que comme des dépenses communes.

Mais si, conduit de force dans un port, une rade ou un lieu quelconque, le navire est réduit à attendre jusqu'à ce qu'il soit statué sur la légalité de la prise, le caractère essentiel de l'avarie commune disparaît pour faire place au cas fortuit, à la force majeure, d'où naissent les avaries particulières.

La situation devient alors la même que dans le cas de détention par ordre d'une puissance ; il n'y a que la cause de changée : conséquence immédiate de l'événement imprévu et forcé, qui a atteint le navire et la cargaison, les dépenses de séjour, dans lesquelles devront être compris la nourriture et les salaires de l'équipage, rentreront évidemment dans la classe des avaries particulières qui s'établissent en dehors de toute prévision et sans participation du fait ni de la volonté de l'homme.

C'est donc le cas d'appliquer, par assimilation, le § 6 de l'article 400 du Code de Commerce qui, pour les frais de nourriture et les salaires, n'admet de contribution que lorsque le navire a été affrété au mois, non pas, comme le fait observer Pothier, que ces dépenses constituent par elles-mêmes des avaries communes, mais par une faveur spéciale de la loi, pour indemniser le propriétaire du navire de l'interruption que le fret aura subi pendant la détention.

Cette solution, qui pouvait souffrir quelque difficulté sous l'empire de l'Ordonnance, dont l'article VII ne distingue l'affrétement au voyage de l'affrétement au mois que dans le cas spécial de la détention d'un navire par ordre d'une puissance, ne saurait faire l'ombre d'un doute sous la législation actuelle qui, comme nous aurons l'occasion de le faire remarquer plus bas, n'admet la possibilité de faire entrer en avaries communes les loyers et la nourriture des matelots, *quelle que soit la cause de la relâche*, que dans l'hypothèse la moins commune dans la pratique, celle où le navire aurait été affrété au mois.

§ 3. — DE LA DÉTENTION PAR ARRÊT DE PRINCE.

Les questions soulevées à propos de la rançon à laquelle un navire capturé peut donner lieu, nous ont porté à devancer, en ce qui concerne la nourriture et les loyers des matelots, une discussion qui eût été, peut-être, plus convenablement placée, lorsqu'il s'agira d'examiner le § 7 de l'art. 400.

Cependant, comme nous avons cru devoir assimiler le cas d'un navire capturé et retenu dans un port jusqu'au moment où l'illégalité de la prise a été prononcée, à celui d'un navire qui aurait été retenu par ordre d'une puissance, ce que l'on est convenu d'appeler l'arrêt de prince, il importe, pour compléter nos idées sur ce point, et pour affirmer des principes trop souvent méconnus, d'ajouter quelques mots sur ce qui se passe, lorsqu'il n'y a pas eu prise, mais simplement détention.

M. Frignet dit, dans son *Traité des Avaries* (1), qu'à la différence de la prise, l'arrêt de prince ne constitue qu'un dommage fortuit dont les conséquences sont avaries particulières. Cette distinction est une erreur, la prise est aussi bien un cas fortuit que l'arrêt de prince. Aux termes de l'art 400 du Code de Commerce, n° 1, ce n'est pas la prise qui constitue l'avarie commune, c'est la composition, c'est-à-dire le fait volontaire du capitaine qui, pour sauver le navire et la cargaison, parvient à dégager l'un et l'autre au moyen d'un traité avec le capteur.

Sous le rapport de la volonté déterminante et du but proposé, cette convention a tous les caractères de l'avarie commune. Il est vrai que le sacrifice n'est consenti que sous l'empire de la nécessité ; mais, nous avons déjà fait voir que la volonté exigée pour constituer l'avarie commune ne doit s'entendre que d'une volonté commandée par une nécessité réelle ou par un danger évident.

En dehors de cette convention de rançon qui constitue, par ses caractères, une véritable avarie commune, la prise n'est en réalité, comme l'arrêt de prince, qu'un cas fortuit donnant naissance à des avaries particulières.

(1) Tom. I, page 257.

Il en est de la composition en cas de prise, comme il en serait des sommes qui pourraient avoir été déboursées par le capitaine pour dégager le navire et la cargaison, dans le cas d'un arrêt de prince momentané ayant pour objet un service forcé dont le capitaine serait parvenu à se faire exempter à prix d'argent.

Il s'en suit que, dans l'un et l'autre cas, les dommages résultant du retard doivent être classés en avaries particulières et que, si les loyers et la nourriture de l'équipage peuvent être distraits de cette classe, pour être placés dans celle des avaries communes, ce ne peut être qu'en vertu de l'exception établie par le § 6 de l'article 400, pour les affrétements au mois, et en application du principe qui a fait créer cette exception et dont nous aurons plus tard à discuter le mérite.

§ 4. — DU BLOCUS.

La prise et la détention, qui constituent des cas fortuits, mais qui ne procèdent pas de la violence des éléments, nous portent naturellement à nous occuper du blocus, qui est un événement de force majeure de même nature que les deux autres.

Aux termes de l'article 279 du Code de Commerce, le capitaine qui, pour cause de blocus, ne peut atteindre le port pour lequel il était destiné, est tenu, à moins d'ordres contraires, de conduire son navire dans un des ports voisins de la même puissance où il lui sera permis d'aborder.

On demande si les frais de nourriture, les loyers des matelots et autres dépenses, pendant la prolongation de la traversée et le séjour au port de relâche, sont ou non avaries communes?

M. Frignet se prononce pour l'affirmative (1) et cite à l'appui de son opinion les Codes espagnol, hollandais et prussien.

Sans examiner si les dispositions de ces divers codes sont plus conformes aux principes et à la raison que celles qui nous régissent, nous croyons, quant à nous, que le texte formel des articles 400 et 403 de notre Code de Commerce répugne à cette solution.

Comment supposer, en effet, que le propriétaire du navire puisse être plus favorablement traité dans le cas où la loi astreint le capitaine à relâcher dans le port le plus voisin pour cause de blocus que dans celui où, après délibération motivée de l'équipage, ce capitaine relâche volontairement par suite d'avaries et pour le salut commun du navire et de la cargaison ?

Ajoutons que, dans le cas de l'article 279, on ne saurait, quoiqu'on fasse, reconnaître aucun des caractères de l'avarie commune, la relâche dans ce cas ne procédant pas de la volonté de l'homme,

(1) *Traité des avaries*, tom. I, page 463.

mais d'une obligation imposée par la loi au capitaine et qui rentre dans les conditions impératives du contrat d'affrétement.

D'ailleurs, le blocus constituant, par lui-même, un événement de force majeure, doit peser également sur les deux parties, et il faut remarquer que si le résultat, pour l'armement, peut être de subir, sans augmentation de fret, une prolongation de voyage ou de séjour, les propriétaires de la cargaison, outre le déchet que cette prolongation peut faire éprouver à la marchandise, ont encore à supporter les frais de transport du lieu où elle a été débarquée à celui pour lequel elle était destinée.

§ 5. — DE LA RECOUSSE.

Un cas qui rentre plus spécialement dans le sujet qui nous occupe, car il peut être, aussi bien que la composition et le rachat, la suite d'une capture faite en mer, est la recousse, c'est-à-dire le cas où le navire capturé est repris sur l'ennemi par un navire allié ou par un navire appartenant à la nation de celui ou de ceux au préjudice de qui la prise avait été faite.

Sanctionné par une ordonnance de 1584, sous Henri III, confirmé, sous Louis XIV, par l'Ordonnance de 1681, sous Louis XVI, par une ordonnance spéciale du 15 juin 1779 et, enfin, sous le Consulat, par un arrêté du 2 prairial an XI portant règlement sur les armements en course, le droit de recousse varie, suivant que le navire capturé est resté vingt-quatre heures au pouvoir de l'ennemi ou qu'il a été repris sur lui avant que ce temps se soit écoulé.

Dans le premier cas, la dépossession des propriétaires du navire et de la cargaison étant censée consommée au profit de l'ennemi, le navire et tout ce qui s'y trouve sont attribués en entier à celui qui en a fait la reprise.

Dans le second cas, le droit de recousse est réduit au tiers du navire recouvré et de sa cargaison.

Depuis Louis XVI, l'Etat avait renoncé, pour ce qui le concernait, au droit de recousse et avait converti ce droit, pour les navires de guerre qui avaient recouvré la prise, après comme avant les vingt-quatre heures, en une gratification au profit des équipages repreneurs, gratification laissée d'abord à l'arbitrage de l'administration, et qui, par l'arrêté de règlement du 2 prairial an XI, a été fixée au dixième de la valeur de la reprise, si elle a eu lieu après les vingt-quatre heures, et à un trentième seulement, si elle a été faite avant l'expiration de ce délai.

Le droit de recousse n'existait donc plus dans notre droit maritime qu'à titre d'encouragement pour les corsaires armés, lorsqu'est intervenu, entre les puissances européennes, le traité international du 16 avril 1856 qui, en attendant que le bénéfice de la neutralité soit étendu à tous les navires du commerce sans distinction de nationalité, a supprimé la conrse et a ainsi délivré le commerce de l'agent de destruction le plus actif, le plus redouté, et à coup sûr le moins justifiable. Quelles que soient, du reste, les limites dans lesquelles ce droit est désormais appelé à s'exercer et sans examiner les questions auxquelles il peut donner lieu en dehors du sujet qui nous occupe, il suffit que les propriétaires des objets recouvrés sur l'ennemi aient une récompense à payer ou un droit quelconque à acquitter, pour rechercher si ce droit et cette récompense doivent être rangés dans la classe des avaries communes ?

William Benecke (1), le seul auteur qui ait envisagé la question, s'est prononcé pour l'affirmative ; mais cette opinion, qui peut être vraie en Angleterre, ne nous paraît pas admissible dans notre droit.

En nous reportant aux principes que nous avons posés plus haut, et en consultant les termes de l'article 400 du Code de Commerce, il est impossible de voir, dans les circonstances de la prise et dans celles de la reprise, rien qui implique l'idée d'un sacrifice ou d'une dépense volontaire ayant pour objet le salut commun du navire et de la cargaison.

En outre, la conséquence de toute avarie commune est de donner naissance à une répartition

(1) Traduct. de Dubernad, tom. I, page 555.

dans laquelle le navire et le fret contribuent chacun pour la moitié de leur valeur et les marchandises pour la totalité.

Or, le droit de recousse, qu'il soit du 30e ou du 10e suivant les circonstances, se perçoit séparément sur la valeur entière du navire et sur celle des marchandises, sans y comprendre le fret. Il n'y a donc là, ni somme à repartir, ni contribution à établir, mais une dépense rémunératrice dont le taux est fixé d'avance pour chaque nature de marchandises et pour le navire lui-même, sur le pied de leurs valeurs respectives.

Il y aurait, en apparence, plus de difficultés si au lieu d'une quotité déterminée à payer par chacun des objets repris sur l'ennemi, le droit accordé à l'équipage repreneur était réduit, par composition, à une somme fixée en bloc.

Nous pensons, quant à nous, que, même dans ce cas, il n'y aurait pas lieu, pour la répartition de cette somme, de recourir au mode de contribution indiqué par l'article 401, qui est spécial aux avaries communes, et que le navire et les marchandises étant seuls appelés à supporter les frais de la recousse, la répartition devrait s'en faire aussi bien sur la valeur totale du navire que sur celle des marchandises (1).

(1) La distinction entre les deux modes de répartition est très importante. Supposons un navire de 400 tonneaux de port, d'une valeur de 100,000 fr. environ, affrété pour aller de Bordeaux à la Réunion, au fret ordinaire de 35 fr. et 10 %, ce qui représente, pour la totalité

§ 6. — DU NAVIRE ABANDONNÉ PAR SON ÉQUIPAGE ET RAMENÉ DANS LE PORT PAR LE NAVIRE QUI EN A FAIT LE SAUVETAGE.

Ce cas offre la plus grande analogie avec le précédent, car sauver le navire des flots ou de l'ennemi, c'est rendre un service égal à celui à qui il appartient et à ceux dont la marchandise se trouvait à bord au moment de l'événement : une récompense est donc due aux équipages *sauveteurs* au même titre qu'aux équipages *repreneurs*, lorsque, au lieu d'être reconquis sur l'ennemi, le navire a été préservé des flots.

Le droit accordé à titre de récompense à ceux qui ont sauvé un navire abandonné en pleine mer a été fixé par l'article 27 de l'Ordonnance de 1681 au titre du *Naufrage*; il est du tiers « tant du navire que de tout ce qui s'y trouvera » (1).

C'est cet article qui est encore actuellement en vigueur ; mais il ne s'applique qu'aux effets trouvés

des 400 tonneaux, un fret de 15,400 fr. : supposons également que les marchandises composant le chargement de ce navire soient d'une valeur de 200,000 fr.

Si la répartition de la somme attribuée au repreneur devait se faire conformément à l'art. 401, le navire et le fret ne devant être comptés que pour moitié, contribueraient sur 57,700 fr. seulement, tandis que si, en laissant le fret de côté, on fait contribuer le navire sur le pied de sa valeur totale, sa contribution portera sur un chiffre de fr. 100,000.

Ainsi, la marchandise dont la valeur supposée est de 200,000 fr., aurait, suivant le premier mode de répartition, à supporter près des 4/5mes de la somme à distribuer, tandis que, dans le second, elle n'est appelée à contribuer que pour les 2/3.

(1) Valin, *Comment. sur l'art.* 27, liv. IV, titre IX.

en pleine mer. S'il s'agit d'un naufrage connu et ayant eu lieu près des côtes, si le navire a été vu du rivage, ou si l'équipage, après l'avoir mouillé près de terre, ne l'a quitté que momentanément et pour aller chercher du secours, il est d'usage, dans chacun de ces cas, de n'accorder au sauveteur qu'une récompense proportionnée au danger couru et au service rendu, récompense dont le chiffre est abandonné à l'appréciation des tribunaux (1).

Un navire atteint d'une voie d'eau se trouvait mouillé sur une des rades-foraines de la Réunion, lorsqu'à l'approche d'un ouragan, l'équipage n'osant courir les chances d'un appareillage prit le parti de se réfugier à terre. Soit que ses amarres se fussent rompues, soit qu'il eût chassé sur ses ancres, ce navire, entraîné au large, disparut pendant la tempête et, retrouvé en pleine mer par un autre navire, fut ramené au mouillage qu'il avait quitté.

On demande quelle différence il faut faire entre ce dernier cas et celui d'un navire qui aurait été abandonné en pleine mer ? Si les frais de sauvetage, dans l'un et l'autre cas, sont de nature à entrer en avaries communes ? Ou si le dernier seul doit donner lieu à contribution ?

La différence est facile à apercevoir. Lorsque le navire est abandonné en pleine mer, c'est sans espoir de le ressaisir et dans la pensée qu'il va s'abî-

(1) Sirey. Tom. II. 2. 193 et tom. XIV. 2. 68.

mer et disparaître avec sa cargaison ; mais lorsqu'il est mouillé près du rivage et que l'équipage se réfugie à terre dans la crainte du danger, c'est dans l'espérance de pouvoir retourner à bord, s'il se trouve, le danger passé, que le navire a heureusement tenu sur ses amarres. Dans le premier cas, il y a abandon ; il n'y a dans le second, qu'un abandon momentané, ou plutôt il n'y a pas d'abandon proprement dit, puisqu'il y a esprit de retour et partant intention formelle de ne pas se dessaisir.

La conséquence de cette différence est que le droit du sauveteur qui, dans le premier cas, serait du tiers du navire et de la cargaison, se trouve réduit, dans le second, au paiement des frais de sauvetage ; mais si ces deux espèces diffèrent sur ce point essentiel, elles ont entre elles cela de commun, que, quelle que soit la nature de la récompense due à ce sauveteur, elle ne saurait jamais donner lieu à contribution.

Le fait d'abandonner le navire et la cargaison aux hasards de la mer ne constitue pas une avarie commune, pas plus quand cet abandon s'est fait en pleine mer, que quand il a eu lieu près des côtes et au mouillage. Ce n'est pas là le sacrifice ou l'abandon d'un objet déterminé pour sauver le navire et la cargaison ; c'est l'abandon du navire lui-même et de toute sa cargaison sacrifiés l'un et l'autre au salut ou à la sûreté de l'équipage.

Ce qui pourrait seul constituer l'avarie commune, ce ne serait donc pas l'abandon, mais le sauvetage qui viendrait à en être la suite et le droit ou les frais à payer aux auteurs de ce sauvetage. Or, la rencontre du navire par le sauveteur est, en lui-même, un événement fortuit qui peut donner naissance, au profit de ce sauveteur, à un droit ou à une rémunération quelconque, mais qui ne saurait engendrer une avarie commune.

D'ailleurs, comme nous l'avons déjà fait observer pour le droit de recousse, celui de sauvetage consistant également dans une quotité du navire et de la cargaison, il s'en suit que, lorsqu'au lieu de cette quotité, il doit, à raison des circonstances, être réduit à une gratification, il faut répartir le chiffre de cette gratification, non pas en conformité de l'article 401, comme s'il s'agissait d'une avarie commune, mais d'après la règle établie en matière de recousse et de sauvetage, c'est-à-dire sur la valeur totale du navire et sur celle de la cargaison.

Il existe pourtant un cas où il pourrait y avoir lieu d'admettre les frais de sauvetage en avarie commune, et d'adopter par suite le mode de contribution établi par l'article 401, c'est celui où l'équipage ayant abandonné le navire par suite d'une crainte légitime, la cessation du danger viendrait à lui permettre de le recouvrer.

Ce n'est plus alors un tiers qui rencontre fortuitement le navire abandonné et qui s'en saisit, mais l'équipage lui-même qui se met à sa recherche et à sa poursuite, d'où il suit que les frais faits pour le mettre à même d'exercer cette poursuite ayant pour objet le salut commun du navire et de la cargaison constituent, en réalité, une avarie commune, dans le sens du dernier § de l'article 400 du Code de Commerce.

C'est ainsi qu'Emérigon et les commentateurs qui l'ont suivi ont décidé, avec raison, que les frais faits pour recouvrer le navire qu'on avait abandonné dans la crainte d'être pris par l'ennemi doivent entrer en avaries communes (1).

CHAPITRE II.

DES CHOSES JETÉES A LA MER.

Parmi les sacrifices auxquels les événements de la navigation peuvent donner lieu, un des plus anciennement connus est le jet.

Cet accident, que les circonstances et le mode de la navigation rendaient plus fréquent autrefois qu'il ne l'est de nos jours, avait été prévu et réglé par les lois maritimes des Rhodiens. *ff. de lege Rhodiâ de jactu.*

On en voit un exemple dans l'avant-dernier chapitre des *Actes des Apôtres* qui a trait au voyage de saint Paul à Rome, lorsque le navire qui le transportait des côtes de l'Asie mineure aux rivages de l'Italie, avant d'aller échouer sur les rochers de

(1) Emérigon. *Assurances*, chap. XII, sect. 11. — Pardessus 741. — B. Paty. 4. 456.

Mélite (1), fut surpris par la tempête et que, pour le dégager, on se vit obligé de se débarrasser d'une partie de la cargaison.

Le *Consulat de la mer* traite « de la cérémonie qui doit être observée lors du jet. »

C'est, en effet, une véritable cérémonie que les prescriptions de l'article 99 de cet ancien Code maritime dont Emérigon a traduit le texte de la manière suivante (2) :

« Lorsque le patron se trouvera dans la nécessité
« de faire jet, il doit dire aux marchands, en pré-
« sence de l'équipage : Messieurs, nous sommes en
« grand danger de nous perdre; le seul parti qu'il
« y ait à prendre pour sauver nos personnes, le
« navire et partie du chargement, c'est de faire jet.
« Si les marchands ou le plus grand nombre des
« marchands chargeurs consentent à faire jet, on
« peut le faire. »

C'était, comme on le voit, aux temps primitifs de la navigation, lorsque les marchands naviguaient avec leurs marchandises et que les patrons, dont l'instruction, dans l'état d'enfance où était alors la théorie nautique, ne s'élevait pas beaucoup au dessus de celle des mariniers ordinaires, étaient réduits, à chaque situation critique, à s'aider de leurs conseils et surtout de leur expérience.

(1) Nom ancien de Malte.

(2) Émérigon. *Assurances*, chap. XII, sect. 40. L'auteur s'est trompé de numéro en citant l'art. 97, au lieu de l'art. 99. Voir le texte donné par Boucher et celui de la traduction de Meyssoni.

Encore, faut-il croire que ces règles, toutes raisonnables qu'elles pouvaient paraître, n'étaient que rarement suivies dans la pratique, car on trouve dans les anciens auteurs que l'on distinguait deux espèces de jet : le jet régulier, qui se faisait avec les formalités prescrites, et le jet irrégulier qui, à raison de l'imminence du danger, avait lieu presque sans ordre et dans des circonstances où, comme le fait observer Emérigon, les formalités et les discours ne sont guères de saison.

Comme on le pense bien, ce n'est pas le jet régulier qui se présentait le plus souvent, témoin l'observation de Targa, qui, écrivant vers la fin de sa carrière, racontait qu'ayant été soixante ans magistrat du consulat de la mer à Gênes, il n'avait vu que quatre ou cinq exemples de jet régulier, lesquels furent, dit-il, « suspects de fraude par cela seul que les formalités avaient été trop bien observées. »

Emérigon, à qui nous empruntons cette citations (1), ajoute que, suivant Casarégis, le jet est toujours présumé avoir été de la classe des jets irréguliers. Il ne faut pas, en effet, avoir la moindre idée de la navigation, pour supposer qu'on ait le temps de délibérer de sang-froid sur des sacrifices decette nature, auxquels on ne se résout jamais que dans un cas de nécessité urgente et en face d'un péril imminent.

(1) *Des assurances*, chap. XII, sect. 40.

Aussi a-t-on lieu de s'étonner que l'Ordonnance de 1681 ait conservé des prescriptions dont l'exécution était si peu naturelle qu'au dire de Targa, elle passait même pour suspecte, surtout que ces prescriptions aient été reproduites dans l'article 410 de notre Code de Commerce, à une époque où, comme nous l'avons déjà fait observer (1), l'art de la navigation est devenu, au double point de vue de la pratique et de la théorie, une science qui demande une préparation et des études préalables, où l'infériorité des matelots par rapport à leur capitaine rend non-seulement inutile, mais ridicule et illusoire la part que, par un excès de précaution, la loi a voulu réserver aux principaux de l'équipage dans les conseils et les délibérations de celui qui est chargé de les gouverner et de les conduire.

Quoiqu'il en soit, l'art. 410 du Code de Commerce veut qu'avant de sacrifier les mâts de son navire, d'abandonner ses ancres ou de faire jet à la mer d'une partie de son chargement, le capitaine prenne l'avis des principaux de l'équipage et de ceux des chargeurs qui pourraient se trouver sur le bâtiment. L'art. 412 exige que la délibération qui est censée avoir précédé le sacrifice, l'abandon ou le jet, soit rédigée par écrit, signée par ceux qui y ont pris part et transcrite sur le registre du bord.

Enfin l'art. 413 ordonne au capitaine d'affirmer les faits contenus dans cette délibération, dans les

(1) P. 16. *De l'avarie commune et de ses caractères.*

vingt-quatre heures de son arrivée au premier port où il abordera.

Ces prescriptions, qui ne sont que rappelées au titre du Jet et de la Contribution (1), ne sont pas constitutives de l'avarie et n'ont d'autre objet que de servir à en administrer la preuve.

Elles sont du reste communes à toute espèce d'avaries, avec cette différence que l'avarie particulière procédant uniquement du cas fortuit, l'existence de l'événement est seul à prouver, ce qui se fait au moyen des art. 242 et suivants, c'est-à-dire par le rapport du capitaine dans les vingt-quatre heures de l'arrivée, tandis que l'avarie commune ayant pour cause directe et efficiente la volonté humaine, la loi veut qu'outre la preuve de l'événement, on apporte encore, aux termes des articles 400, 410 et 412, celle de la résolution qui l'a précédée. Il suit de là que les formalités indiquées n'étant pas de l'essence même de l'avarie et n'étant exigées qu'à titre de preuve, les tribunaux, malgré les termes formels des articles que nous venons de citer, ont bien pu décider : 1° que la délibération des articles 400, 410 et 412 est subordonnée aux circonstances, que, dans tous les cas, elle n'est pas indispensable (2) ; 2° que la demande d'avaries peut être admise en l'absence du rapport du capi-

(1) Cod. comm., art. 242 243-244-245-246-247 au titre du *Capitaine*, et art. 400 au titre des *Avaries*.

(2) Bordeaux, 23 fév. 1829. — Rouen, 2 janv. 1826 et 6 fev. 1843. (Arrêt déjà cité, page 16, note 1.)

taine, si la preuve résulte d'autres circonstances, notamment des énonciations du livre journal (1).

Cependant on ne saurait trop recommander aux capitaines, malgré les tempéraments apportés par l'usage et par la jurisprudence à l'application de ces articles, de s'y conformer autant qu'il leur sera possible, car il est des avaries qui peuvent être facilement soupçonnées et dans le cas où l'esprit des juges viendrait à être prévenu, l'absence des formalités pourrait, à tort ou à raison, devenir contre eux un argument redoutable.

Entre les art. 410 et 412 destinés à se compléter l'un par l'autre et dont la délibération qui doit précéder le jet ou le sacrifice forme le texte principal, le Code, suivant pas à pas l'Ordonnance de 1681, a intercalé, dans l'art 411, une disposition dont l'objet est de régler l'ordre dans lequel le jet doit s'effectuer : Ce sont d'abord les choses les moins nécessaires, ensuite les plus pesantes et de moindre prix, puis les marchandises du 1er pont, au choix du capitaine et de l'avis des principaux de l'équipage.

L'Ordonnance (2), à qui cet article a été emprunté, parmi les choses les moins nécessaires, indiquait, à titre d'exemple, les ustensiles du vaisseau.

Le Code a fait disparaître, avec raison, cette indication, qui, prise dans un sens tant soit peu étendu,

(1) Cass., 1er septembre 1813. — Cass., 3 juillet 1839, *Journal du Palais*, tom. II 1839, page 371. — Bordeaux, 11 juillet 1826, ibid. à la date. — Rouen, 26 nov. 1841, *Journal du Palais*, tom. II 1842, p. 49.
(2) Art. 3, Titre du *Jet et de la contribution*.

pouvait entraîner de singulières conséquences, qui dans un sens restreint devenait inutile par le peu d'importance du jet et par son insuffisance par rapport à l'allégement du navire.

Il paraît, suivant Emérigon qui cite à l'appui le *Guidon de la mer*, qu'on entendait par *ustensiles de la nef*, les vieux câbles, fougons, artillerie et jusqu'aux coffres des compagnons. Ainsi réduite, cette acception du mot *ustensiles* devient véritablement sans objet, l'artillerie des navires du commerce se bornant, quand il en existe, à un ou deux canons d'un faible calibre, dont le jet, pas plus que celui des vieux câbles qui pourraient se trouver à bord, ne serait de nature à soulager le bâtiment.

Les fougons d'autrefois ont fait place à des cuisines fixées sur le pont et qu'il faudrait préalablement démolir.

Quant aux coffres des compagnons, qui sont placés d'ordinaire dans le poste d'avant, outre que le poids en est peu de chose, ce serait affliger les matelots par la perte de leurs hardes, sans aucune utilité pour le navire et pour la cargaison.

Il est bon d'observer qu'à part les canons, dont la perte serait peu regrettable, quelques bailles et des cages à poules, les navires ne présentent aujourd'hui sur leur pont que des objets indispensables à la navigation qui sont : la chaloupe, placée entre le grand mât et le mât de misaine, et des deux côtés, les dromes qui contiennent en faisceau les diverses pièces de bois destinées, en cas d'accident, a remplacer certaines parties de la mâture qui pourraient être mises hors de service.

Ces objets quoiqu'étant sur le pont et à la portée des matelots qui, à un instant donné, peuvent, en coupant les liens qui les retiennent au navire, en faciliter le jet ou l'enlèvement par la mer, doivent toujours être ménagés, par la considération de leur utilité.

Le sacrifice ne pourrait en être excusé que par le trouble et la précipitation inséparables de l'état de danger et de crise qui fait prendre, tout d'un coup, les résolutions les plus extrêmes.

Il n'y a donc en réalité que les marchandises placées dans le navire qui puissent être efficacement jetées pour en procurer l'allégement et pour lui faire éviter, au besoin, une submersion imminente; mais là, encore, il n'est pas facile de suivre les prescriptions de l'article qui recommande de choisir les marchandises du premier pont et, parmi elles, les plus pesantes et celles d'un moindre prix.

La dénomination de premier pont s'applique sans doute, dans la pensée de l'article, à l'espace compris, entre le pont supérieur et l'entrepont, qui existait autrefois dans presque tous les navires et séparait la cale du reste du bâtiment; aujourd'hui, que la cale commence le plus souvent au dessous du pont extérieur, sans aucune cloison ou plancher intermédiaire, on comprend l'impossibilité de faire autre chose que de se saisir des marchandises du plan supérieur qui s'offrent les premières à la main et qui empêchent d'atteindre celles qui sont placées au dessous.

Il suit de là que, lorsque le chargement est composé de marchandises mêlées, les unes lourdes et les autres légères, celles qui ont le plus de poids étant engagées dans la partie inférieure, sous le reste du chargement, ce sont les marchandises les plus légères et souvent de plus de prix qui subissent la nécessité du jet.

Le choix du capitaine et l'avis de l'équipage sont donc des choses très sages, au point de vue de la théorie, mais qui demeurent presque toujours à l'état de précepte et de vœu, les circonstances permettant rarement de s'y conformer.

L'art. 410 ne mentionne que deux cas de jet : la tempête ou la chasse de l'ennemi.

Cependant, d'autres circonstances peuvent rendre cette mesure nécessaire. Un navire, par exemple, peut être engagé sur des bas-fonds ou sur un écueil dont il ne soit possible de le tirer qu'en l'allégeant par le jet d'une partie de sa cargaison et en diminuant ainsi son tirant d'eau.

On ne saurait, du reste, préciser tous les cas qui peuvent se présenter dans la pratique. Les circonstances seules peuvent légitimer cette nature de sacrifice qui doit toujours être commandé par la nécessité et par le désir de sauver d'un péril commun le navire et la cargaison.

CHAPITRE III.

DES DOMMAGES OCCASIONNÉS PAR LE JET AUX MARCHANDISES RESTÉES DANS LE NAVIRE ET DE CELUI ARRIVÉ AU NAVIRE PAR LA MÊME CAUSE.

Après avoir classé dans le n° 2 les choses jetées à la mer, l'art. 400 renvoie au n° 5 pour les conséquences même du jet. Ces deux sortes d'avaries procédant l'une de l'autre, il nous a paru plus logique d'intervertir l'ordre du code et de procéder immédiatement, après les questions qui naissent du jet en lui-même, à l'examen des avaries qui en peuvent résulter, tant pour le navire que pour les marchandises.

L'art. 400 ne fait état, dans son n° 5, que du dommage causé aux marchandises. S'il est parlé de celui que le jet peut occasionner au navire lui-même, ce n'est que dans l'art. 422, au titre du jet et de la contribution, pour déclarer que ce dommage ne doit donner lieu à contribution que lorsqu'il a été fait pour faciliter le jet.

Est-ce une différence que la loi a entendu établir entre le navire et les marchandises ?

Le dommage arrivé aux marchandises sera-t-il toujours et dans tous les cas rangé dans la classe des avaries communes ?

Le même dommage, quand c'est le navire qui l'a souffert, devra-t-il, au contraire, être considéré comme avarie particulière et ne changera-t-il de caractère que lorsqu'il aura été subi volontairement pour faciliter le jet ?

Telle paraît être, au premier abord, la conséquence à tirer du silence de l'art. 400 par rapport au navire et de la façon dont l'art. 422 a été rédigé.

Quant aux marchandises, il ne saurait y avoir de difficulté. L'art. 400 ne distingue pas si le dommage a été volontaire ou non ; il suffit qu'il provienne du jet, pour qu'il prenne, aux yeux de la loi, le caractère de l'avarie commune.

Ainsi, qu'un navire se trouvant, dans une tempête, engagé sur l'un ou l'autre bord, il faille pour le relever, le soulager d'une partie de son chargement, si au moment où, pour faciliter le jet, on ouvre les écoutilles, la mer se précipite sur le pont et pénètre dans l'intérieur, en avariant la partie des marchandises restée dans la cale, nul doute que cette avarie ne participe du caractère de l'avarie principale et ne donne lieu, comme le jet lui-même, à une action en contribution.

Cet exemple n'est pas le seul qu'on pourrait donner. Souvent à la mer les circonstances varient ; il n'y a qu'une chose qui ne change pas, c'est le principe qui veut, pour que le dommage réputé suite du jet rentre dans la classe des avaries communes. qu'il en soit le résultat immédiat et nécessaire et que sans la cause première qui y a donné lieu, l'avarie n'eût pas existé.

Mais cette règle est-elle, d'une manière absolue, applicable au navire? Nous avons déjà fait remarquer que l'art. 422 semble ne vouloir admettre de contribution pour le dommage causé au bâtiment par le jet, que pour le cas où il aurait été fait pour le faciliter, c'est-à-dire lorsqu'il aurait eu pour cause la volonté de l'homme, comme si, par exemple, on avait coupé des cordages faisant obstacle au jet ou sabordé la muraille du navire, pour pouvoir faire rouler du pont à la mer des marchandises trop lourdes pour être facilement soulevées.

Il est certain que dans ce cas et dans tous autres cas de cette nature, il n'est pas besoin de l'art. 422 pour donner à l'avarie le caractère de commune, puisqu'on y voit la volonté de l'homme concourant avec le désir de faciliter le jet destiné au salut commun du navire et de la cargaison.

Mais si, en jetant des marchandises, on endommage involontairement quelque partie du navire, quelle raison peut-il y avoir de décider, pour cette sorte de dommage, autrement qu'on doit le faire pour celui arrivé aux marchandises?

Il est à remarquer que lorsque la partie du chargement restée à bord est endommagée par le jet, ce qui ne peut guère se concevoir que d'un dommage involontaire, la perte qui en résulte n'a nullement par elle-même le caractère de l'avarie commune; que si la loi veut l'en faire participer, c'est qu'il existe une règle générale en vertu de laquelle les dommages et les dépenses qui sont la suite d'une avarie soit commune, soit particulière, doivent suivre le sort de cette avarie et être classés au même titre et dans la même catégorie (1).

Recherchons donc pourquoi ce principe, vrai pour le dommage arrivé aux marchandises, cesserait de l'être lorsqu'il s'agit de celui qui aurait été occasionné au navire ?

Nous avons déjà fait remarquer les termes de l'art. 422 du Code de Commerce. L'art. 14 de l'Ordonnance (2) auquel il paraît avoir voulu se conformer, est encore plus significatif, car pour qu'il y ait lieu à contribution, il veut que le dommage arrivé au navire ait été, ce sont ses termes, *fait exprès*, pour faciliter le jet.

L'ordonnance elle-même n'a fait que reproduire le *Guidon de la mer*, (chapitre 5, art. 20) qui, après avoir, lui aussi, classé comme avarie commune le dommage causé par le jet aux marchandises restées dans le navire, ajoute « que le même ne sera « observé pour ce qui concerne la nef. » Il veut, au contraire, que si, en faisant le jet, le navire a reçu du dommage, les marchandises soient exemptées d'y contribuer. La raison qu'il en donne est que « le maître reçoit profit à cause du fret. »

Il est impossible, en présence d'une pareille raison, de ne pas regretter que des dispositions aussi peu logiques aient été conservées dans l'Ordonnance

(1) Voir pages 21 et 22 de l'*Avarie commune et de ses caractères.*
(2) Au titre du *Jet et de la contribution.*

d'ailleurs si remarquable de 1681, surtout que le rédacteur du Code de Commerce se soit moins attaché à en corriger le sens qu'à en rajeunir le texte.

Si le maître profite du fret, le propriétaire de la marchandise profite de son transport; toutes choses sont donc égales entre eux et le chargeur a le même intérêt à voir arriver le navire à bon port, pour jouir de sa marchandise au lieu de destination, que le capitaine à conserver la marchandise pour pouvoir en recueillir le fret à l'arrivée.

Si donc une mesure est prise pour le salut commun et que la conséquence de cette mesure soit de porter dommage au navire ou à la marchandise, que ce dommage ait été prévu ou non, qu'il ait été volontaire ou involontaire, il faut appliquer à l'un et à l'autre la règle générale rapportée plus haut.

Ainsi, dans le cas où, pour nous servir des termes de l'Ordonnance, le dommage a été fait *exprès* pour faciliter le jet, ce dommage constituant une perte volontaire devient, par lui-même et abstraction faite de l'avarie qui l'a précédé, une véritable avarie commune.

Si, au contraire, le dommage occasionné par le jet a été purement accidentel, il ne laissera pas, malgré son caractère de fortuité, de donner lieu à contribution, non pas qu'il constitue, par lui-même, une avarie commune, mais par voie de conséquence et comme procédant du jet qui y a donné lieu.

C'est ce qui est généralement suivi dans la pratique, ce que Valin avait déjà compris, sous le régime de l'Ordonnance, lorsque, dans son Commentaire sur l'art. 14 (1), il écrivait que si, dans le trouble de la manœuvre et l'agitation des flots, des cordages avaient été coupés, des vergues emportées, ou si en jetant des canons ou autres effets de poids, les bordages du navire avaient été endommagés, il n'y avait aucun doute que ce ne fussent là des avaries communes, « quoique, remarque-t-il, rien de « tout cela n'ait été fait exprès. »

En résumé, nous croyons, par les raisons qui précèdent, devoir conclure avec Valin et établir comme règle générale, applicable aussi bien au navire qu'à la cargaison, qu'on doit classer en avaries communes non-seulement la valeur des effets jetés, mais encore les dommages qui sont la conséquence du jet.

D'autres questions peuvent naître sur cette matière, mais comme elles touchent moins à la nature de l'avarie qu'à son mode de règlement, nous devons en ajourner l'examen jusqu'au moment où nous aurons à nous occuper des règles de la contribution.

CHAPITRE IV.

DES CABLES OU MATS ROMPUS OU COUPÉS

Il en est du sacrifice volontaire des câbles ou mâts comme du jet des marchandises; les art. 400, 410, 412 et 413 du Code de Commerce con-

(1) Titre du *Jet et de la contribution.*

tiennent des dispositions communes à ces diverses sortes d'avaries. Provenant les unes et les autres de la volonté de l'homme, ayant également pour but le salut commun du navire et de la cargaison, elles ont été soumises aux mêmes règles, pour ce qui concerne la nécessité qui les détermine, la délibération qui est censée les précéder et le rapport qui doit en être fait par le capitaine à l'arrivée.

Il est donc inutile de répéter ce qui a déjà été dit par rapport à l'absence ou à l'omission de ces formalités tant dans le chapitre 2 qui traite du jet (1) que dans celui où il est question des avaries communes en général (2).

Les mâts, à raison de la fatigue qu'ils éprouvent à la mer, seraient exposés à fléchir, s'ils n'étaient assujettis et retenus au navire par certaines parties du gréement.

De l'avant à l'arrière, ils sont maintenus par des cordages qui ont reçu le nom d'étais ; sur les côtés, par les haubans et les galhaubans, deux autres espèces de cordages qui assujettissent, les uns les bas mâts, les autres les mâts de hune, de perroquet et de cacatois.

En travers des mâts, on rencontre les vergues, auxquelles sont adaptées les voiles et des manœuvres ou cordages destinés à les mouvoir et orienter, suivant la direction du vent et la route que l'on a l'intention de tenir.

(1) P. 50.
(2) P. 16.

Il suit de là, qu'à moins que les voiles n'aient été préalablement déchirées ou emportées, le sacrifice d'une partie quelconque de la mâture entraîne ordinairement celui des voiles et du gréement correspondants.

Quelquefois, c'est le mât lui-même que l'on coupe, d'autres fois le gréement qui le retient au navire. Quel que soit le moyen employé, ce qui est déterminé par les circonstances, le résultat est toujours le même, l'abandon et la perte du mât dont le sacrifice a été résolu avec tout ce qui en dépend et qui s'y trouve attaché.

Il peut se faire qu'avant d'être coupé, le mât ait été déjà endommagé par la tempête; il peut se faire également qu'une partie de la mâture, brisée par un accident fortuit vienne à tomber le long du bord avec le gréement qui la retient au navire et que, pour éviter le danger que le choc répété de ses débris pourraient faire courir à la coque du bâtiment, on se décide à les abandonner et à les jeter à l'eau, en coupant les cordages qui les retiennent.

Il y a nécessairement, dans ces deux cas, une double avarie, le concours de l'avarie particulière qui avait d'abord endommagé le mât ou causé sa chute, avec l'avarie commune résultant de la détermination prise postérieurement de couper le mât déjà craqué ou d'abandonner les débris de la mâture brisée par la tempête et retenue le long du bord.

Dans le premier cas, la contribution ne portera que sur la valeur du mât au moment où il a été coupé, en tenant compte de la dépréciation qu'il avait déjà subie; dans le second, on n'y comprendra que l'estimation des débris sur le pied de la valeur qu'ils auraient pu avoir, s'ils avaient été conservés.

Si le mât, n'ayant encore éprouvé aucun accident, est coupé volontairement et tombe le long du bord dont il faille ensuite le séparer par un nouveau sacrifice, le tout devra entrer en avaries communes, parce que les deux actes qui constituent cette avarie procèdent de la même cause, de la volonté d'abord de couper le mât, ensuite de l'abandonner après sa chute,

On doit, comme pour le jet, admettre en contribution non-seulement la valeur des mâts ou des câbles rompus, mais encore les dommages qui peuvent résulter de l'exécution de la mesure.

Lorsqu'on coupe le gréement pour faire tomber un mât, ou qu'ayant coupé le mât on le jette à la mer avec les voiles et les cordages qui en dépendent, il y a volonté évidente de sacrifier le tout, aussi bien les voiles et le gréement que le mât objet principal de la détermination.

Il n'en est pas de même, si le mât en tombant vient à endommager quelques parties du pont, des bastingages ou de la dunette. Il est certain que, quoique posssible, ce dernier dommage n'avait été ni spécialement prévu, ni résolu; il ne laissera pas cependant d'entrer en avarie commune comme étant la conséquence de l'avarie principale dont il emprunte le caractère.

Pardessus (1) suppose qu'un capitaine ayant coupé ses mâts pour le salut commun, vienne, faute de sa mâture, échouer ensuite sur un écueil. Il n'hésite pas, et M. Horson après lui (2), à décider que l'échouement étant la suite du sacrifice fait en premier lieu devra entrer en avarie commune.

Cette opinion nous paraît fondée; elle est complètement d'accord avec celle que nous avons déjà émise à l'occasion d'une espèce où il y avait eu échouement fortuit, à la suite d'une relâche volontaire (3).

Elle n'est, du reste, que l'application de la règle générale que nous avons eu à rappeler à propos des avaries et dommages qui sont la suite du jet (4).

Nous avons expliqué que, soit qu'on coupât d'abord le gréement pour amener la chute des mâts, soit que les mâts coupés, on cherchât à les dégager du gréement qui les retenait, le sacrifice de l'un de ces objets entraînait presque toujours le sacrifice de l'autre.

Nous avons fait voir aussi comment, en certains cas, il pouvait y avoir nécessité, après les mâts coupés ou rompus, de les abandonner à la mer avec les vergues et les voiles dont les vergues pouvaient être garnies.

Mais le n° 3 de l'art. 400 ne parle pas que des

(1) Tom. III, n° 738.
(2) Tom. II, quest. 144.
(3) *De l'avarie commune et de ses caractères*, page 21.
(4) Chap. III, page 57 *in fine* et 58.

mâts; il a trait aussi aux câbles coupés, et par le mot *câbles* il faut entendre non-seulement ceux qui retiennent les ancres et qu'il est nécessaire de couper, lorsqu'on appareille brusquement, mais toute espèce de câbles et de cordages dont, à un moment donné, il peut être nécessaire de faire le sacrifice.

Les voiles aussi peuvent être exposées au même sort, lorsque la violence de la brise empêchant de les carguer et de s'en rendre maître, on prend le parti, pour le salut commun, de couper soit les ralingues (1), soit les écoutes (2), et de les abandonner ainsi au vent qui les déchire et les enlève par lambeaux.

Ce sont tout autant d'avaries dans lesquelles la violence du vent ou celle de la mer a, à coup sûr, un rôle important, mais dont le caractère essentiel est déterminé par le fait de l'homme qui, en coupant et détruisant les obstacles qui s'opposent à son action, laisse à l'ouragan le soin d'achever l'œuvre commencée et de détruire des objets devenus une cause de danger dont il eût été impossible de se défaire autrement.

On lit souvent, dans les rapports de mer, qu'après des craquements de mâts ou autres avaries de cette nature, on s'occupe, le beau temps revenu, de répa-

(1) Les ralingues sont des cordages que l'on coud autour des voiles pour en renforcer les bords, ce qu'on peut appeler les ourlets des voiles.

(2) Les écoutes sont des cordages fixés par un bout au coin inférieur d'une voile et dont l'autre extrémité est passée dans une poulie, ce qui permet de tendre la voile ou de la déployer à volonté.

rer provisoirement le dommage souffert et de remettre le navire en état d'arriver soit au port de sa destination, soit à un port de relâche où il lui sera permis de se réparer complètement.

Ces réparations ont lieu presque toujours à l'aide de vergues ou de mâts de rechange, de pièces de filin, de toiles empruntées à des bonnettes ou autres voiles, le tout ajusté comme l'on peut, à l'aide de coupures, de retranchements et de sections qui rendent souvent les objets employés impropres à toute autre espèce de service.

C'est là sans doute un sacrifice, mais ce sacrifice constitue-t-il réellement une avarie commune?

Il nous semble qu'il faut distinguer le cas où le dommage réparé est purement fortuit, de celui où il a été volontairement souffert. Dans le premier cas, l'avarie étant particulière, la réparation provisoire qui en est faite aux dépens des objets de rechange ou autres qui se trouvent à bord ne peut pas plus être à la charge commune que la réparation complète et définitive qu'il faudra en faire plus tard. Si, au contraire, le dommage souffert constitue une avarie commune, il est de toute justice que la contribution à laquelle il pourra donner lieu, comprenne non seulement la réparation entière et complète de ce dommage, mais encore le coût des objets employés pour le réparer provisoirement et mettre le navire en état de continuer sa navigation.

Cependant, si, quelle que fût la cause de l'avarie, elle était telle qu'il n'y eût pas possibilité d'attendre, pour la réparer, l'arrivée au lieu de destination et qu'il fût nécessaire, pour le salut commun du navire et de la cargaison, de relâcher au port le plus voisin, nul doute que la valeur des objets sacrifiés à bord pour mettre le navire en état d'atteindre ce port, ne dût, comme les frais de la relâche elle-même (1), être admise en avaries communes.

CHAPITRE V.

DES ANCRES ET AUTRES EFFETS ABANDONNÉS POUR LE SALUT COMMUN.

La participation de l'homme à l'avarie commune, comme agent principal et volontaire, ne peut avoir lieu que de trois manières, par rupture, par jet ou par abandon, en coupant, jettant ou abandonnant à la mer certains effets du bord ou du chargement.

L'art. 400, après avoir indiqué, au nombre des avaries communes, les objets coupés ou jetés, passe, dans le n° 4, à ceux qui ont été simplement abandonnés pour le salut commun.

(1) Voir plus bas chap. XI, des Relâches, ayant pour objet le bien et le salut commun.

Au nombre de ces derniers objets, il ne mentionne nommément que les ancres et se contente de désigner, sous la dénomination *d'autres effets*, tous ceux dont les circonstances pourraient également motiver l'abandon. Procédant, comme le jet et la rupture volontaire, d'une détermination que la loi se plaît à considérer comme réfléchie et délibérée en commun, ce genre de sacrifice ne pouvait manquer de tomber sous le coup des articles 410, 412 et 413 du Code de Commerce. Il est donc inutile de rappeler ici les observations que nous avons déjà faites sur la difficulté de se conformer à ces prescriptions et sur la tolérance des tribunaux, au sujet de leur omission (1).

Il est évident qu'en dehors du cas que nous avons cité au chapitre précédent, lorsque les mâts rompus ou coupés étant tombés le long du bord, il faut les abandonner à la mer, de peur qu'ils ne démolissent les flancs du navire, l'abandon des ancres et des autres effets que la loi ne mentionne pas ne peut avoir lieu que lorsque le navire étant au mouillage est forcé de s'éloigner brusquement par suite d'un danger venant de la terre ou de la haute mer.

Le danger peut venir de terre, s'il y a menace soudaine de mauvais temps, ou si, ayant

(1) Vid. De l'*Avarie commune et de ses caractères*, page 16 et chap. II, des *Choses jetées*, page 50.

mouillé près d'une côte inhospitalière, le navire est sur le point d'être attaqué par des embarcations partant du rivage.

Il peut aussi venir du large, dans le cas d'une tempête qui s'avance ou d'un navire ennemi qui se rapproche.

On comprend que, dans de pareilles circonstances, au lieu de retirer ses ancres du fond, opération qui demande toujours beaucoup de temps, surtout si le navire est mouillé sur une rade foraine et à une certaine distance de la côte, le capitaine coupe ses câbles ou file ses chaînes par le bout et appareille promptement, sans souci des ancres qu'il abandonne ou des embarcations pouvant se trouver à l'eau et qu'il n'a pas le temps de hisser à bord.

La nécessité où peut-être un navire de s'éloigner du rivage, en abandonnant ses ancres, a porté l'auteur de l'ordonnance de 1681 à prescrire certaines mesures dont l'objet est de permettre de retrouver, le danger passé, les ancres abandonnées et de les reprendre.

L'art. 2, au titres de Rades, enjoint « aux « capitaines qui seront forcés par la tempête « de couper leurs câbles et de laisser quelques « ancres dans les rades, d'y mettre des *hoirins* (1),

(1) On dit aujourd'hui, *Orins*, ce sont des cordages qui, fixés par une de leurs extrémités à un corps plongeant dans l'eau, flottent par l'autre extrémité, au moyen d'une bouée servant de signal.

« bouées ou gavitaux (1) à peine de perte de « leurs ancres qui appartiendront à ceux qui les « auront pêchées et d'amende arbitraire. »

Aujourd'hui on ne prononce plus d'amende arbitraire, parce que les amendes arbitraires ne sont plus de saison; on ne coupe plus ou presque plus de câbles, parce que les câbles aussi ont fait leurs temps et qu'ils sont, presque partout, remplacés par des chaînes à maillons ou des chaînes câbles qui ont l'avantage d'opposer une plus grande résistance et de ne pas s'user, comme le chanvre, par le frottement contre les coraux et les rochers sous-marins.

Cependant les prescriptions de l'Ordonnance n'ont pas cessé d'être en vigueur. D'ailleurs, à défaut d'un texte pour les y contraindre, l'intérêt seul porterait les capitaines à ne jamais omettre de signaler, à chaque mouillage, le gisement de leurs ancres.

Le procédé est des plus simples. C'est toujours celui indiqué par l'Ordonnance, qui consiste à fixer sur la tête de l'ancre un orin ou corde de chanvre à l'extrémité de laquelle se trouve une bouée ou flotteur servant à marquer la place de l'ancre.

Si un navire est forcé d'appareiller en abandonnant ses ancres, ce qu'il fait en filant par le

(1) Les bouées étaient autrefois appelées gavitaux dans le midi de la France. Elles consistent dans un morceau de bois, de liége ou dans une barrique vide placée à l'extrémité supérieure de l'orin et servant à indiquer la position de l'objet signalé.

bout les chaînes qui devaient les ramener à bord, l'équipage peut, au retour, retrouver par l'indication des bouées, la place où les ancres sont restées et les retirer au moyen de l'orin qui y est attaché.

On a même la précaution, en filant la chaîne, de fixer à son extrémité un autre orin auquel est aussi adaptée une bouée, ce qui, outre l'avantage d'avoir deux signaux au lieu d'un, permet de retirer d'abord la chaîne, qui est d'un poids moins lourd, et de se servir ensuite de la chaîne pour retirer l'ancre elle-même.

Ce sont des mesures de prudence qu'il faut observer avant tout et surtout dans les voyages de pêche et sur les rades de l'île de la Réunion, les assureurs sur corps, par une clause des polices, étant dispensés, en cas de voyage à la pêche ou à la Réunion, de supporter la perte, soit en avaries particulières, soit en avaries communes, des ancres, chaînes et câbles, appartenant aux navires par eux assurés.

Il en résulte que si une contribution est ouverte pour des ancres abandonnées sur l'une des rades de la Réunion ou à la pêche, les destinataires de la cargaison pourront seuls réclamer de leurs assureurs, qui n'en sont pas exempts, la part contributive à leur charge, mais que l'armement sera sans recours contre les siens, pour le remboursement de sa part proportionnelle dans le montant de l'avarie.

Il est impossible de quitter l'île de la Réunion,

sans parler d'un accident assez fréquent sur les rades de cette colonie.

Il arrive quelquefois, dans la saison de l'hivernage, que l'abaissement du baromètre faisant craindre un ouragan, un signal parti de terre prescrive à tous les navires de se préparer à appareiller par embossure. Aussitôt le signal donné, on étale la chaîne dont on fixe l'extrémité au navire par un bout de câble ou de filin que l'on coupe, lorsqu'un second signal donne l'ordre d'appareiller. La chaîne dont le bout est, comme la tête de l'ancre, signalé par un orin surmonté d'une bouée, tombe au fond de l'eau et le navire s'éloigne, en abandonnant la chaîne et l'ancre qui le retenaient au mouillage.

Lorsque le beau temps rappelle les navires, on s'empresse, de toutes parts, de chercher la place des ancres abandonnées et de les reprendre ; mais il arrive, parfois, que la mer ayant été d'une violence extrême au rivage, les bouées ont été arrachées et dispersées de manière à ce que, malgré les tentatives faites, les ancres et les chaînes ne puissent plus être retrouvées.

On demande si, dans ce cas, le navire, qui avait encore à bord tout ou partie de son chargement d'entrée ou qui avait pris tout ou partie de sa cargaison de retour, devra supporter seul la perte de ses ancres et chaînes ou s'il sera fondé à réclamer une contribution de ceux qui avaient la marchandise à bord, au moment de l'événement ?

On ne saurait dire qu'il y ait eu sacrifice volontaire de la part de ceux qui ont souffert le dommage, puisqu'il a eu pour cause un ordre parti du rivage ; on ne peut dire non plus qu'une résolution ait été prise, qu'aucune délibération ait eu lieu à bord. Cependant il nous semble qu'on ne saurait hésiter à considérer l'avarie comme commune.

La raison en est que si, au moment de l'appareillage, on eût voulu virer sur la chaîne et la ramener à bord avec son ancre, le temps que l'on eût perdu à tenter cette opération et les dangers qui en fussent infailliblement résultés, auraient compromis le salut du navire et de la cargaison.

L'abandon donnant lieu à l'avarie a donc été fait dans l'intérêt de l'un et de l'autre ; cet abandon a été le résultat d'un ordre exprès ; il y a donc eu volonté exprimée ; il est vrai que ce n'a été ni par le capitaine, ni par son équipage délibérant avec lui, mais sur une rade où il y a une autorité qui décide seule de tous les mouvements, une autorité à laquelle les capitaines sont forcés de se rendre et d'obéir. Ce sacrifice, en présence du danger qui l'a motivé, a donc évidemment le même caractère que si, en l'absence de l'ordre supérieur qui l'a commandé, il eût été le résultat d'une détermination prise à bord par le capitaine lui-même, agissant sous sa propre responsabilité ou de concert avec son équipage.

CHAPITRE VI.

DU PANSEMENT ET DE LA NOURRITURE DES MATELOTS BLESSÉS EN DÉFENDANT LE NAVIRE.

L'art. 400 du Code de Commerce comprend à la fois, dans le n° 6, le traitement des matelots blessés en combattant pour le navire et les loyers et nourriture de l'équipage pendant la détention du navire ou pendant la durée des réparations faites en cours de voyage.

Ces deux dispositions étant puisées, l'une et l'autre, dans un ordre d'idées absolument différent, nous avons jugé à propos d'en faire deux chapitres séparés.

Nous allons donc nous occuper tout d'abord du traitement des matelots blessés en défendant le navire.

Cette partie de l'art. 400 doit être mise en regard des art. 262 et 263, d'après lesquels le matelot blessé au service du navire ou tombé malade pendant le voyage est payé de ses loyers, traité et pansé aux dépens du navire seul, et celui qui est blessé en combattant contre les ennemis et les pirates est traité et pansé aux dépens du navire et de la cargaison.

La raison de cette différence est facile à apercevoir.

Blessé au service du navire, le matelot n'a été utile qu'au navire et n'a droit à attendre que de lui le traitement et les soins qui lui sont dus.

Mais blessé en combattant, c'est-à-dire pour empêcher le navire et la cargaison de tomber au pouvoir de l'ennemi, il s'est sacrifié de sa personne pour le bien et le salut communs ; il est donc juste que les soins à lui donner et la dépense du traitement exigé par sa blessure soient mis au rang des avaries communes.

En comparant, l'un et l'autre, les deux articles que nous venons de citer, l'article 262 et l'article 263, on peut remarquer que l'un des deux ne parle pas des loyers dus au matelot qui a combattu, tandis que l'autre, parmi les obligations contractées envers le matelot malade ou blessé au service du navire, mentionne, outre les frais de traitement et de pansement, le paiement des loyers auxquels il continue d'avoir droit.

Ce n'est pas que le matelot qui a défendu le navire doive être traité moins favorablement et que les loyers cessent de lui être dus ; mais comme les loyers sont la conséquence de l'engagement contracté envers lui par le navire et dans lequel la cargaison n'a à participer en rien, l'art. 263, rédigé pour le cas spécial d'une avarie commune, ne pouvait mentionner, comme devant donner lieu à contribution, que les frais extraordinaires résultant de la blessure que le matelot a reçue, c'est-à-dire les frais de traitement et de pansement.

L'art. 400 parle aussi de la nourriture des matelots blessés pour la défense du navire, ce qui ferait penser, au premier abord, que la loi, faisant une différence entre la nourriture et les loyers, a voulu que la nourriture fut portée au compte des avaries communes et les loyers à celui des avaries particulières.

Mais il est évident que la nourriture étant comprise, comme les loyers, dans les conditions de l'engagement entre l'armement et les gens de l'équipage, l'art. 400 combiné avec l'art. 263 ne s'entend et ne peut s'entendre que du cas où, la blessure étant d'une nature trop grave pour être soignée à bord, il y a nécessité de faire descendre le matelot à terre, pour y être traité jusqu'à guérison.

Lorsqu'il ne s'agit que d'une blessure n'exigeant pas le débarquement, l'homme qui a en été atteint continue à recevoir à bord la nourriture qui lui est due ; il est pansé, s'il y a lieu, avec le secours du coffre à médicaments. Il n'y a donc rien là qui puisse donner matière à contribution.

Il n'en est pas de même, quand la blessure a été assez grave pour que le matelot doive être transporté à terre et soigné dans un hôpital, auquel cas, tous les frais de son traitement, nourriture comprise, deviennent des frais extraordinaires, en dehors des ressources du bord, et doivent être en avaries communes.

Les frais d'inhumation, dans le cas où le matelot viendrait à succomber, et ceux de rapatriement si, après guérison, il était reconduit par un autre navire à son port d'armement, devraient aussi être classés en avaries communes.

Valin (1) fait observer avec raison qu'en parlant du matelot qui a combattu pour la défense du navire, la loi comprend non-seulement celui qui a été blessé les armes à la main, mais encore celui qui a été atteint en exécutant la manœuvre qui lui a été commandée.

Il y a lieu de rappeler ici l'exception que nous avons établie dans la partie qui traite de l'avarie commune en général (2), lorsque le fait donnant lieu à l'avarie procède d'une faute imputable soit au capitaine, soit à l'un des chargeurs, à l'insu et au préjudice des autres.

Nous avons posé le cas d'un capitaine qui, poursuivi pour avoir tenté de forcer un blocus, ou dans une opération de commerce interlope, ferait jet à la mer d'une partie de sa cargaison, pour tâcher d'alléger son navire et d'échapper aux poursuites dont il serait devenu l'objet.

Nous avons établi que, dans cette hypothèse, le dommage résultant du jet devrait demeurer à la charge personnelle de celui qui l'aurait occasionné.

Il en serait de même si, la fuite devenant impossible et le capitaine ayant pris le parti de la résistance, un matelot venait à être blessé dans la lutte ; il est certain que, dans ce cas, il ne saurait y avoir

(1) *Commentaires sur l'art.* 7. Titre des *Loyers des matelots.*
(2) Pages 23.

lieu à contribution et que les frais de pansement et de traitement devraient demeurer à la charge du capitaine et de l'armement, ce dernier comme responsable des faits de son capitaine.

Le Code de Commerce, qui s'occupe du sort du matelot blessé en combattant, ne parle pas des dommages que le feu de l'ennemi peut occasionner au navire pendant le combat.

L'Ordonnance était également muette sur ce point, ce qui avait donné lieu à des opinions diverses. Emérigon déclare que, malgré le sentiment de Valin, il tient pour avarie particulière le dommage occasionné au navire par le canon de l'ennemi (1). Pothier considère, au contraire, cette sorte d'événement comme constituant une avarie commune (2).

Les commentateurs du Code de Commerce se sont aussi partagés : Pardessus a embrassé l'opinion d'Emérigon (3), Boulay-Paty celle de Pothier (4).

Comme Emérigon avait donné Valin pour être d'un avis contraire au sien, le commentateur de l'Ordonnance a passé, depuis, pour avoir résolu la question dans un sens opposé à la solution donnée dans le *Traité des assurances* ; on a même pris l'habitude de citer la partie du commentaire où cette opinion est censée consignée ; c'est celle in-

(1) Emerig., chap. XII, sect. 41.
(2) Pothier. *Avaries*, n° 144.
(3) Pardessus, n° 737.
(4) B. Paty. Tom. IV, page 452.

diquée par Emérigon lui-même sur l'art. 6 de l'Ordonnance au titre des Avaries.

Or, l'édition de 1766, la seule que nous ayons été à même de vérifier, ne contient, ni dans cette partie, ni dans aucune autre, quelque chose qui soit relatif à cette question et d'où l'on puisse inférer qu'il y a eu réellement dissidence à ce sujet, entre les deux auteurs.

Emérigon s'y étend longuement; il s'étaye du texte du *Guidon de la mer* et des opinions de Casaregis, de Targa, de Kurick, autorités, à coup sûr, fort recommandables, mais dont les conclusions nous semblent reposer sur l'oubli complet d'une distinction à l'aide de laquelle il est toujours facile de reconnaître l'avarie commune de l'avarie particulière.

Il est certain qu'en principe il en est du canon de l'ennemi, comme du feu du ciel ou de tout autre accident imprévu, qui peut, du dehors, atteindre le navire. Ainsi nous n'hésitons pas à admettre, avec les auteurs cités par Emérigon, que si un navire, poursuivant sa route ou fuyant devant l'ennemi, vient à recevoir quelques boulets dans sa coque ou dans son gréement, le dommage en résultant doive être considéré comme avarie particulière ; mais si au lieu de fuir, le navire ayant présenté le combat en sort vainqueur avec des avaries, il est certain que ces avaries n'étant que la conséquence du parti qui a été pris de résister, les chargeurs, dont la marchandise aura été sauvée par cette résolution, ne sauraient se dispenser de contribuer à la réparation d'un dommage volontairement souffert pour le salut commun. Il en serait de même du dommage éprouvé par la marchandise, si elle avait été atteinte pendant le combat. Il y a entre ces deux hypothèses une nuance essentielle et dont il est impossible de contester la justesse.

Targa ne se rend qu'à demi, lorsqu'il veut que, si le navire a résisté, on passe en avaries communes les munitions consommées, mais qu'on en exclue le dommage éprouvé dans ses œuvres par le navire.

Il est évident, dès que la résolution de combattre a été prise, que toutes les conséquences qui peuvent résulter de cette détermination, pour la coque ou pour les agrès du navire, aussi bien que pour ses munitions et pour les hommes qui se sont employés à sa défense, doivent entrer en avaries communes.

CHAPITRE VII.

DES LOYERS ET DE LA NOURRITURE DES MATELOTS PENDANT LA DÉTENTION DU NAVIRE ET PENDANT LA DURÉE DES RÉPARATIONS FAITES EN COURS DE VOYAGE.

Il résulte des termes de l'art. 400, dans la partie relative au sujet qui nous occupe, que, lorsque le navire est détenu, en cours de voyage, par ordre d'une puissance, la nourritures et les loyers des matelots, pendant le temps de la détention, doivent demeurer à la charge de l'armement, sauf un seul cas que nous avons dit être le moins usité dans la pratique (1), celui où le navire aurait été affrété au mois.

Il résulte des mêmes termes que si, au lieu d'être arrêté par l'ordre d'une puissance, le navire est retenu dans un port par la nécessité d'y réparer des avaries, quelle que soit la nature de ces avaries, qu'elles concernent le navire seul ou qu'elles aient été faites dans l'intérêt commun du navire et de la cargaison, la loi refuse de distinguer et met, pendant toute la durée des réparations, la nourriture et les loyers des matelots à la charge du navire seul, à moins encore qu'il n'ait été affrété au mois.

Cet article offre donc l'exemple d'une avarie qui emprunte son caractère de circonstances étrangères à l'avarie elle-même. La nature de la dépense n'est pas déterminée, comme dans tous les autres cas, par celle de l'événement qui y a donné lieu, mais par les conditions de la charte-partie en vertu de laquelle le voyage a été entrepris.

Comme cette anomalie, qui procède en partie de l'ordonnance de 1681, a été l'objet de vives critiques, il faut se pénétrer avant tout de la lettre et de l'esprit de cette ordonnance et chercher ensuite à se rendre compte des modifications que le Code a jugé à propos de faire subir au texte qui lui a servi de point de départ.

(1) Chap. I, § 2, page 31.

La distinction adoptée par le Code pour le classement de la nourriture et des loyers de l'équipage, suivant que le navire aura été affrété au voyage ou au mois, est bien réellement tirée de l'ordonnance de 1681 ; elle est écrite dans l'art. 7 (au titre des Avaries), mais elle ne concerne qu'un seul cas, celui de la détention, en cours de voyage, par ordre d'une puissance.

Le sens de cette disposition si bien pénétré par Pothier (1) se révèle immédiatement, à la lecture de deux autres articles de cette ordonnance, l'art. 16, au titre du Fret, disposant « qu'il n'est dû aucun « fret pour le temps de la détention, si le navire est « affrété au mois » et l'art. 5, au titre des Loyers, par suite duquel « les loyers des matelots engagés « au mois courent pour moitié pendant le cours « de l'arrêt (2). »

Le navire, au contraire, a-t-il été loué au voyage, il n'y a lieu, aux termes des mêmes articles, à aucune augmentation du fret stipulé, mais le loyer des matelots, engagés également au voyage, doit être payé aux termes de leur engagement, c'est-à-dire qu'il ne reçoit, comme le fret, aucune augmentation.

Trompé par la relation de ces articles entr'eux, on a cru voir que, si l'affrétement au voyage ne recevait aucune augmentation de fret pendant la détention,

(1) Pothier. *De la charte-partie*, n° 85. Vide plus haut, chap. I, § 2, p. 31 et 32.

(2) L'art. 16 ci-dessus a été reproduit dans l'art. 300 du Code du Commerce, et l'art. 5, au titre des *Loyers*, dans l'art. 254 du même code.

l'absence relative de toute augmentation de loyers était, pour le fréteur, une compensation suffisante ; mais que dans l'affrétement au mois, l'interruption du fret recevait une véritable aggravation, par la nécessité où se trouvait le fréteur de payer à l'équipage la moitié de ses loyers.

Partant de ce point de vue, on a admis qu'il y avait justice à indemniser le maître du navire affrété au mois de ce que l'on considérait comme étant le résultat des conditions désavantageuse de son affrétement. On n'avait pas réfléchi que la prétendue inégalité dont on voulait réparer l'injustice provenait non des conditions de l'affrétement ; mais du mode même de l'engagement contracté avec les matelots.

Car que le navire soit affrété au mois ou au voyage, il n'aura pas d'augmentation de loyers à subir, si l'équipage a été loué au voyage ; il faudra au contraire qu'il en supporte la moitié, quel que soit le mode d'affrétement, si l'équipage a été loué au mois.

C'est donc avec raison que, choqué de l'étrange résultat auquel cette confusion d'idées avait conduit le rédacteur de l'Ordonnance, Valin se demandait « pourquoi, s'il était juste, le navire étant affrété au « mois, que la nourrriture et les loyers des matelots « pendant la détention fussent supportés comme « avaries grosses et communes, il pouvait en être « autrement, le navire étant frété au voyage » (1).

(1) Valin. *Comment. de l'art. 7 de l'Ordonnance*, au titre des *Avaries*.

En effet, quel que soit le mode d'affrétement, au voyage ou au mois, la détention aura toujours les mêmes conséquences en ce qui concerne le fret. S'il est interrompu dans un cas, il n'est pas augmenté dans l'autre et cela revient au même pour le propriétaire; car, celui qui loue son navire au voyage, ayant calculé le fret d'après la durée présumée de la navigation, il est sensible que tout ce qui excède le temps prévu devient pour lui un préjudice et une perte.

Il n'y avait donc pour atteindre le résultat que s'était réellement proposé l'Ordonnance, qu'à rectifier la rédaction de l'art. 7, au titre des Avaries, en adaptant au mode d'engagement des matelots la disposition bienveillante qui, par erreur, avait été appliquée au louage du navire. Il suffisait, pour cela, de changer un seul mot et de modifier l'article comme il suit :

« La nourriture et les loyers des matelots d'un na-
« vire arrêté par ordre du Souverain sont aussi ava-
« ries grosses, si l'équipage est loué au mois; s'il est
« loué au voyage, ils seront portés par le vaisseau
« comme avaries simples. »

Au moyen de cette seule substitution du mot *équipage* au mot *navire*, toute contradiction disparaît et l'on voit se réaliser la pensée de l'Ordonnance telle qu'elle a été indiquée par Pothier et qu'elle ressort des articles que nous venons de citer. Il n'y a, en effet, aggravation de loyers, pour le maître, que si les matelots ont été loués au mois, car, dans ce cas, et dans ce cas seul, les loyers cessent d'être compensés par le fret. Peu importe le mode d'affrétement, qu'il ait eu lieu au mois ou au voyage, la détention emporte toujours la perte d'une partie du fret, dans un cas, parce que le fret cesse de courir, et dans l'autre, parce qu'il n'augmente pas.

Il y avait donc, ce me semble, quelque raison de modifier dans ce sens notre législation commerciale et d'éviter à l'art. 400 les critiques dont l'Ordonnance avait été l'objet. On n'en a tenu aucun compte; on est même allé plus loin, car alors que l'Ordonnance limitait la distinction des deux modes d'affrétement au cas de la détention par ordre d'une puissance, le Code l'a étendue à toute espèce de relâche ayant pour effet de prolonger la durée du voyage.

Nous disons *toute espèce de relâche*, car du moment qu'aux termes de l'art. 400, les loyers et la nourriture des matelots demeurent à la charge du navire affrété au voyage, même pendant la réparation des dommages volontairement soufferts pour le salut commun, il ne peut plus y avoir de circonstance assez grave, de raison assez sérieuse, pour faire jamais admettre en avaries communes les loyers et la nourriture d'un équipage dont le navire aurait été affrété autrement qu'au mois.

Comment, en présence du texte qu'il avait sous les yeux et des critiques dont ce texte avait été l'objet, le rédacteur du Code de Commerce s'est-il décidé non seulement à ne pas le corriger, mais encore à l'étendre et à l'exagérer?

Les procès-verbaux du Conseil d'Etat, les discussions au tribunat et au Corps Législatif n'en disent rien; on ne voit rien non plus, dans les commentaires anciens ni dans les usages et les précédents en dehors du texte, qui ait été de nature à justifier cette innovation.

L'art. 7, étant, comme nous l'avons déjà fait observer, limité, spécial, exceptionnel, le silence de l'Ordonnance sur tous les cas autres que la détention devait avoir pour conséquence nécessaire de les placer sous l'empire des principes reçus en matière d'avaries; si donc la cause de la relâche ou du séjour dans un port était particulière, les frais de nourriture et les loyers demeuraient en entier à la charge du navire; si, au contraire, la relâche avait pour cause une avarie commune, par exemple, la nécessité de réparer un dommage souffert pour le salut commun, les loyers et la nourriture des matelots suivaient le sort de l'avarie principale et devenaient, comme elle, avaries communes.

Emérigon atteste que telle était la jurisprudence de son temps (1); il nous apprend que lorsqu'un navire, hors d'état de tenir la mer, relâchait dans un port pour y être radoubé, l'usage de l'amirauté, à Marseille, était de comprendre dans les

(1) *Traité des assurances*, chap. XII, sect. 41.

avaries communes, les salaires et la nourriture de l'équipage, aussi bien que tous les autres frais résultant de la relâche.

On ne peut se dissimuler que l'existence même de cette jurisprudence ne donne aux dispositions insérées pour la première fois dans l'art. 400, le caractère d'une protestation contre l'usage jusqu'alors suivi ; peut-être ont-elles été réellement inspirées par la volonté de réagir contre les précédents. Ce qu'il y a de sûr, c'est qu'à part l'exception unique de l'affrétement au mois, le résultat de la rédaction adoptée par le Code est de laisser désormais à la charge du navire la nourriture et les loyers des matelots, pendant toute espèce de relâches, qu'elles que soient les causes qui leur aient donné lieu.

Ce résultat est-il un mal ou un bien? Les avis sont partagés et, ce qui le prouve, c'est la résistance de certains tribunaux malgré les termes formels de l'art. 400. Ainsi, la Cour d'Aix et la Cour de Rouen n'ont pas hésité à se mettre en révolte contre le texte, en décidant qu'il fallait admettre au rang des avaries communes, la nourriture et les loyers des matelots, pendant la réparation des avaries communes, sans distinction de l'affrétement au mois ou au voyage (1). Ainsi, le tribunal de Bordeaux, dans

(1) Rouen, 6 germinal, an X. Aix, 31 décembre 1824 et 15 février 1824 (*Journal du Palais*, à leurs dates).

le but d'atténuer l'application d'un article qui lui semblait injuste, a imaginé, par une distinction subtile, un tempérament par suite duquel les loyers et la nourriture des matelots ne seraient avaries particulières que pendant le temps strictement employé aux réparations et deviendraient avaries communes pendant tout le reste de la relâche (1).

Quoi qu'il en soit de ces répugnances si clairement et si hautement manifestées, nous verrions, quand à nous, sans trop de regret, qu'à la condition de faire disparaître cette distinction du mode d'affrétement qui n'a pas de sens, la loi, au lieu de laisser à l'événement le soin de déterminer si la nourriture et les loyers des matelots seront rangés en avaries communes ou [en avaries particulières, déclarât nettement que ce genre de dépense constituera désormais une avarie particulière devant, dans tous les cas, demeurer à la charge du navire.

Peut-être est-ce là, comme nous l'avons déjà dit, ce que l'art. 400 a voulu, et il faut en convenir, ce système si c'est le sien, ne manque pas de bonnes raisons.

Lorsqu'un navire relâche pour cause d'avaries communes à réparer, il est juste que les frais extraordinaires de cette relâche soient admis en avaries communes ; mais peut-on considérer la nourriture

(1) 31 août 1835. *Mémorial Bordelais*, tom. III, page 1.

et les loyers des matelots comme des frais extraordinaires?

C'est un genre de dépense dont la relâche peut bien, il est vrai, augmenter le chiffre, mais dont elle ne crée pas la nécessité. C'est une aggravation pour l'armement, cela est certain; mais combien de causes d'aggravation une relâche ne fait-elle pas naître pour la marchandise, sans qu'elle ait le droit de s'en faire indemniser?

Les navires naviguent pour acquérir un fret, comme la marchandise pour trouver un prix; le fret est le produit du navire, comme le prix est celui de la marchandise. Si du fret il faut déduire l'usure du navire, les frais d'entretien, la nourriture et les loyers de l'équipage, il faut aussi déduire, du prix de la marchandise, tous les frais qu'elle a occasionnés jusqu'à son arrivée, y compris le fret qu'elle a à supporter à raison du voyage.

La nourriture et les loyers des matelots sont donc la charge nécessaire du fret qui donnera d'autant plus de bénéfice que le voyage aura été plus prompt et les dépenses moindres. C'est une condition aléatoire à laquelle les capitaines doivent se soumettre et dont il est injuste qu'ils puissent, en aucun cas, faire supporter les conséquences à la marchandise.

Mettre à la charge de cette dernière quelque partie que ce soit des loyers et de la nourriture des équipages, c'est lui faire supporter une des charges de l'armement, c'est lui faire subir, en réalité, une augmentation de fret.

Or, quand il y a relâche, la marchandise souffre autant, de son côté, par la spéculation manquée, la perte des intérêts, la détérioration résultant d'un séjour prolongé et par les autres conséquences du retard, que le navire lui-même par l'excédant de la dépense qu'il lui faut faire en loyers et en vivres.

Tout bien examiné, on peut différer sur la question de savoir si, pour ce genre de dépenses, il y a lieu d'admettre, en certain cas, la possibilité d'une contribution entre le navire et la cargaison. Mais, il y a un point sur lequel il ne semble pas permis d'avoir deux opinions, c'est sur la nécessité, une fois le parti pris dans un sens ou dans l'autre, d'établir une règle commune pour toute espèce d'affrétement et de faire disparaître de notre Code de Commerce, comme Valin voulait autrefois la faire disparaître de l'Ordonnance, une distinction qui n'est fondée ni sur les principes de l'avarie, ni sur la raison des contrats, ni sur l'utilité de la navigation, ni enfin sur l'équité et sur la logique.

En attendant, pourtant, qu'une modification soit faite sur ce point et sur beaucoup d'autres qui en réclament également, le texte est tellement clair et précis, qu'à moins de rencontrer, ce qui se voit si rarement dans la pratique, un affrétement au mois, les personnes chargées de faire des règlements d'avaries feront bien, même dans le cas d'une relâche pour des avaries communes à réparer, d'exclure de la contribution les loyers et la nourriture des matelots, non-seulement pendant les réparations, mais encore pendant toute *la durée de la relâche.*

CHAPITRE VIII.

DES FRAIS DE DÉBARQUEMENT POUR ALLÉGER LE NAVIRE ET ENTRER DANS UN HAVRE OU DANS UNE RIVIÈRE, QUAND LE NAVIRE EST CONTRAINT DE LE FAIRE PAR TEMPÊTE *OU PAR POURSUITE DE L'ENNEMI.*

Il peut se faire que, pressé par la tempête ou poursuivi par l'ennemi, un capitaine veuille se réfugier dans un port ou dans une rivière, dont il ne lui soit possible de franchir l'entrée qu'à condition de diminuer le tirant d'eau de son navire, en l'allégeant de tout ou partie de sa cargaison.

L'art. 400 décide, comme l'avait fait avant lui l'Ordonnance, que les frais des alléges employées, dans ce cas, au transport des marchandises et les autres frais de débarquement, seront classés en avaries communes.

La loi suppose que le capitaine n'a pas le choix du lieu où il se voit contraint de chercher un abri et qu'il a un juste motif de se soustraire à un danger présent, comme lorsqu'il s'agit d'échapper à la tempête ou à un ennemi.

L'allégement du navire devenant alors la conséquence d'une mesure prise pour le salut commun, les frais qui en résultent, doivent nécessairement faire l'objet d'une contribution.

Il s'en suit que, si au lieu de se présenter en cours de voyage et pour exécuter une relâche forcée, la nécessité de mettre la marchandise dans des alléges pour la transporter à terre ne se produisait qu'au lieu d'arrivée, ces frais n'étant alors que la conséquence du voyage entrepris, demeureraient à la charge de la marchandise.

Il n'est pas besoin de dire que, dans le cas où le capitaine étant forcé de se réfugier quelque part, les frais d'alléges devront entrer en avaries communes, il en sera de même de la perte ou de la détérioration que la marchandise viendrait à éprouver dans le transport du navire au rivage, puisque cette perte ou cette détérioration auraient pour cause la nécessité où se serait vu le capitaine de relâcher pour le salut commun (1).

CHAPITRE IX.

DES FRAIS FAITS POUR METTRE A FLOT LE NAVIRE ÉCHOUÉ DANS L'INTENTION D'ÉVITER LA PERTE TOTALE OU LA PRISE.

Il est à remarquer que l'art. 400 n'entend admettre, dans la classe des avaries communes, les frais faits pour remettre à flot le navire, qu'autant

(1) Voir art. 427 du Code de Commerce.

que l'échouement a été volontaire et qu'il a eu pour but d'éviter la perte commune du navire et des marchandises.

Le meilleur moyen pour un navire poursuivi par l'ennemi est, lorsqu'il ne se présente pas un port ouvert dans le voisinage, d'aller échouer à l'abri des défenses de terre, près d'une côte où toute poursuite devienne impossible.

De même, lorsqu'un navire est poussé par la tempête sur un rivage accore ou sur des rochers où il court risque de se perdre, le parti le plus sûr est de chercher un point de la côte où il puisse échouer avec moins de dommage et de s'y diriger résolûment.

L'échouement étant alors volontaire, et ayant pour but le salut commun du navire et de la cargaison, toutes les pertes et les dommages en résultant deviennent avaries communes.

Il est vrai que l'article ne parle que des fraits faits pour mettre à flot le navire après son échouement; mais une fois le point de départ admis, qui est la volonté d'échouer et le but de sauver par là le navire et les marchandises, il est clair, d'après les principes que nous avons déjà posés, que toutes les conséquences de la mesure doivent entrer en avaries communes. Ce point, qui n'était pas discuté autrefois, ne l'est pas d'avantage aujourd'hui (1).

(1) Valin : *sur l'art.* 6, au titre des *Avaries.* — Emérigon, chap. XII, sect. 41. — Pardessus, tom. III, n° 738. — Boulay-Paty, tom. IV, page 455.

Les conséquences de l'échouement peuvent être rangées dans quatre catégories :

1° L'allégement du navire, c'est-à-dire, le débarquement et le transport à terre de tout ou partie de la cargaison, pour faciliter la mise à flot;

2° Les frais de toute nature pour achever de relever le navire, si l'allégement ne suffit pas, et pour le conduire dans le port où il doit être réparé;

3° Les réparations des avaries occasionnées au navire par l'échouement;

4° Les avaries que la marchandise a pu également éprouver soit à bord, pendant l'événement, soit dans les alléges, pendant son transport à terre.

Toutes ces dépenses ou avaries donnent lieu à contribution, si l'échouement a été volontaire et s'il a eu pour but le salut commun. Si, au contraire, l'échouement a été purement fortuit, les conséquences qui en résultent, tant pour le navire que pour la marchandise, sont avaries particulières.

C'est ce qui résultait, suivant Emérigon, de l'art. 5 de l'Ordonnance, au titre des avaries, ce qui résulte également aujourd'hui des termes de l'art. 403 du Code de Commerce, où l'on voit clairement qu'en principe les dommages arrivés par échouement sont avaries particulières et qu'ils ne prennent le caractère d'avaries communes que dans le cas où c'est la volonté de l'homme qui, dans un but de salut commun, a déterminé l'événement.

Il semble que de pareils principes ne devraient jamais être méconnus. Cependant, dans un arrêt déjà cité (1) et sur lequel nous aurons à revenir, la cour de Montpellier, tout en décidant que l'échouement d'un navire avait été le résultat fortuit et non prévu d'un événement de mer, a cru devoir, d'accord avec les premiers juges, admettre, comme avaries communes, les dépenses faites pour le déchouer, avant le débarquement de la marchandise, telles que pilotage, tonnage, frais de justice et autres. Par une étrange contradiction, le même arrêt a rejeté, dans la classe des avaries particulières, les frais de débarquement, transport et commission occasionnés par le débarquement de la marchandise.

Les motifs de cette décision sont que les frais relatifs à la marchandise ont été faits dans son intérêt et pour sa conservation, tandis que les frais de déchouement, alors que la marchandise était encore à bord, auraient eu lieu dans l'intérêt et pour le salut communs.

En jugeant ainsi, la Cour de Montpellier n'a pas seulement violé le texte de l'article 400, elle a encore méconnu le principe par suite duquel la nature d'une avarie sert à déterminer le caractère des frais et dommages qui en ont été la conséquence.

La nécessité de mettre à flot un navire procédant directement et nécessairement de son échouement, il s'en suit que les frais faits pour le dégager doivent

(1) Montpellier, 25 décembre 1837. Vide : de l'*Avarie commune et de ses caractères*, page 20.

demeurer avaries particulières, toutes les fois que cet échouement a eu pour cause un accident fortuit. Il en est de même des frais faits pour débarquer la marchandise qui, n'étant que la conséquence de l'échouement, doivent, lorsqu'il a été volontaire, être classés en avaries communes, mais qui restent à la charge de la marchandise lorsqu'il a été purement fortuit, non pas, comme le dit l'arrêt parce que ces frais ont été faits dans l'intérêt de la marchandise et pour sa conservation, mais par la raison que, lorsqu'il y a eu force majeure, les conséquences, au lieu d'être mises en commun, en sont supportées à part par la marchandise et par le navire, sans répétition possible de l'un à l'autre.

La Cour de Montpellier n'est pas la seule qui soit tombée dans cette erreur. Le Tribunal de Marseille a aussi décidé (1) que, même dans le cas d'échouement fortuit, les frais faits pour déchouer le navire et le remorquer, avant le débarquement de la marchandise, devaient donner lieu à contribution, mais qu'une fois ce débarquement opéré, les nouveaux frais qui pouvaient être faits perdaient leur caractère d'avaries communes, pour prendre celui d'avaries particulières.

Le motif purement spécieux de cette distinction. tiré uniquement de la présence à bord de la marchandise, consiste à considérer les frais faits avant son débarquement comme ayant eu lieu dan l'intérêt et le salut communs.

(1) 26 novembre 1833, *J. comm.* 14-11.

Il est vrai que si le navire, fortuitement échoué, est remis à flot sans que la marchandise ait été débarquée, il y a profit pour elle, puisqu'elle échappe ainsi à un transport particulier dont elle aurait eu seule à supporter les frais.

Mais cette circonstance, qui ne suffirait pas pour constituer une avarie commune, ne prouve même pas que l'opération de la mise à flot ait été motivée par le danger que la marchandise courait à bord; car si elle eût été réellement exposée, on n'eût pas manqué de la débarquer avant cette opération. Dans tous les cas, les manœuvres exécutées et les dépenses faites pour dégager le navire étant une conséquence nécessaire et rigoureuse de l'échouement, on ne voit pas comment, suivant qu'elle aura été à terre ou à bord, la marchandise pourra être tenue de contribuer aux dépenses d'une mesure nécessitée par un accident fortuit arrivé au navire et qu'il s'agit de réparer.

Il y a pourtant des circonstances où, quoique l'échouement ait été fortuit, la marchandise restée à bord peut-être appelée à contribuer.

L'art. 426 nous en offre un exemple, lorsque le navire étant échoué, il devient nécessaire de l'ouvrir, pour en extraire les marchandises (1). Il en est de

(1) L'art. 426 ne parle pas, il est vrai, d'échouement; mais il est évident qu'on ne s'exposerait pas à ouvrir un navire en pleine mer, ce qui serait un moyen sûr de le faire sombrer. Cette opération extrême ne peut donc s'entendre que du cas où la nature de l'échouement commandant de débarrasser promptement le navire, il y a impossibilité d'en extraire autrement les marchandises.

même lorsque pour l'alléger, l'imminence du danger fait qu'on se décide soit à faire un jet à la mer, soit à sacrifier des mâts, ancres, cordages ou autres objets. (1)

Dans ces divers cas, la valeur des objets sacrifiés doit entrer en avaries communes, parce que la gravité des circonstances et la détermination volontaire qui ont précédé le sacrifice en ont fait réellement une avarie commune. Quant aux manœuvres ordinaires pour relever le navire échoué par pure fortune de mer, la dépense en résultant doit, à part le débarquement de la marchandise qui, lorsqu'il a eu lieu, demeure à la charge de cette dernière, être mise au compte particulier du navire sans participation de la cargaison.

L'arrêt rendu par la Cour de Montpellier le 25 décembre 1837, dont nous venons de critiquer une des dispositions, a déjà été, dans la partie qui traite des avaries communes (2), l'objet d'une observation plus essentielle.

Nous avons élevé des doutes au sujet de la disposition par laquelle cet arrêt a refusé de considérer comme donnant lieu à contribution l'échouement d'un navire qui, au moment d'entrer dans le port où il avait été résolu de relâcher pour le salut commun, avait été poussé sur un écueil par la violence

(1) Voir dans ce sens deux jugements du Tribunal de Marseille, qui offrent l'exemple de sacrifices de cette nature faits pour déchouer le navire, — 15 avril 1828, *J. comm.* — 9 et 29 fév. 1840, *J. comm.*, t. 19 233.

(2) Page 20.

du vent. Nous avons pensé et nous pensons encore que, bien que fortuit en lui-même, cet événement pouvait être considéré comme avarie commune, parce qu'il n'avait été que la conséquence nécessaire et fatale de la résolution qui avait été prise de relâcher.

Cette solution a la plus grande analogie avec celle que nous avons donné plus haut (1), à propos d'un navire qui ayant sacrifié ses mâts pour le salut commun viendrait ensuite à échouer sur un écueil.

L'opinion sur laquelle reposent ces deux solutions est celle de Boulay Paty et Pardessus; elle a été embrassée par M. Horson (2) et combattue par M. Frignet dans son *Traité des avaries* (3).

Ce dernier auteur prétend que la jurisprudence contraire est aujourd'hui prépondérante. Il cite, pour preuve, un arrêt de la Cour de Cassation qui, le 2 août 1841, a rejeté le pourvoi formé contre l'arrêt rendu par la Cour de Montpellier le 25 décembre 1837 (4).

Il est inutile de faire observer que les arrêts de rejet font rarement autorité, surtout quand il s'agit de faits à apprécier et qu'ils se bornent à les accepter, tels qu'ils ont été posés, dans des décisions dont la doctrine seule est à réviser.

La chambre civile, dans l'espèce citée, après

(1) Chap. IV, page 64.
(2) Quest. 144 et 145.
(3) Tom. I, chap. VII.
(4) *Journal du Palais*, tom II, 1841, page 199.

avoir déclaré que des faits *tels qu'ils avaient été appréciés* par l'arrêt attaqué, il ne résultait pas que les avaries occasionnées par l'échouement eussent été la *conséquence* de la délibération prise de relâcher, après avoir constaté que cet arrêt et le jugement qui l'avait précédé, avaient attribué l'échouement à un accident de mer *fortuit et non prévu*, s'est bornée à conclure qu'en « jugeant, *dans ces circon-* « *stances*, que les avaries causées au navire par son « échouement ne pouvaient être rangées dans la « classe des avaries grosses et communes et de- « vaient rester à la charge des propriétaires du « navire, la Cour de Montpellier n'avait pas violé « les art. 400 et 403 du Code de Commerce ni au- « cune disposition de loi. »

A coup sûr, personne n'a jamais contesté en principe, qu'une fois l'échouement reconnu pour avoir été fortuit et ne dépendant pas, *comme conséquence*, de la délibération prise de relâcher, les avaries en résultant ne doivent être considérées comme particulières. L'arrêt cité n'a rien dit de plus et on ne voit pas de quel secours peut être, pour la thèse de M. Frignet, une décision qui, en dehors des principes incontestables du droit, a refusé d'apprécier les faits qui avaient donné lieu à leur application.

Il n'y a donc point de jurisprudence sur ce point.

M. Frignet donne encore pour argument « l'in- « certitude qu'une pareille doctrine (celle des au- « teurs qui l'ont précédé) laisserait subsister dans « la détermination des caractères de l'avarie com-

« mune » il lui semble qu'il est bien peu de cas
« où l'on ne puisse soutenir que la volonté s'est
« mêlée au cas fortuit et que par suite l'événement
« constitue une avarie commune. »

Nous avons, en passant en revue les divers paragraphes de l'art. 400, relevé, en effet, bien des cas où la volonté de l'homme vient concourir avec la force majeure. On peut même dire qu'il n'y a pas, à proprement parler, de sacrifice volontaire qui ne soit la conséquence d'une cause fortuite, comme le danger de sombrer, celui d'être brisé contre des rochers, la nécessité de se débarrasser de voiles, de mâts ou de cordages qui menacent la sûreté du navire, alors même que ces objets ont déjà été endommagés par la tempête et d'autres circonstances qu'il serait trop long d'énumérer.

Il est impossible de faire que, dans maintes occasions, la volonté de l'homme ne concoure avec le cas fortuit. Si les principes sont simples, il n'en est pas de même des faits qui peuvent se passer en mer, des circonstances qui les accompagnent et des conditions dans lesquelles ils peuvent se produire; c'est aux tribunaux souverains appréciateurs de ces faits à distinguer leur caractère dominant et à déterminer la nature de l'avarie à laquelle ils doivent appartenir.

DEUXIÈME PARTIE.

DES CAS NON SPÉCIFIÉS PAR LE CODE DE COMMERCE ET QUI RENTRENT DANS LES CONDITIONS GÉNÉRALES DU DERNIER § DE L'ART. 400.

—

L'art. 400, après avoir détaillé les divers cas énumérés dans l'ordonnance de 1681, a emprunté à cette même ordonnance les règles générales à l'aide desquelles on peut reconnaître comment il faut apprécier, au point de vue du caractère de l'avarie, les autres cas qui peuvent se présenter dans la pratique.

Le dernier paragraphe de cet article est donc, en réalité, une sorte de définition qu'il suffit d'appliquer comme règle et comme mesure à toutes les espèces qui peuvent être proposées.

Les conditions qui y sont énoncées ayant déjà été examinées dans la partie de ce travail qui traite de l'avarie commune et de ses caractères, il est inutile de revenir sur un sujet qui nous exposerait à des redites.

Il y a pourtant, en dehors des cas prévus par le Code de Commerce, deux sortes d'événements plus particulièrement appelés à se reproduire, dont l'un s'est déjà présenté plusieurs fois devant les tribunaux et dont l'autre est, sans contredit, le plus fréquent de tous ceux qui peuvent donner lieu à contribution ; nous voulons parler du forcement de voiles et de la relâche opérée, en cours de voyage pour le salut commun, deux causes d'avaries que leur importance ne permet pas de passer sous silence et dont l'examen terminera la revue que nous avons commencée.

CHAPITRE X.

DU FORCEMENT DE VOILES.

Le forcement de voiles ou, comme on le disait autrefois, le forcement de mâts, était reconnu, dans la pratique, pour donner lieu à contribution.

Emérigon se fonde, pour l'admettre au nombre des avaries communes, sur les art. 1 et 5 de l'ordonnance de 1681, au titre du Jet.

Le premier de ces articles ordonne au capitaine qui se croira obligé, entr'autres sacrifices, de couper ou *forcer* ses mâts, de prendre l'avis de son équipage; le second, lui impose l'obligation de déclarer au premier *port* où il abordera, la causes des sacrifices qu'il a pu être contraint de faire dans le cours de sa navigation, par conséquent, celle qui aura pu le porter à couper ou à *forcer* des mâts.

Il y avait donc, dans les art. 1 et 5 de l'Ordonnance, un texte précis autorisant à passer, en avaries communes, la valeur des mâts *forcés* c'est-à-dire que l'on avait fait craquer ou rompre, en les chargeant de toile outre mesure, de manière à échapper à un ennemi, à doubler une pointe dangereuse, ou à s'élever d'une côte sur laquelle le navire était porté.

Il va sans dire que si, à la suite de la manœuvre, des voiles étaient déchirées ou emportées, leur perte était, au même titre que la rupture du mât, admise en avarie commune. Emérigon (1), après avoir indiqué le cas d'un navire dont le mât avait été forcé et rompu par le vent, en entrant dans le port de Barcelone, où il était allé cherché un refuge contre la tempête, raconte que, consulté sur une espèce où les voiles seules avaient été perdues, il répondit que « forcer les mâts ou les voiles c'était la même chose. »

C'était du reste une opinion partout répandue et fondée en quelque sorte sur le droit commun, car Emérigon cite un passage de Targa, où cet auteur, dont il donne le texte italien, pose en principe :

« *Que lorsqu'un vaisseau* se trouve poussé trop « avant vers la terre par des courants ou par « toute autre cause, si on délibère de faire force « de voiles et qu'un mât vienne à se rompre « ou *des voiles à se déchirer*. . . . . . Il y a lieu « à contribution. »

Ainsi sous l'ancienne législation, le forcement de voiles était reçu sans difficulté; mais il n'est

(1) *Assurances*, chap. XII, sect. 41.

pas établi qu'on ait jamais admis comme conséquence de cette sorte de manœuvre, d'autres dommages que ceux résultant des mâts craqués ou des voiles enlevées.

La jurisprudence actuelle n'a pas observé cette réserve. Non contente de recueillir la tradition, elle s'est cru en droit de l'étendre aux conséquences les plus éloignées.

Cependant, en comparant le texte des art. 1 et 5 de l'Ordonnance, au titre du Jet, avec les art. 410 et 413 du Code de Commerce, on est tenté de se demander si le rédacteur de ces articles, qui avait le texte de l'Ordonnance sous les yeux, n'a pas voulu faire disparaître le forcement de voiles de la classe des avaries communes?

L'Ordonnance avait placé sur la même ligne la résolution de couper les mâts et celle de les forcer. Le Code ne prévoit plus qu'un seul cas, celui où les mâts ont été coupés. Il semble donc que son intention ait été d'exclure celui où ils auraient été seulement *forcés*; c'est du moins, en l'absence de toute trace de discussion, sur ce point, au Conseil d'Etat, au Tribunat et au Corps Législatif, la conclusion que l'on se sent disposé à tirer de la snppression opérée dans les art. 400 et 413.

Il faut d'ailleurs convenir qu'envisagé comme avarie, le forcement de voiles est d'une nature un peu équivoque. Aussi a-t-il été l'objet de décisions contradictoires.

On peut dire qu'en forçant de voiles, lorsqu'il s'agit de s'élever d'une côte ou de se mettre à distance d'un danger quelconque, le capitaine ne fait qu'exécuter une des manœuvres obligées de la navigation, qui est de faire de la toile, toutes les fois que les circonstances le demandent ; mais cette opinion rigoureuse n'est peut-être pas sans inconvénient. Il est, en effet, des capitaines tellement jaloux des intérêts de leur armement, qu'il serait parfois à craindre que, placés entre un péril à éviter et un sacrifice dont le navire aurait seul à faire les frais, ils ne préférassent, à l'idée d'un sacrifice irrévocable de sa nature, la perspective d'un danger à affronter.

Bien que ce genre de considération ne soit pas très juridique, il n'est pas prouvé qu'il ne soit entré, pour une certaine part, dans la détermination des tribunaux qui, malgré la modification apportée au texte de l'Ordonnance par les art. 410 et 413 du Code de Commerce, se sont décidés à conserver le forcement de voiles au nombre des avaries communes.

Peut-être aussi n'est-ce que l'effet d'une tradition reçue et adoptée sans examen, comme l'ont fait Pardessus et Boulay-Paty, qui ne paraissent pas s'être doutés de la mutilation que le Code avait fait subir au texte de l'Ordonnance et des conséquences qu'on en pouvait tirer (1). Attachés du reste l'un et

(1) M. Frignet a signalé le premier la suppression opérée, dans les art. 410 et 413. *Traité des avaries*, tom. 1, page 314.

et l'autre à suivre Emérigon, dont ils ont adopté l'opinion, sans la commenter, ils ne semblent pas, plus que lui, avoir voulu admettre, en avaries communes, d'autre dommage que celui résultant de l'enlèvement des voiles ou de la rupture des mâts.

Mais, comme nous venons de le dire, certains tribunaux sont allés beaucoup plus loin. La Cour de Rouen et le Tribunal de Marseille, dans des circonstances à peu près identiques, ont jugé, l'un et l'autre, que la voie d'eau devait être réputée avarie commune, quand elle avait été précédée d'un forcement de voiles (1) ; Il est même à remarquer que dans les espèces ainsi jugées, la voie d'eau existait antérieurement au forcement de voiles et qu'elle avait seulement paru augmenter à la suite de cette manœuvre. Il s'agissait donc de faire la part de l'avarie commune et celle de l'avarie particulière. Le Tribunal de Marseille avait mis à la charge des avaries communes un tiers des réparations occasionnées par la voie d'eau et les deux autres tiers à la charge des avaries particulières. Plus libérale, la Cour de Rouen a partagé la dépense, par moitié, entre l'avarie commune et l'avarie particulière.

L'auteur a, lui-même, contribué à faire rendre une décision du même genre par la Cour de l'Ile de

(1) Rouen, 3 mai 1827, 26 septembre 1841 — tom. II 1842, page 49 *(Journal du Palais)*. Marseille 1846, affaire de la *Marie*, capitaine Kluitberg. Jugement rapporté par M. Frignet, *loc. cit.*

la Réunion, dans le courant de 1836 (1), avec cette différence que, dans cette dernière espèce, au lieu d'être antérieure, la voie d'eau ne s'était manifestée qu'après le forcement de voiles.

Le capitaine, indépendamment de l'espèce de liaison qui existait entre ces deux faits, faisait observer que les hauts de son navire n'avaient pas souffert et que l'avarie avait été reconnue provenir des parties basses de la carène; il expliquait cette circonstance par la fatigue extraordinaire que les mâts avaient dû éprouver, étant couverts de toile, au milieu de la tempête, et à la pression que cette fatigue leur avait fait exercer sur la carlingue (2), dans les fonds mêmes du navire où portait principalement tout leur poids.

L'espèce jugée par la Cour de la Réunion se présentait donc dans des circonstances plus plausibles que celles qui ont donné lieu à la décision de la Cour de Rouen et à celle du Tribunal de Marseille ; cependant des doutes sérieux me sont venus depuis sur cette solution.

De ce qu'une voie d'eau a été précédée d'un forcement de voiles, il est bien difficile d'affirmer, malgré la coïncidence de ces deux faits, que l'un soit

(1) Il s'agissait du navire la *Bonne-Nanette,* capitaine Lecanellier, qui, après sa sortie du Gange, poussé vers la côte par une tempête, avait forcé de voiles ; une voie d'eau s'étant déclarée, le navire fut contraint de remonter à Calcutta où il fut réparé et où, après avoir vendu sa cargaison, le capitaine prit de nouvelles marchandises à fret.

(2) On appelle de ce nom, l'assemblage de charpente qui reçoit le pied des bas-mâts.

bien la conséquence de l'autre. Il se déclare constamment des voies d'eau à bord des navires, sans que les mâts aient eu à éprouver d'autre fatigue que celle résultant d'une voilure ordinaire ; c'est un des accidents les plus fréquents de la navigation et qui s'explique, indépendamment du poids de la mâture, par celui du chargement et par la résistance que la mer oppose à la marche du navire, surtout pendant les mauvais temps et les vents contraires.

C'est donc hasarder beaucoup, en fait de supposition, que de vouloir, par une seule raison de coïncidence, attribuer à un forcement de voiles la survenance d'une avarie qui se manifeste presque toujours à la mer, indépendamment de toute manœuvre de ce genre, alors surtout que, comme dans les espèces jugées à Rouen et à Marseille, il est établi que la voie d'eau avait une existence antérieure.

Il nous semble, après réflexion, qu'il conviendrait beaucoup mieux de s'en tenir à ce qui se faisait du temps de l'Ordonnance, lorsqu'il y avait un texte précis pour admettre le forcement de voiles en avarie commune et de restreindre les dommages pouvant en résulter à ce qui doit seul en être considéré comme la suite immédiate et non douteuse, le craquement des mâts et l'enlèvement des voiles.

Ajoutons, en finissant, que, comme après tout, il n'y a rien de si naturel et de si obligatoire pour un capitaine que de faire de la toile lorsque le temps le demande, les conséquences d'un forcement de voiles ne sauraient être admises en avaries communes qu'à deux conditions, que la mesure aura été déterminée par un danger sérieux et qu'elle aura été accomplie avec une pensée de sacrifice, c'est-à-dire avec la conviction que l'on exposait les voiles et les mâts à se déchirer et à se rompre.

Il importe donc aux capitaines, lorsqu'une pareille résolution aura été prise à leur bord, de ne négliger, dans leur rapport, aucune des circonstances de nature à faire apprécier l'opportunité et la gravité de la mesure et à déterminer ainsi les tribunaux à en admettre les conséquences en avaries communes.

CHAPITRE XI.

DES RELACHES AYANT POUR OBJET LE BIEN ET LE SALUT COMMUNS.

Ces relâches ont pour cause ou des réparations à faire au navire, dans le but de le mettre en état de continuer le voyage, ou la nécessité d'échapper à un danger quelconque en déviant de la route, pour aller s'abriter en quelque lieu. Parmi les réparations dont l'urgence et la gravité peuvent motiver une relâche, les unes ont pour objet des avaries communes à la charge du navire et de la cargaison, les autres des avaries particulières concernant le navire seul. Ces diverses causes entraînant des conséquences différentes, nous avons cru devoir examiner séparément les diverses sortes de relâches auxquelles elles peuvent donner lieu.

§ 1. — DES RELACHES QUI N'ONT PAS POUR OBJET DES AVARIES A RÉPARER.

De ce nombre sont :

1° Les relâches motivées par la nécessité de chercher un refuge contre la tempête ;

2° Celles faites dans un port ou sous la protection d'une citadelle, pour échapper à l'ennemi ;

3° Celles ayant pour but la rencontre ou l'attente d'un convoi destiné à protéger le navire pendant le reste de sa traversée ;

4° Celles ayant pour objet de déposer des hommes atteints à bord d'une maladie épidémique ou contagieuse ;

5° Celles motivées par le besoin d'avitaillement, lorsque les provisions qui existaient à bord ont été détruites par fortune de mer.

Un navire peut être menacé en mer par la tempête ou par l'ennemi; rien de plus naturel alors que de se réfugier dans un port ou sous la protection d'une citadelle, en attendant que la tempête se soit apaisée, ou que l'ennemi se soit retiré et ait permis au navire de reprendre sa route.

Parti, en temps de guerre, avec une escorte qui s'arrête dans le voyage, un navire peut être dans la nécessité d'attendre qu'une autre escorte vienne le prendre ; il peut aussi, étant parti sans aucun soupçon de danger, apprendre en route l'approche de l'ennemi et relâcher prudemment dans un port ou sur une rade, pour y attendre quelque convoi.

Ce sont évidemment là des déterminations prises dans l'intérêt du navire et de la cargaison et dont la dépense, quelle qu'elle soit, doit entrer en avaries communes.

Pardessus y a joint le changement de route pour éviter la peste ou pour déposer des hommes qui en seraient atteints. Nous n'avons de ces deux causes conservé que la dernière, car nous ne pensons pas qu'un navire ayant été affrété pour un point quelconque, le capitaine puisse se dispenser de s'y rendre par le motif que la peste, le choléra ou toute autre maladie épidémique s'y serait déclarée ; nous ne pensons pas non plus qu'il ait le droit, comme dans le cas de blocus, d'aller débarquer sa cargaison dans le port le plus voisin ; mais la nécessité de relâcher, pour déposer des hommes qui seraient atteints d'une affection épidémique, a un bien autre caractère et nous paraît avoir pour cause l'intérêt commun du navire et de la cargaison. En continuant, en effet, le voyage dans ces conditions, le capitaine courrait le risque d'être, en peu de temps, privé de son équipage ou de manquer lui-même à la conduite de son navire, ce qui, le cas échéant, serait une cause à peu près assurée de perte, pour le navire et pour la cargaison.

Emérigon cite le cas d'un navire qui chargeait des laines à Satalie (sans doute Satalieh aujourd'hui Adalia, dans le golfe de ce nom) et à bord duquel, la peste s'étant déclarée, il mourut le capitaine et deux matelots. L'équipage effrayé ayant refusé de continuer l'embarquement, le navire, sous la conduite du capitaine en second, se présenta successivement à Rhodes, où il perdit un homme et obtint seulement de faire quelques provisions, et à Stancho (l'ancienne Cos. dans l'archipel) où, malgré la perte d'un autre homme, il obtint la permission de mettre les hommes à terre, de décharger le bâtiment et d'exposer à l'air les marchandises. Le capitaine en second ayant appris ensuite que la peste avait cessé à Satalie s'y rendit avec le navire et y acheva son chargement.

Consulté sur la question de savoir si toutes les dépenses faites à Rhodes et à Stancho, depuis le départ du port de chargement jusqu'au retour dans le même lieu, devaient être réputées avaries communes, Émérigon se prononça pour l'affirmative, par le motif que le salut commun en avait été l'objet.

Nous avons tenu à reproduire cet exemple comme une preuve de la variété des cas qui peuvent se présenter dans le cours des opérations maritimes. On remarque, en effet, dans le récit qui précède, deux relâches successives à Rhodes et à Stancho, non pas en cours de voyage, mais après l'abandon forcé, par le navire, du port où il était en chargement. Nous disons abandon forcé, parce qu'après la mort du capitaine et des deux matelots, après la démoralisation qui s'en était suivie dans l'équipage, il était impossible au second de persister à demeurer; que c'eût été s'exposer ou à une désertion complète ou à des décès répétés parmi les gens de l'équipage, et, dans l'un et l'autre cas, à l'abandon et à la perte probable du navire et des marchandises, dans un lieu où l'épidémie régnante ne pouvait guère faire espérer de secours par ailleurs.

Une fois la nécessité établie de quitter le port de Satalie, les relâches à Rhodes et à Stancho et les dépenses faites en ce dernier lieu, jusqu'au moment du retour à Satalie, ne peuvent être considérées que comme ayant eu lieu dans l'intérêt commun. La solution donnée par Emérigon nous paraît donc la seule admissible, avec cette restriction toutefois, dont l'auteur ne parle pas, mais qui coule de source, que la contribution ne dut être mise à la charge que des marchandises qui se trouvaient à bord, lorsque le second se vit forcé de lever l'ancre et de cesser son chargement, celles qui furent embarquées plus tard et au retour du navire à Satalie, n'ayant pas eu à contribuer aux dépenses résultant de mesures qui n'avaient certainement pas été prises dans leur intérêt, puisqu'elles n'étaient pas encore à bord.

Les relâches pour cause d'avitaillement peuvent aussi être considérées comme ayant été faites pour le salut commun, lorsque les provisions ayant été altérées, en cours de voyage, par fortune de mer, il y a nécessité de relâcher pour s'en procurer de nouvelles, car la conservation de l'équipage est évidemment liée à celle du navire et de la cargaison.

Il en serait autrement, et c'est là probablement le genre d'avitaillement que l'art. 403 a eu en vue, si le capitaine avait fait, au départ, un approvisionnement insuffisant d'eau ou de vivres, car il n'aurait alors à imputer qu'à lui-même la nécessité de la relâche et ne saurait contraindre les chargeurs à y contribuer.

Il va sans dire que, lorsque la relâche pour cause d'avitaillement n'est pas le résultat d'une faute ou d'une négligence imputable au capitaine, les frais de relâche et de séjour peuvent être seuls l'objet d'une contribution, l'achat des vivres pris en remplacement de ceux perdus ou gâtés par la fortune de mer devant toujours demeurer à la charge du navire seul (1).

Les frais de ces diverses sortes de relâches sont toujours à peu près les mêmes : ils ne peuvent être d'ordinaire que fort peu de chose, puisqu'aux termes de l'art. 400, la partie qui en serait la plus importante, et qui consiste dans les salaires et la nourriture des équipages, ne peut y être comprise qu'autant que le navire aurait été affrété au mois et que ce mode d'affrétement est presque tombé en désuétude.

Il pourrait pourtant y avoir lieu à une contribution plus sérieuse si, comme nous l'avons déjà vu (2), il fallait, pour entrer dans le lieu de la re-

(1) Voir sur les objections tirées de l'art. 403, le § 3 du présent chapitre.

(2) Vid. Plus haut, chap. IX.

lâche, alléger le navire de tout ou partie de sa cargaison, ou si, en essayant d'y pénétrer, le navire venait à donner sur un écueil ou à essuyer telle autre avarie qui serait la conséquence de la détermination prise de relâcher. Les dépenses résultant de ces circonstances extraordinaires, venant à s'ajouter aux autres, augmenteraient singulièrement le chiffre des avaries à répartir ; mais à part ces causes d'aggravation, il est évident que, réduites aux simples frais d'entrée dans une rade ou dans une rivière et à ceux de sortie, ces sortes de relâches ne peuvent, en dehors des retards qui pèsent également sur le navire et sur la cargaison, donner lieu qu'à des dépenses à peu près insignifiantes.

§ 2. — DES RELACHES FAITES POUR RÉPARER DES AVARIES COMMUNES.

Lorsque la relâche a été motivée par la nécessité de réparer un dommage souffert pour le bien et le salut communs, comme si les mâts ont été coupés ou que le navire a été échoué volontairement, toutes les dépenses en résultant doivent sans distinction être admises en avaries communes.

Ces dépenses peuvent être énumérées comme suit ;

1° Remplacement ou réparation des objets volontairement perdus ou endommagés, pour le salut commun ;

2° Frais de pilotage pour entrer dans le port de relâche, frais d'ancrage et autres établis par les usages locaux, ainsi que ceux qui ont dû être acquittés à la sortie ;

3° Frais de douane et de garde de la cargaison ;

4° Débarquement, magasinage et rembarquement des marchandises, lorsqu'il est nécessaire de les mettre à terre pour réparer le navire ;

5° Frais de journaliers employés au débarquement et au rembarquement de la cargaison, ainsi que des hommes loués, en dehors de l'équipage, pour dégréer et regréer le navire ;

6° La nourriture et les salaires de l'équipage, lorsque le navire a été affrété au mois ;

7° Les frais d'expertise ayant pour objet de constater les réparations à faire au navire, ou les dommages à la marchandise, dans le cas où ces dommages constitueraient des avaries communes ;

8° Les frais faits pour constater que les réparations ont été exécutées et que le navire a été mis en état de reprendre la mer ;

9° Le prix des marchandises vendues pour payer les réparations ou les dépenses de la relâche, lorsque le capitaine s'y est fait autoriser en conformité de l'article 234 du Code de Commerce ;

10° Le change maritime des emprunts à la grosse si, au lieu de faire vendre une partie de la cargaison, le capitaine a eu recours à un emprunt ;

11° Les diverses commissions payées au consignataire, au lieu de la relâche, tant sur les marchandises débarquées que sur le montant des sommes avancées, et sur celui des marchandises vendues ou de l'emprunt réalisé ;

12° Les frais de justice ou ceux de chancellerie, si la relâche a eu lieu dans un pays étranger où il existe un consul de la nation à laquelle appartient le navire ;

13° Les frais extraordinaires de quarantaine en tant qu'ils auraient été la conséquence de la relâche.

Cette longue énumération a pour but d'embrasser d'un coup d'œil les diverses natures de dépenses auxquelles les relâches de cette sorte peuvent donner lieu, sans qu'il soit nécessaire que, dans toutes les circonstances, et à chaque fois, elles se reproduisent simultanément. Cependant il est rare que la plupart d'entre elles ne se présentent pas en même temps.

Leur commentaire n'exige pas de grands développements.

Les dépenses comprises dans le n° 1 sont indépendantes de la relâche ; car si des mâts ont été coupés volontairement pour sauver le navire et la cargaison, ou si le navire a été échoué volontairement dans le même but, les frais de radoub comme ceux de remplacement des mâts sacrifiés devront toujours être supportés en commun, alors même que, pouvant se dispenser de relâcher, le capitaine aurait différé, jusqu'au lieu du reste, le radoub de son navire ou le remplacement des objets perdus pour le salut commun.

Mais les autres frais énumérés dans les nos 2 à 13 ne sont que la conséquence de la relâche, car il est évident que, sans la nécessité de s'arrêter pour réparer ses avaries, le capitaine n'aurait pas eu à les subir et à en réclamer le montant, par voie de contribution, comme accessoire de l'avarie principale.

Les frais de pilotage, d'ancrage, de douane et de garde de la cargaison ne sauraient donner lieu à aucune observation ; ils sont admis non comme avaries mais comme dépenses résultant de la relâche.

Quant aux frais de débarquement, magasinage et rembarquement, on doit distinguer le cas où les marchandises sont débarquées pour faciliter les réparations, de celui où elles n'auraient été mises à terre que dans leur intérêt particulier, pour porter remède à des avaries ou à des détériorations dont elles auraient été atteintes par un vice propre ou par fortune de mer, auquel cas les frais occasionnés par la mise à terre devront demeurer entièrement à leur charge.

Il en serait autrement, si elles avaient été avariées pour le salut commun, comme l'article 400 no 5 en fournit un exemple, lorsqu'elles ont été endommagées par le jet. Dans ce cas, il y a lieu de faire entrer en avaries communes non seulement les frais faits pour les débarquer, mais encore les dommages qu'elles ont pu souffrir et partant tous les frais faits, pendant la relâche, pour corriger et amender l'avarie ou, comme on le dit dans le commerce, pour bonifier la marchandise.

Les frais des journaliers à bord ou à terre et ceux d'expertise sont la conséquence des réparations et doivent, comme elles, entrer en avaries communes.

La nourriture et les loyers des matelots, comme nous l'avons vu au chapitre 7, ne sont admis en avaries communes, même lorsqu'il s'agit de réparations pour le salut commun, que dans le cas tout exceptionnel où le navire aurait été affrété au mois. Malgré le peu de raison de cette distinction, il nous paraît impossible, en présence des termes formels de l'article 400, n° 6, d'imiter les décisions que nous avons citées à ce sujet et de suivre les anciens usages, d'après lesquels, sans égard au mode d'affrétement, la nourriture et les loyers des matelots étaient passés en avaries communes toutes les fois que la relâche avait été jugée faite dans l'intérêt et le salut communs.

La vente des marchandises, pour payer les réparations ou les dépenses de la relâche, est un moyen extrême que la loi offre aux capitaines lorsqu'ils ne trouvent pas à emprunter à la grosse (1); mais, c'est à la condition d'en restituer le prix à l'arrivée, sur le pied de la valeur au

(1) D'après le *Consulat de la mer*, chap. CVII, le capitaine ne peut vendre des marchandises pour les besoins de son navire, que s'il ne trouve pas à emprunter. Le règlement d'Anvers, art. 19, cité par Émérigon, (*Contrat à la grosse*, chap. IV, sect. 9) ne permet pas au maître de vendre ou d'engager la marchandise tant qu'il peut trouver de l'argent à la grosse aventure.

lieu de la décharge (1): il est donc juste que, lorsque le prix de la marchandise vendue en cours de voyage a servi à payer des dépenses communes, le remboursement à faire à son propriétaire devienne l'objet d'une contribution entre tous les intéressés. On verra dans le § suivant, ce qu'il y a lieu de décider, lorsqu'au lieu de servir à payer des avaries communes, le prix des marchandises vendues a été employé aux besoins particuliers du navire.

Les dépenses indiquées dans les nos 10, 11 et 12 ne sont, comme la plupart de celles qui précèdent, que des accessoires de l'avarie qui a occasionné la relâche et doivent, comme elle, être classées en avaries communes.

Quant aux frais de quarantaine, qui constituent des frais ordinaires de navigation à la charge du navire seul (2), ils doivent, par exception, être admis en avaries communes, lorsque cette quarantaine a été la conséquence de la relâche, puisque, sans elle, ils n'auraient pas eu lieu. Néanmoins, si le navire devait subir une quarantaine à l'arrivée et que celle faite au port de relâche ait eu pour résultat de l'en dégager, en partie, on ne doit admettre, en avaries communes, que la différence entre la durée de la quarantaine extraordinaire subie au lieu de la

(1) 234-298 du Code de Commerce.
(2) Confer. Art. 403 et 406.

relâche, et celle que le navire aurait eu à faire au lieu de destination (1).

Le tribunal de Marseille a décidé à deux reprises (2) que, lorsqu'un curateur avait été nommé par l'autorité pour représenter les assureurs, les frais occasionnés par la nomination et l'intervention de cet agent devaient être considérés comme accessoires de la relâche; qu'ils devaient, par suite, être rangés en avaries communes ou en avaries particulières, suivant que la relâche avait eu pour cause des avaries communes ou des avaries particulières.

Il nous semble difficile d'admettre cette solution. Le contrat d'assurance n'est pas une des conditions obligatoires de la navigation. C'est une mesure de prudence que chacun a le droit de négliger. C'est un contrat purement facultatif de l'assuré à l'assureur et dont les conséquences ne regardent que ceux qui y ont été parties. Si donc la nomination d'un curateur a été demandée, pour représenter les assureurs au cours des opérations faites pendant la relâche, les frais ne doivent en être supportés que par celui ou ceux qui auront cru devoir requérir cette nomination.

(1) Marseille, 23 juin 1841, *J. comm.* 1842, page 69.
(2) 2 et 27 juillet 1838, *J. comm.*, tom. XVIII, page 179 et 238.

§ 3. — DES RELACHES DÉLIBÉRÉES A LA SUITE D'AVARIES PARTICULIÈRES LORSQU'ELLES ONT ÉTÉ MOTIVÉES PAR L'INTÉRÊT COMMUN DU NAVIRE ET DE LA CARGAISON.

Il semble au premier abord que si, à la suite d'avaries particulières, un navire relâche dans un port pour y être réparé, les frais de cette relâche doivent être réputés avaries particulières.

Cependant, comme les réparations en cours de voyage sont plus coûteuses qu'au lieu du reste; comme indépendamment des retards qui en résultent, elles entraînent, avec elles, des dépenses accessoires qui en augmentent de beaucoup le prix, et que le capitaine épargnerait à ses armateurs, s'il attendait, pour les réparer, la fin du voyage, on arrive, après réflexion, à se convaincre que, lorsqu'un capitaine se décide à relâcher en cours de voyage pour réparer son navire, il faut que ses avaries soient trop considérables pour que la réparation puisse en être différée et qu'il y ait réellement péril, pour le navire et pour la cargaison, à poursuivre la traversée, sans se mettre en état de l'achever avec sécurité.

Supposons, en effet, que le feu vienne à éclater à bord (1), que la tempête ait brisé les

(1) Indépendamment des accidents qui peuvent occasionner le feu à bord, sans qu'il y ait faute du capitaine ou des gens de l'équipage, il

parties essentielles de la mâture ou qu'une voie d'eau se déclare dans le cours du voyage, pourrait-on dire que le parti pris de relâcher n'intéresse que le navire seul et qu'il ne profite pas également à la cargaison, qui, si le voyage était continué dans ces conditions, courrait le risque d'être entièrement perdue ou gravement avariée?

est certaines marchandises qui, par leur contact avec la chaleur et l'humidité, sont susceptibles de s'échauffer au point de s'enflammer spontanément.

Dans le courant de mars 1863, le trois-mâts *La-Ville-de-Saint-Denis*, capitaine Mériais, étant parti de Marseille pour la Réunion, avec un chargement de menu charbon, de sel et de divers autres articles, on s'aperçut, vers les parages du Cap, que le charbon s'échauffait extrêmement. Bientôt, une fumée épaisse sortant de la cale, vint inspirer les inquiétudes les plus vives. Le capitaine, voyant l'impossibilité de se rendre maître du feu, se décida, sur l'avis de son équipage, à relâcher au cap de Bonne-Espérance; là, après avoir éteint le charbon, on débarqua la marchandise, et on procéda à la réparation des dégâts occasionnés au navire; on vendit sur les lieux la partie du chargement qui se trouvait avariée, et on remit le reste à bord, moins les marchandises vendues et la partie du charbon consumée par le feu; le navire se rendit ensuite à la Réunion où, sur la demande du capitaine, les frais de la relâche et ceux de mise à terre de la cargaison furent admis en avaries communes. Cette décision est en contradiction avec un arrêt cité par Emérigon (*Assur.* chap. XII, sect. 17) et rendu le 30 juin 1760, dans l'affaire de la barque *Marie-Magdeleine*; que l'on fut forcé d'échouer à Malte, pour éteindre le feu pris aux laines dont elle était chargée. Cet arrêt décida avec raison que le dommage occasionné par le feu à la marchandise et au navire était avarie simple et particulière; mais, il crut devoir ranger dans la même classe les frais de séjour à Malte, y compris ceux de débarquement et de rembarquement de la marchandise. Le Tribunal de la Réunion, en admettant les mêmes frais comme avaries communes s'est conformé davantage aux principes; car, bien que le feu soit un accident fortuit, et que, par suite, les dommages qu'il occasionne doivent être réputés avaries particulières, le parti pris d'échouer ou de relâcher pour soustraire le navire et la cargaison au danger qui les menace, est un acte volontaire, ayant pour but le salut commun et dont les conséquences semblent ne pouvoir être admises qu'en avaries communes.

Il est certain que si un navire ne perd que des mâts de rechange, si le feu peut être promptement étouffé, si la voie d'eau est peu de chose et qu'on puisse facilement s'en rendre maître, le capitaine ne demandera pas mieux que de ne pas relâcher, car, il n'y a en réalité aucun avantage et il n'est pas à craindre qu'il prenne, par calcul, une détermination qui, outre l'inconvénient du retard et les dépenses de la relâche auxquelles il aura au moins à contribuer, ne peut avoir pour conséquence que de lui faire payer les réparations plus cher qu'il ne les paierait au lieu de l'arrivée.

Il semble donc que, si le coût même de la réparation doit demeurer à la charge du navire, il en doit être autrement des frais de relâche pendant le séjour, ainsi qu'à l'entrée et à la sortie, y compris ceux de débarquement, rembarquement et magasinage de la cargaison, lorsqu'il est nécessaire de la mettre à terre pour réparer le navire.

Cette distinction est fondée sur la prudence et sur l'équité.

Sur l'équité, parce qu'il n'est pas juste de faire supporter au navire seul un excédant de dépenses auquel le capitaine ne s'est soumis que dans l'intérêt commun du navire et de la cargaison.

Sur la prudence, parce que, surtout en matière de voie d'eau, où la marchandise peut être gravement exposée, sans qu'il y ait danger réel pour le navire et pour l'équipage, il est à craindre que, reculant devant une dépense dont l'armement devrait avoir seul toute la charge, les capitaines ne préfèrent, au péril de la cargaison, attendre le lieu du reste, pour y faire réparer leur navire.

C'était du reste la règle suivie avant la promulgation de notre Code de Commerce.

On lit dans l'ouvrage de Ricard sur le négoce d'Amsterdam, un passage cité par Emérigon et qui est ainsi conçu : « Lorsqu'un navire est forcé par « la tempête d'entrer dans un port pour réparer le « dommage qu'il a souffert, s'il ne veut pas conti- « nuer son voyage sans courir le risque de se per- « dre entièrement, on porte en avarie grosse les « gages et la nourriture de l'équipage, depuis le « jour qu'il a été résolu de chercher un port pour « radouber le navire jusqu'au jour de son départ du « même port, avec tous les frais de la décharge, « droits d'ancrage, de pilotage et tous autres droits « et frais causés par cette nécessité. »

Après avoir dit que telle est à peu près la jurisprudence de l'amirauté de Marseille, Emérigon fait observer que les frais seuls de la relâche sont admis en avaries communes et qu'on n'y comprend ni les frais de radoub, ni le coût des réparations, ni le prix des mâts, voiles et autres agrès qu'il a fallu acheter. Il ajoute pourtant que, s'il y avait excès dans la valeur de tous ces objets, soit par la rareté des ouvriers, soit par la cherté des bois, agrès et matériaux, le surplus entrerait en avarie commune.

A l'époque où cet auteur s'appuyait ainsi sur

l'opinion de Ricard et donnait son approbation à la jurisprudence de l'Amirauté de Marseille, il n'existait aucun texte qui y parût contraire. L'article 2 de l'Ordonnance, au titre des Avaries, qui admet au nombre des avaries communes « toutes les « dépenses extraordinaires faites et les dommages « soufferts pour le bien et le salut communs des « marchandises et du vaisseau, » subsistait dans toute sa force, et semblait justifier complètement la pratique dont il signalait l'existence.

Cependant, en manifestant son opinion, Emérigon rappelle un passage de la loi rhodienne *de Jactu* qui lui semble être contraire à sa manière de voir.

Tout le monde connaît ce passage emprunté à Julianus (1) où le jurisconsulte romain propose l'exemple d'un navire qui se rend à Ostie et qui, après avoir été battu par la tempête, après avoir eu ses agrès, son mât et son antenne brûlés par la foudre, relâche à Hippone où on le radoube et on le fournit de nouveaux agrès, après quoi il poursuit sa route et va déposer à Ostie sa cargaison. Interrogé sur la question de savoir si les chargeurs doivent contribuer au dommage, le jurisconsulte répond négativement, et il en donne pour raison que la dépense a eu lieu plutôt pour réparer le navire que pour sauver la marchandise.

C'est entre l'interprétation au moins équivoque de ce passage de la loi rhodienne et la jurisprudence

(1) ff. Lege rhod. de Jact. L. 6.

attestée par Emérigon, que les esprits se sont partagés depuis.

Cependant, à bien examiner le texte en question, on voit que le jurisconsulte n'a été consulté que sur la question de savoir si les chargeurs pouvaient être tenus de contribuer aux réparations du navire et au remplacement des objets brûlés par la foudre (1)? La question ainsi posée ne pouvait souffrir de difficulté. La solution a été la même qu'elle le serait aujourd'hui, qu'elle l'eût été du temps de Ricard et d'Emérigon ; car, ainsi que nous venons de le voir, ce n'est pas la réparation du dommage souffert qui entre en avarie commune ; ce sont les frais de la relâche, et rien n'établit que, dans l'exemple proposé, l'auteur, en supposant une relâche à Hippone, ait eu en vue des frais de cette nature.

Mais, à défaut de ce texte, sur lequel il serait imprudent de fonder une doctrine contraire à celle qui était en usage avant la promulgation du Code de Commerce, on se retranche sur ce que le capitaine doit être assimilé à un voiturier qui se charge de transporter des marchandises d'un lieu à un autre.

Cette assimilation pèche contre la vérité et le bon sens.

Le transport des marchandises par terre ne peut donner lieu à aucun des accidents de force majeure qui sont si fréquents dans la naviga-

(1) An hi quorum onus fuit nauto *pro damno* conferre debeant ?

tion. Si la voiture se brise ou si les animaux succombent pendant le trajet, ce qui d'ailleurs, n'est d'aucun péril pour le chargement, c'est là, une sorte de vice propre, un accident inhérent à la chose elle-même et qui ne vient pas d'une cause extérieure.

Le voiturier qui répare sa voiture, ou qui remplace ses animaux morts ou malades, n'a pas à se détourner de sa route ; il n'a d'ailleurs, à peu de chose près, que les mêmes dépenses à faire, quel que soit le lieu où l'accident lui arrive.

Il n'en est pas de même d'un navire, dont l'état de navigabilité a été préalablement constaté et qui, partant dans toutes les conditions de solidité désirables, vient à être assailli, dans le trajet, par une tempête ou par tout autre accident de mer qui le met hors d'état de naviguer, sans qu'il y ait danger pour lui ou pour sa cargaison.

Sans doute, le dommage qu'il éprouve est une avarie particulière et la réparation qui en sera faite doit être supportée par lui seul, sans répétition contre ses chargeurs ; mais si, au lieu d'attendre le lieu de l'arrivée, le capitaine se voit forcé de relâcher, soit pour échapper à une destruction complète, soit pour éviter seulement d'avarier sa cargaison, il est évident que cette relâche, qui l'écarte d'ailleurs de sa route, ne ressemble en rien à l'acte du voiturier qui s'arrête pour réparer sa voiture et reprendre son chemin ; qu'elle a moins pour but de réparer le dommage matériel éprouvé par le navire que de le soustraire, ainsi que sa cargaison, au danger qui pourrait les atteindre l'un et l'autre si, malgré l'accident arrivé, le capitaine s'obstinait à tenir la mer et à poursuivre le voyage.

En résumé, l'avarie en elle-même est un accident fortuit ; mais la relâche est un acte volontaire, une dépense extraordinaire faite pour le salut commun, qui rentre dans les conditions générales empruntées à l'article 2 de l'Ordonnance (au titre des Avaries) par le paragraphe final de l'article 400 du Code de Commerce.

Cette dernière opinion est encore celle qui, comme du temps de Ricard et d'Émérigon, a prévalu dans la pratique et qui se trouve consacrée par le plus grand nombre de décisions judiciaires.

Il y a cependant, dans le texte de l'article 403, une addition donc le germe ne se trouve pas dans l'Ordonnance et qui donnerait à penser que son rédacteur s'est proposé de faire prévaloir une doctrine contraire. En effet, après avoir, comme l'Ordonnance, énuméré parmi les avaries particulières la perte des câbles, ancres, voiles, mâts, cordages, causée par tempête ou autre accident de mer, cet article, par une disposition nouvelle, ajoute au nombre de ces ava-

ries : « Les dépenses résultant de toutes relâ-
« ches occasionnées, soit par la perte fortuite
« de ces objets, soit par le besoin d'avitaille-
« ment (1), soit par voie d'eau à réparer. »

Est-ce un abandon de l'opinion d'Emérigon et un retour à la loi rhodienne? Placé entre ces deux manières d'envisager la question, l'auteur de l'article, dominé par ce qu'il croyait être la pensée du texte latin, a-t-il cru devoir appliquer à toutes les relâches faites à la suite de dommages fortuits les dispositions rigoureuses dont la relâche à Hippone lui paraissait devoir être la règle ?

Il faut convenir que, si tel a été son but, l'opposition entre le texte nouveau et la jurisprudence est bien propre à faire suspecter l'opportunité d'un changement contre lequel protestent si vivement les raisons que nous venons d'exposer.

On peut soutenir, d'un autre côté, que l'existence simultanée des articles 400 et 403 dans le même titre, presqu'en regard l'un de l'autre, implique la nécessité de chercher à faire entr'eux une sorte d'accommodement. Ce n'est donc pas sans quelque raison que la plupart des tribunaux ont posé en principe que les deux textes n'ont rien de contraire, et que, si, en thèse

(1) Voir pour ce qui concerne les relâches pour cause d'avitaillement, ce qui a été dit au chap. XI, § 1.

générale, les dépenses des relâches motivées par des avaries particulières doivent être rangées dans la même catégorie que l'avarie elle-même, il n'en est pas de même lorsque, la gravité du dommage compromettant à la fois le salut du navire et celui de la cargaison, la relâche a eu pour objet principal et déterminant de les soustraire l'un et l'autre au péril dont ils étaient menacés.

C'est cette sorte de conciliation entre les termes rigoureux de l'art. 403 et les dispositions générales de l'art. 400, c'est l'absence de toute dérogation positive de l'un à l'autre de ces deux articles, qui ont servi à motiver un arrêt rendu par la Cour de Cassation le 19 février 1834 (1).

Plus tard, la même Cour, passant à une doctrine opposée, a décidé, par un autre arrêt du 2 décembre 1840 (2), que, lorsque la relâche a eu pour cause une avarie particulière, toutes les dépenses en résultant doivent, par voie de conséquence, être classées dans la catégorie des avaries particulières.

Ce sont, il est vrai, deux arrêts de rejet, mais si clairement et si complètement motivés qu'il est permis de conclure, entre ces deux doctrines opposées, que la Cour de Cassation n'a pas sur ce point de jurisprudence arrêtée.

Le plus sûr est donc de s'en tenir à celle suivie sur nos principales places de commerce et sanc-

(1) *Journal du Palais* à sa date.
(2) *Journal du Palais*, tom. I 1841, p. 136.

tionnée par les diverses Cours dont elles dépendent, qui, moins les loyers et la nourriture des matelots, lorsque le navire est affrété au voyage et l'excédant du coût des réparations entre le lieu de la relâche et celui du reste, est, comme nous l'avons dit, entièrement conforme à la doctrine de Ricard et à celle d'Emérigon (1).

Parmi les résultats étranges auxquels a pu donner lieu l'addition faite, par l'art. 403, au texte de l'Ordonnance, on peut citer la persistance de la Cour de l'île de la Réunion dans la doctrine sur laquelle est basé l'arrêt de cassation du 2 décembre 1840 et les conséquences qui en sont résultées pour les navires qui font le commerce de cette île.

Plusieurs capitaines, convaincus, par leurs conseils, de l'inutilité de tenter, devant les tribunaux de cette colonie, des demandes en règlement qui, eussent-elles été accueillies par les premiers juges, devaient nécessairement échouer devant la juridiction supérieure, ont été, à leur retour en France, exposés à des difficultés sérieuses de la part de leurs assureurs.

La plupart ont été obligés de subir, sur le montant des avaries particulières dont ils réclamaient le remboursement, une réduction calculée sur la pro-

(1) Voir notamment. Rennes, 22 mai 1826. Aix, 15 février 1828. Caen, 20 novembre 1828. Rouen, 19 juin 1826 — 3 mai 1827 — 11 juillet 1832 — 27 mai 1841 (*Journal du Palais*, 2, 1841, p. 110) — 26 novembre 1841 (tom. II. 1842, p. 49) — 15 mars 1842 (tom. II 1841, p. 41) — 6 février 1843 (tom. I. 1843, p. 657).

portion imputable, suivant leurs assureurs, aux avaries communes dont ils auraient négligé à tort de provoquer le règlement.

Il en résulte que, pour obvier à cet inconvénient et se mettre en règle, par rapport à leurs assurances, ceux qui ont été obligés de relâcher en cours de voyage pour cause de voie d'eau ou pour toute autre cause grave, se voient dans la nécessité de former en justice des demandes en règlement qu'ils savent d'avance devoir être rejetées par les tribunaux qui auront à les juger.

Voilà où aboutissent des modifications peu réfléchies et en opposition avec les besoins et les usages du commerce : à des contradictions entre les textes, des hésitations dans la jurisprudence, des embarras et des difficultés dans la pratique !

Nous avons dit qu'à l'occasion de ces sortes de relâches, où le coût des réparations matérielles faites au navire demeure en avaries particulières, et les dépenses extraordinaires de la relâche sont seules admises en avaries communes, il n'était plus d'usage, à raison des termes formels de l'art. 400, de faire entrer, dans le règlement de contribution à ouvrir entre les intéressés, la nourriture et les gages des matelots, à part le cas exceptionnel où le navire aurait été affrété au mois. Nous avons fait la même observation pour l'excédant du coût des réparations faites au lieu de la relâche qui, contrairement à l'opinion d'Émérigon, n'est plus admis en règlement. Restent donc les frais et droits acquittés, soit pendant le séjour du navire au port de relâche, soit à l'entrée et à la sortie, les frais extraordinaires de quarantaine, dont il a été question au chapitre précédent, et, par dessus tout, ceux de débarquement, rembarquement et magasinage de la cargaison, dont la mise à terre est presque toujours la conséquence des relâches qui ont pour objet le radoub du navire.

Les frais d'expertise du navire restent à la charge du navire et ceux relatifs à la marchandise, si elle a été avariée, demeurent également à la charge de cette dernière.

Les frais de chancellerie ou de justice sont ventilés entre le chiffre des dépenses admises en avaries communes et celui des avaries particulières.

Quant à la commission d'avances payée au consignataire et au profit maritime de l'emprunt à la grosse, si un emprunt a eu lieu, on les calcule, l'un et l'autre, d'après le taux payé ou convenu au lieu de la relâche, sur le montant total de la somme admise en avaries communes.

Mais si, n'ayant pas trouvé à emprunter à la grosse, le capitaine s'est fait autoriser, conformément à l'article 234, à vendre des marchandises pour payer les dépenses de la relâche, dans ce cas, la différence existant entre le produit de cette vente et le prix que les mêmes marchandises auraient pu obtenir au lieu du déchargement ne devra figurer au nombre des articles objet de la contribution que proportionnellement au chiffre qui aura été admis en avaries communes, le surplus devant demeurer à la charge du navire, à titre d'avarie particulière.

Telles sont les règles à observer, lorsqu'il s'agit de déterminer la part des marchandises composant le chargement dans les règlements où, les deux natures d'avaries se présentant simultanément, il y a lieu de discerner, des dépenses communes donnant lieu à contribution, les dépenses particulières auxquelles la cargaison n'est pas tenue de concourir.

Il peut se faire pourtant, en l'état de la modification apportée à l'article 298 du Code de Commerce par la loi du 14 juin 1841, que, si des marchandises ont été vendues en cours de voyage, même pour les besoins exclusifs du navire, ce qui constitue assurément une avarie particulière, les marchandises arrivées à destination soient tenues, en cas d'insuffisance du navire et du fret, de supporter au prorata la perte qui pourrait résulter, pour le propriétaire de celles vendues au lieu de la relâche, de l'abandon que feraient les propriétaires du navire, en conformité des dispositions de l'article 216 du même Code.

L'article 298 se servant, pour caractériser cette contribution éventuelle, du mot de *répartition* déjà employé dans les articles 416 et 417 relatifs à la contribution aux avaries communes, il importe, pour faire voir en quoi ces deux sortes de contributions diffèrent l'une de l'autre, de remonter à l'article 14 de l'Ordonnance, au titre du fret, et de rappeler le dissentiment qui s'était élevé, à son sujet, entre les deux principaux jurisconsultes qui ont traité du droit maritime, Valin et Emérigon.

Il s'agissait de savoir, l'Ordonnance étant muette sur ce point, si le propriétaire des marchandises vendues en cours de voyage, devait en être remboursé, même en cas de perte du navire?

Emérigon s'était prononcé pour la négative. La vente des marchandises pour les besoins du navire constituait à ses yeux, tantôt « une espèce « de prêt forcé à la grosse aventure » dont la perte du navire avait pour résultat de dégager le capitaine et les armateurs, tantôt une *sorte de jet* dont le remboursement était subordonné à l'heureuse arrivée du navire.

Mais le navire perdu, si tout ou partie des marchandises qui se trouvaient à bord venaient à être sauvées, devaient-elles contribuer à la valeur de celles qui avaient été vendues en cours de voyage?

Emérigon, partant de l'assimilation qu'il avait faite entre le jet et la vente des marchandises, n'y voyait aucune difficulté. Il pensait que, dans ce cas, « l'action d'avarie, ce sont les termes « dont il se sert, était le seul moyen de rétablir « l'égalité entre les chargeurs et de pourvoir *in* « *subsidium* à l'intérêt respectif de chacune des parties. » (1)

(1) Emérigon. *Des contrats à la grosse*, sect. 9.

Valin était d'une opinion diamétralement opposée (1). Il repoussait la double assimilation de la vente en cours de voyage, pour les besoins du navire, avec le contrat de grosse ou le jet, en relevant l'absence, dans le fait de cette vente, de toute circonstance caractéristique, soit du contrat à la grosse, soit du jet, pris, tour à tour, pour objet de comparaison. Il concluait que le navire ayant eu besoin de secours, il s'agissait pour son propriétaire d'une dette personnelle qu'il devait acquitter, quel que fût le sort postérieur de son bâtiment, « de la même manière que si le capitaine « eût emprunté de l'argent, en tirant sur lui une « lettre de change. »

La question ainsi envisagée, il est clair que les marchandises restées à bord demeuraient absolument en dehors de toute obligation de contribuer, quel que fût leur sort ultérieur ou celui du navire.

Pothier (2), appelé à se prononcer à son tour, avait pris sans hésiter le parti de Valin, et c'est sans doute au poids que cette opinion avait mis dans la balance qu'est due la rédaction de l'article 298 tel qu'il parût pour la première fois, lors de la promulgation du Code de Commerce en 1807.

Cet article ne contenait alors qu'une seule addition à l'Ordonnance; encore avait elle été

(1) Valin. *Comment. sur l'Ordonnance*, art. 14, titre du *Fret*, XV.
(2) *De la Chartie-partie*, n° 34.

inspirée par les réflexions de Valin, dont l'opinion était qu'en cas de perte du navire, le remboursement à faire au propriétaire des marchandises vendues ne devait pas s'étendre au delà de ce qui en avait été retiré au lieu de la relâche.

Plus tard, l'application de l'article 216 ayant donné lieu à des difficultés sérieuses et la loi du 14 juin 1841 étant venu reconnaître, aux propriétaires des navires, le droit de s'exonérer, dans tous les cas, des obligations contractées par leurs capitaines, on voulut, par une addition nouvelle à l'article 298, dédommager les propriétaires des marchandises vendues, des conséquences de l'abandon qui pourrait leur être fait en conformité de l'article 216.

C'est alors qu'on imagina de répartir la perte pouvant résulter de cet abandon sur la valeur tant des marchandises vendues que de celles arrivées au lieu de destination ou qui auraient été sauvées du naufrage.

Cette seconde addition n'est donc qu'un retour à la contribution *in subsidium* proposée par Emérigon dont on avait rejeté la doctrine. Ce n'est pas que cette loi de 1841 ait voulu faire une avarie commune d'une dépense relative au navire seul, dépense qu'elle considère comme étant principalement et avant tout la dette de ses propriétaires, puisque ce n'est qu'à défaut par eux de s'acquitter, qu'elle en fait, en quelque sorte, l'objet d'une répartition subsidiaire. C'est donc sur un principe d'un autre ordre qu'elle a dû se fonder, principe qu'il faut aller chercher, selon nous, dans une autre addition faite, par la même loi, à l'article 234 et dont celle de l'article 298 nous paraît être le corollaire.

En examinant attentivement la nouvelle rédaction de cet article 234, on voit que, tout en laissant au capitaine la faculté de vendre des marchandises pour les besoins de son navire, on a ajouté à la condition primitive, qui était de s'y faire autoriser par justice, celle de ne pas éprouver de résistance de la part des chargeurs.

Cette résistance est de droit. Si le navire fait des avaries, s'il contracte des obligations, s'il a besoin de secours d'argent, la marchandise n'est pas tenue d'y contribuer, car elle ne se doit évidemment qu'aux dépenses communes.

Si donc il arrive un moment où, tous les moyens épuisés, le capitaine n'ait plus d'autres ressources que de mettre en gage ou de vendre tout ou partie de sa cargaison pour subvenir aux besoins de son navire, les conditions de l'affrétement se trouvent rompues et le propriétaire des marchandises devient libre de les retirer, en en payant le fret, à proportion de la route qui a été parcourue. La loi ne va pas au delà, parce que l'impossibilité où est le capitaine de remplir ses obligations envers les chargeurs ne venant que d'obstacles de force majeure, la faculté qu'ont ceux-ci de résilier ne peut leur donner droit à des dommages-intérêts.

Si, au contraire, le propriétaire des marchandises consent à les laisser dans le navire, il donne, par cela même, son assentiment à ce que, pour continuer son voyage, le capitaine les vende ou les engage jusqu'à concurrence de ses besoins. Il sait d'avance qu'elles sont les suites auxquelles il s'expose et que le remboursement qui devra lui être fait plus tard ne repose en réalité que sur la garantie du navire et du fret. Si à l'arrivée, cette garantie s'évanouit et si l'armateur se dégage, aux termes de l'article 216, par l'abandon du navire et du fret, le chargeur ne saurait s'en plaindre, puisqu'il était libre de retirer sa marchandise et que la perte qu'il éprouve n'est que la conséquence de la détermination qu'il a prise de la laisser à bord.

Ce qui précède ne peut souffrir de difficultés quand il y a un affréteur unique ou que plusieurs chargeurs se rencontrant sur le même navire, ils sont tous d'accord pour retirer leurs marchandises, ou pour les laisser. Il y a seulement à remarquer que, lorsqu'ils sont tous convenus de continuer le voyage, il est juste que, si plus tard, le refus de s'acquitter, opposé par le propriétaire du navire, occasionne quelque perte à ceux dont les marchandises ont été vendues, cette perte soit, comme le veut l'article 298, répartie entre tous les autres, la vente qui y a donné lieu n'étant que la suite d'une résolution prise en commun.

Mais comme il est possible que tous les chargeurs s'entendent pour ne prendre qu'un seul et même parti, il est possible aussi qu'ils diffèrent de volontés, les uns voulant laisser leur marchandise à bord, les autres insistant, au contraire, pour la retirer.

La loi du 14 juin 1841 devait nécessairement prévenir ce conflit de volontés, et c'est pour y obvier que, comme aucun des chargeurs ne peut être tenu de sacrifier sa marchandise pour les besoins du navire, elle a disposé, dans l'article 234, que ceux qui voudraient la retirer seraient libres de le faire, mais à la charge, cette fois, d'en payer le fret entier, les autres courant seuls la chance du voyage à continuer et se soumettant à la disposition que le capitaine pourrait faire, dans ce but, de la marchandise leur appartenant.

Pourquoi le fret entier, alors que le voyage n'a été accompli qu'en partie ?

La raison s'en aperçoit facilement ; elle est tout entière dans l'intérêt des chargeurs qui, laissant leur marchandise dans le navire, n'ont, en l'état de la faculté ouverte aux propriétaires armateurs par l'article 216, de garantie réelle de remboursement que sur le navire et sur le fret. Il a donc paru équitable, si quelques-uns des chargeurs voulaient se séparer des autres en retirant leurs marchandises, d'indemniser en quelque sorte ceux qui consentiraient à continuer le voyage, en leur laissant, à la place de la marchandise retirée, le fret qu'elle eût produit et qui doit leur servir de garantie.

Ainsi, ceux qui ont retiré leurs marchandises, contre le paiement du fret, se trouvant dégagés, les chances, pendant le reste du voyage, demeurent à ceux qui ont consenti à le continuer et qui, par l'espèce de solidarité qui résulte de leur accord, se sont nécessairement engagés à se relever, les uns les autres, de la perte que pourrait faire subir à quelques-uns, le recours que feraient les armateurs aux dispositions libératoires de l'article 216.

Comme on le voit par ce qui précède, la répartition dont il est question dans l'art. 298 n'a aucun rapport avec la contribution ordonnée par la loi, lorsqu'il s'agit d'avaries communes. Les marchandises seules y prennent part ; le navire y est étranger ; elle ne prend naissance ni dans un événement de mer, ni dans une dépense commune, mais dans l'usage que les propriétaires de navire peuvent faire de la faculté qui leur est accordée par la loi de reconnaître ou de répudier les obligations contractées en leur nom. Enfin, elle est fondée sur un consentement présumé de ceux qui ont laissé leurs marchandises à bord à se garantir mutuellement contre l'insuffisance du navire et du fret et contre le refus que feraient les armateurs d'acquitter la dette contractée par leur capitaine.

Au premier abord, rien de plus satisfaisant que cette manière de régler les intérêts des chargeurs entre eux. Le principe en est pourtant défectueux, car il repose sur une erreur manifeste qui consiste à considérer les chargeurs comme étant encore dans l'usage de suivre leur marchandise, ainsi qu'ils le faisaient au temps du Consulat de la mer, des jugements d'Oléron et des ordonnances de Wisbuy.

L'auteur de la loi de 1841 a oublié que ces temps sont loin de nous et que, par la multiplicité de leurs opérations, par la facilité d'établir leurs relations sur tous les points du globe, les commerçants ayant été amenés à diriger leurs affaires du fond de leurs comptoirs, c'est aujourd'hui le capitaine qui, du moment où la marchandise est mise à son bord jusqu'à celui où il aura à la livrer à la personne désignée dans le connaissement, est seul chargé de veiller à sa conservation et aux intérêts du chargeur absent.

Que devient alors la possibilité, pour ce dernier, de retirer sa marchandise en cours de voyage, s'il ne veut pas la voir sacrifiée aux besoins du navire ? Quelle apparence de consentement peut-il y avoir de sa part, à ce que cette marchandise ou celles des autres soient vendues et le voyage continué ? Il faut donc renoncer à cette supposition ingénieuse mais fausse de l'art. 234 dont l'article 298 n'est que la conséquence logique, et revenir à reconnaître que c'est là en réalité un emprunt forcé fait à la marchandise, en dehors de tout consentement même présumé de la part du chargeur, d'où la conséquence que, si l'emprunt a été fait pour payer les dettes du navire, c'est au navire seul à le rembourser et non pas aux chargeurs, qui sont aussi étrangers à la dette qu'aux moyens qui ont été pris pour l'acquitter.

Cependant, quelle que soit la manière dont on envisage l'article 298 tel qu'il a été complété par la loi du 14 juin 1841, ses termes sont trop formels pour qu'on se dispense de l'observer, le cas échéant. Nous aurons atteint, quant à nous, notre but principal, qui était de faire voir en quoi diffère la répartition établie par cet article, de celle qui naît de l'obligation de contribuer aux avaries communes.

Contentons-nous de faire observer, en finissant, que cet article a été fait pour un seul cas, celui où les propriétaires du navire viendraient à user du droit qui leur est réservé par le paragraphe 2 de l'article 216, d'où la conséquence, de pareilles dispositions ne demandant pas à être étendues, que si les armateurs ayant tout d'abord accepté la dette, viennent à être plus tard dans l'impuissance de la payer, les autres chargeurs ne seront pas tenus de garantir celui dont la marchandise aura été vendue, des conséquences de cette insolvabilité.

§ 1. — DES RELACHES AYANT UNE CAUSE MIXTE.

Le même événement peut produire des avaries particulières et des avaries communes. Il peut se faire, par exemple, que, dans une tempête qui occasionne une voie d'eau, on se trouve dans la nécessité de couper la mâture pour relever le navire et l'empêcher de sombrer. La relâche se trouve alors motivée par deux circonstances différentes, le sacrifice volontaire et la voie d'eau à réparer, une avarie commune et une avarie particulière.

On demande dans quelle catégorie il faudra comprendre les frais de cette relâche ?

La question dépend évidemment de la manière d'envisager la portée des articles 400 et 403 du Code de Commerce, au regard l'un de l'autre.

Si l'on admet que, même dans le cas d'un dommage fortuit, la relâche puisse être considérée comme ayant eu lieu dans l'intérêt commun du navire et de la cargaison, la question devient oiseuse, les capitaines ne pouvant être soupçonnés de relâcher pour leur plaisir et n'étant d'ordinaire amenés à le faire que pour des causes graves, alors qu'il y aurait danger à poursuivre la route, sans faire réparer le navire.

Mais si l'on donne à l'article 403 la portée rigoureuse et absolue que nous avons vu adopter par la Cour de Cassation en décembre 1840, si on l'entend dans ce sens que, quelle que soit la gravité de la voie d'eau ou de l'avarie particulière à réparer, les dépenses de la relâche, motivée par l'une ou l'autre de ces causes, doivent toujours être classées en avaries particulières, la question acquiert une très grande importance, suivant que l'avarie commune aura précédé ou suivi l'avarie particulière.

Ainsi, que dans la même tempête où le sacrifice de la mâture aura été résolu et consommé, une voie d'eau vienne ensuite à se déclarer, comme la perte de la mâture, qui constitue, dans ce cas, une avarie commune, rendait inévitable la relâche du navire, il ne semble pas que la survenance postérieure de la voie d'eau, qui est une avarie particulière, puisse changer le caractère de cette relâche et la faire ranger dans la classe des avaries particulières.

Si, au contraire, il se manifeste dès l'abord une voie d'eau suffisante pour entraîner une relâche, la circonstance que plus tard il aura fallu couper des mâts ou échouer le navire ne semble pas non plus devoir faire attribuer aux dépenses de cette relâche un autre caractère que celui de l'avarie originaire.

Il doit en être différemment, lorsque les deux sortes d'avaries, particulière et commune, se rencontrent ensemble, sans qu'on puisse reconnaître qu'elle est celle des deux qui est survenue la première.

En 1851, le *Turenne*, capitaine Dubarry, étant parti de Calcutta avec un chargement de riz pour la Réunion, fût assailli, dans le Gange, par une violente tempête qui lui occasionna une voie d'eau et l'obligea à faire le sacrifice de sa mâture. Remonté à Calcutta, le navire fut radoubé et pourvu d'une mâture neuve. Le capitaine, arrivé à la Réunion, forma, contre les destinataires de la cargaison, une demande en règlement d'avaries communes.

Il ne pouvait y avoir de difficulté quant aux réparations faites au navire et à la mâture. Les frais de radoub devaient inévitablement être classés en avaries particulières et le coût des mâts pris en remplacement, en avaries communes.

Mais dans quelle classe ranger les dépenses de la relâche?

Des deux experts nommés, l'un, voulait que la voie d'eau fut considérée comme la cause déterminante de la relâche et que, conformément à la jurisprudence de la Cour de la Réunion, les dépenses en résultant fussent classées en avaries particulières.

L'autre, soutenait que rien ne prouvait que la voie d'eau eût déterminé la relâche, plutôt que la perte des mâts, sans lesquels il était impossible au navire de continuer le voyage, que, dans tous les cas, ces deux avaries étant aussi graves l'une que l'autre, il fallait, quelle que fût la cause première de la relâche, la considérer comme ayant été résolue dans l'intérêt commun du navire et de la cargaison et en admettre les frais en avaries communes.

Après quelques débats, je proposai au confrère qui m'avait été adjoint, car j'étais l'un des deux experts, de concilier la jurisprudence de la colonie avec l'impossibilité où nous étions de reconnaître qu'elle était, des deux avaries, commune et particulière, celle qui avait précédé l'autre. Cette ouverture fut acceptée et nous tombâmes d'accord de partager les frais de la relâche, au prorata, entre le chiffre de l'avarie particulière et celui de l'avarie commune.

Cet expédient, le seul propre à nous tirer d'embarras, ne venait que de la nécessité de nous conformer à la jurisprudence adoptée par les tribunaux de la Réunion. Nul doute que dans un des ports de France où la jurisprudence contraire est suivie, la dépense de la relâche n'eût été portée tout entière au compte des avaries communes.

FIN DU LIVRE PREMIER.

LIVRE SECOND.

DE LA CONTRIBUTION.

Dans le langage du monde, le mot de *contribution* est opposé à celui de *distribution*. On contribue à une dette commune et on prend sa part d'une somme à distribuer. Le premier est synonyme de donner, le second, de recevoir.

En langage de palais, le mot de contribution est souvent pris comme équivalent de celui de distribution et s'entend communément de toute répartition à faire d'une somme ou d'une valeur quelconque, qu'elle soit à donner ou à recevoir. Le titre XI de la 1re partie du Code de procédure civile est même relatif à la *distribution par contribution*, où l'on voit que la réunion de ces deux mots signifie la répartition à faire, entre divers créanciers, au prorata de leurs créances, des deniers arrêtés ou saisis sur leur débiteur.

Pour exprimer que chacun donne ou reçoit à proportion de son intérêt ou de sa créance, on disait autrefois que la contribution avait lieu au sou la livre ou au marc la livre; on dit encore aujourd'hui qu'elle se fait au marc le franc.

La contribution maritime, celle dont il s'agit ici, a le même sens que dans le langage du monde, c'est-à-dire, qu'elle n'exprime que l'obligation d'acquitter une dette commune; c'est la répartition, entre les chargeurs d'un côté et le fret et le navire de l'autre, des pertes et dommages qui ont eu pour but le salut commun du navire et de la cargaison. D'après l'article 3 de l'Ordonnance, au titre des Avaries, elle se faisait *au sol la livre;* aux termes de l'article 401 du Commerce, elle se fait encore au marc le franc.

Comme le fait observer Pardessus (1), il ne faut pas confondre l'action d'avaries avec l'action en contribution.

L'action d'avarie est spéciale de l'assuré à l'assureur. Elle avait été soumise, par l'article 47 de l'Ordonnance (2), à une franchise d'un pour cent au profit de l'assureur, qui ne pouvait être tenu d'indemniser l'assuré que lorsque l'avarie excédait cette quotité.

Cet article 47 ne parlant pas de l'avarie commune, c'était une question de savoir si elle

(1) N° 742.
(2) Titre des *Assurances.*

était passible de la même franchise que l'avarie particulière.

Une autre question, sur laquelle l'Ordonnance gardait également le silence, était de savoir s'il était permis aux assureurs de s'affranchir, par une clause expresse, de toute espèce d'avaries, à quelque somme qu'elles pussent monter.

On a senti le besoin d'un texte qui tranchât tous ces doutes. C'est pour cela, qu'après avoir, par l'article 408, étendu la franchise d'un pour cent à l'avarie commune aussi bien qu'à l'avarie particulière, le Code de Commerce a établi, dans l'article 409, le droit pour l'assureur d'introduire dans les polices une clause dite *franc d'avaries*, au moyen de laquelle il demeure exempt de toute espèce d'avaries, soit communes, soit particulières.

Mais ces deux articles, qui semblent s'être égarés au titre des Avaries, auraient été, sans contredit, beaucoup mieux placés au titre des Assurances, avec d'autant plus de raison qu'en ne tenant compte que du premier des deux, de la place qu'il occupe et du sens apparent de sa rédaction, on serait tenté, au premier abord, de croire qu'il doit profiter aussi bien aux chargeurs qu'aux assureurs. Cependant, avec un peu de réflexion, on arrive à reconnaître que rien n'est changé en ce qui concerne, pour les chargeurs, l'obligation de contribuer aux avaries communes, quelle que soit l'importance de l'avarie et alors même qu'elle n'excèderait pas un pour cent de la valeur cumulée du navire et de la cargaison.

Etablir le contraire, c'eût été, comme le dit Pardessus, « inspirer à chacun un égoïsme qui, « l'éloignant de tout sacrifice dont il n'aurait « pas l'espoir d'être indemnisé, compromettrait « le salut du navire et du chargement, dans les « dangers de la navigation (1). »

Le programme de cette partie de notre travail consiste à exposer la manière dont s'établit la contribution, le lieu où elle doit se faire, le tribunal appelé à en connaître et ceux qui ont le droit de la demander.

Mais bien qu'en général la conséquence de toute avarie commune soit d'amener une contribution, il peut se faire que, malgré le caractère reconnu de

(1) La valeur des objets sacrifiés peut, par fois, être d'une importance réelle, sans atteindre pourtant la quotité fixée par l'art. 408. Supposons, en effet, que le navire et le fret représentent chacun une valeur de 100,000 fr. « Ce qui les ferait contribuer, l'un et l'autre, pour la demie de leur valeur totale, c'est-à-dire, pour 100,000 fr. » Supposons que le chargement représente, de son côté, une valeur de 300,000 fr.

Si dans un danger pressant, et pour éviter la perte totale du navire et de la cargaison, le capitaine sacrifiait une partie de sa mâture ou de son gréement estimée 4,000 fr., ce serait, à coup sûr, une avarie importante, mais, comme elle serait à répartir sur 400,000 fr., ce qui ne donnerait pas plus de 1 p. 0/0 de la valeur cumulée du navire et des marchandises, il faudrait, si l'art. 408 était applicable aux chargeurs aussi bien qu'aux assureurs, exonérer le chargement et, ce qui serait une injustice évidente, mettre, à la charge du navire seul cette perte de 4,000 fr., bien que les marchandises en eussent profité de la même manière que le navire lui-même.

l'avarie, elle demeure pour le compte de celui qui l'a soufferte, sans répétition possible contre les autres intéressés.

Cela tient à certains cas d'exception établis par la loi et dont il importe, avant tout, de se rendre compte. Nous aurons donc tout d'abord à les passer en revue, après quoi nous traiterons des règles à suivre dans les règlements, tant pour le classement des avaries, que pour la formation du capital contribuable et pour la détermination de la part contributive à la charge de chacun des intéressés.

Nous verrons ensuite, dans une dernière partie, quelle est la procédure à suivre et par qui elle doit être suivie.

CHAPITRE PREMIER.

DES CAS OU IL N'Y A PAS LIEU A CONTRIBUTION MALGRÉ LE CARACTÈRE RECONNU DE L'AVARIE.

—

1re *Exception.* — DU JET DES EFFETS EMBARQUÉS SANS CONNAISSEMENT OU SANS DÉCLARATION DU CAPITAINE.

La loi veut que ces sortes d'effets ne donnent lieu à aucune contribution quand ils sont jetés, bien que, dans le cas où ils ont été sauvés, ils soient tenus de contribuer comme les autres. (Art. 420.)

C'était aussi la disposition de l'art. 12 de l'Ordonnance, au titre du Jet, moins la faculté de suppléer à l'absence du connaissement par une déclaration du capitaine, qui paraît n'avoir été ajoutée à l'art. 420, qu'à raison des observations de Valin dans son commentaire sur l'Ordonnance.

Il y a lieu de croire qu'au temps du Consulat, les marchands qui faisaient le commerce de la mer se livraient à des fraudes fréquentes, en dissimulant non-seulement la qualité et la valeur, mais encore le poids des objets chargés, de manière à tromper le maître sur le prix du fret qui lui était dû; que quelques-uns même glissaient subrepticement à bord des marchandises qu'ils réussissaient ainsi à exonérer de tout fret.

C'est du moins ce qu'il est permis d'inférer des nombreux chapitres où le Consulat de la mer, dans le but de prévenir ces sortes de fraudes, ajoute, à la défense de les commettre, certaines sanctions pénales consistant, tantôt dans l'obligation de payer les dommages que l'excès du chargement pouvait occasionner au navire et à la cargaison, tantôt dans la confiscation des objets frauduleusement embarqués ou dans la nécessité d'en payer le plus haut fret au choix du maître, enfin et toujours dans l'obligation de contribuer au jet, sans pouvoir réclamer, ni le jet, ni la perte, dans le cas où les marchandises dissimulées avaient été elles-mêmes jetées ou endommagées (1).

(1) *Consulat de la mer*, chap. C-CXIII-CXXXVII-CCLI.

C'est cette législation que l'Ordonnance a trouvée toute faite dans le Consulat de la mer et qu'elle a transmise à notre Code de Commerce, moins les sévérités de la confiscation (1).

L'art. 420 n'est donc en réalité qu'une peine infligée au propriétaire des marchandises non manifestées ou qui, comme le dit l'art. 8 des *Jugements d'Oléron*, auraient été chargées en cachette.

Il suit de là que, s'il n'y a eu aucune fraude dans le fait du chargement, si l'absence du connaissement ne provient que d'une cause innocente et involontaire, par exemple de la précipitation avec laquelle le navire aurait mis à la voile et de l'impossibilité où aurait été le chargeur de se faire délivrer une reconnaissance, la déclaration du capitaine qui a consenti à ce que la marchandise fût mise à bord suffit, comme le voulait Valin et comme l'établit aujourd'hui notre texte, pour relever le chargeur des conséquences de l'art. 420.

Mais, si, au lieu d'appartenir à un chargeur, la marchandise était la propriété particulière du capitaine ou de quelqu'un de l'équipage, suffirait-il d'en déclarer, pour la première fois, l'existence dans le rapport de mer, en mentionnant le jet dont elle aurait été l'objet?

La Cour d'Aix s'est prononcée pour la négative en argumentant à tort, selon nous, des art. 344 et 345

(1) Art. 292-420 du Code de Commerce.

du Code de Commerce, qui ne concernent que les justifications à faire de l'assuré à l'assureur (1).

Cependant l'arrêt de cette Cour nous paraît avoir bien jugé, en ce sens qu'il serait dangereux de laisser au capitaine la facilité de se faire un titre à lui-même, alors qu'il a par devers lui tant d'autres moyens d'établir la réalité du chargement. C'est là, du reste, une question qui réside beaucoup moins dans le droit que dans le fait et sur laquelle il nous semble que les tribunaux doivent être libres de se prononcer suivant les circonstances.

Emérigon suppose qu'ayant loué son navire en totalité avec la condition de n'y charger aucune autre marchandise que celles de l'affréteur, un capitaine, faisant infraction au traité, viendrait à recevoir à son bord certains effets qui, pendant le cours du voyage, seraient jetés à la mer, pour cause de tempête. Après s'être demandé si cet affréteur peut être tenu de contribuer à l'avarie résultant du jet, il se décide, avec raison, pour l'affirmative, sauf toutefois le recours de l'affréteur contre le capitaine qui aurait contrevenu à sa promesse. Il n'y aurait lieu à décider le contraire que dans le cas où le chargeur des effets jetés, ayant eu connaissance de l'obligation prise par le capitaine, se serait ainsi rendu complice de l'infraction commise par ce dernier.

Il n'est pas nécessaire que l'existence à bord des

(1) Aix, 9 juin 1840. *Journal du Palais*, tom. I. 1840, p. 259.

effets qui viennent plus tard à être jetés soit connue, au départ, des autres chargeurs ; il suffit que le capitaine en ait su et autorisé l'embarquement.

Le jet des marchandises que le capitaine peut avoir prises en cours de voyage, soit en faisant escale dans un port, soit en remplaçant, au lieu de la relâche, celles qu'il aurait vendues pour cause d'avaries ou pour faire face à ses dépenses, oblige, par voie de conséquence, tous les chargeurs à contribution, aussi bien que si elles avaient été chargées au lieu d'armement et avant le départ.

2me *Exception*. — DU JET DES MARCHANDISES CHARGÉES SUR LE TILLAC DU NAVIRE.

L'article 229 du Code de Commerce défend au capitaine de mettre des marchandises sur le pont, à moins qu'il n'y ait été spécialement autorisé par le chargeur.

Le même article déclare que cette disposition n'est pas applicable au petit cabotage, d'où il suit que lorsqu'il s'agit des voyages compris sous cette dénomination (1), le capitaine est autorisé à mettre sur le pont les marchandises qui lui sont confiées, à l'insu même du chargeur.

Il est bien entendu que cette faculté ne lui est accordée que pour celles de ces marchandises qui

(1) Voir, pour la détermination de ce qu'il faut entendre par voyage au petit cabotage, l'Ordonnance du 18 octobre 1740, celles du 12 févr. 1825 et du 31 août 1828.

n'ont pas besoin d'être placées à couvert et qui peuvent, sans danger, être exposées à l'air extérieur ; car pour celles qui sont d'une nature fragile ou délicate et qui ne pourraient, sans inconvénient, être chargées sur le pont, le capitaine, s'il a été averti de leur qualité, ne saurait s'excuser, envers le chargeur, de ne leur avoir pas donné une place convenable (1).

Les marchandises chargées sur le pont sont plus exposées au jet que les autres, par cela seul qu'elles sont plus sous la main que celles qui se trouvent dans la cale et qu'elles présentent, aux yeux de l'équipage, le double inconvénient de gêner la manœuvre et de surcharger les hauts du navire.

Aussi l'art. 421 dispose-t-il que, lorsque des effets chargés sur le pont ont été jetés ou endommagés par le jet, leur propriétaire n'a de recours à exercer que contre le capitaine, sans pouvoir exiger de contribution de la part des autres chargeurs ; il oblige

(1) Il nous est impossible de souscrire à l'opinion de Valin qui, dans le *Commentaire de l'Art.* 12, au titre du *Capitaine*, reconnaît à ce dernier le droit de charger sur le tillac toutes sortes de marchandises, même celles qui *seraient sujettes à être extrêmement avariées par les coups de mer*. Cet auteur cite une sentence du 28 septembre 1741, qui avait admis en avarie commune la valeur d'un certain nombre de sacs de farine qui, chargés sur le pont, avaient été jetés à la mer, dans le trajet de Marans à Rochefort. Cette décision, qui nous paraît fort juste, ne prouve rien en faveur de la proposition, la considération des avaries que la marchandise eût pu éprouver, pendant la traversée, si elle n'avait été jetée à la mer, ne concernant que la responsabilité du capitaine envers le propriétaire de cette marchandise et n'étant pas de nature à influer sur la question de contribution qui s'était engagée entre le propriétaire et les autres chargeurs.

cependant les mêmes effets à contribuer, lorsqu'ils ont été sauvés.

Ces deux dispositions, qui paraissent au premier abord rigoureuses et contradictoires, sont fondées sur la plus exacte justice.

Il serait injuste, en effet, qu'à moins d'en avoir été avertis et d'y avoir donné leur consentement, les chargeurs fussent tenus de subir l'aggravation de risques résultant de l'existence, sur le pont, d'une partie des effets du chargement, lorsque la loi fait au capitaine une prescription rigoureuse de les placer tous, quels qu'ils soient, sous la couverture du navire.

Pour le propriétaire de la marchandise, s'il a consenti à ce qu'elle fût placée sur le pont, il n'a rien à réclamer à qui que ce soit, car il ne fait que subir les suites de sa propre imprudence. Si c'est, au contraire, à son insu que la chose a eu lieu, il n'a d'action à intenter que contre l'auteur du préjudice qu'il éprouve, c'est-à-dire contre le capitaine qui s'est permis d'exposer sa marchandise, sans son consentement.

Quant à la nécessité de co tribuer imposée à la marchandise qui se trouvait sur le pont, lorsqu'elle a été sauvée, soit par le jet d'autres marchandises, soit par un sacrifice d'une autre nature, il est évident, qu'étant par sa position plus exposée au danger que le reste de la cargaison, il n'y a aucune raison de la dispenser de contribuer à la réparation du sacrifice dont, comme les autres, et plus que les autres, elle a recueilli les fruits.

Ces principes ne sont pas nouveaux; avant de passer dans l'article 421 du Code de Commerce ils avaient été écrits dans l'article 13 de l'Ordonnance, au titre du Jet et de la Contribution; mais acceptés, sans difficulté, pour les voyages au long cours, ils étaient devenus, pour ce qui concerne le petit cabotage, l'objet d'une dissidence entre Valin et Emérigon.

Valin enseignait que les dispositions de l'Ordonnance ne devaient pas être appliquées « aux bateaux et autres petits bâtiments allant de port en « port où l'usage est de charger les marchandises « sur le tillac, aussi bien que sous le pont (1). »

Emérigon était d'un avis contraire. L'usage qui s'était introduit, dans ces sortes de voyages, de charger *sur couverte*, lui paraissait suffisant pour disculper le capitaine, « mais non pour faire entrer « en avarie grosse les marchandises jetées qu'on « aurait chargées sur le tillac, sans le consente- « ment des autres chargeurs (2). »

C'est sans doute à cette ancienne dissidence qu'il faut attribuer l'hésitation qui s'était d'abord manifestée sur la question de savoir si l'article 421 du Code de Commerce était ou non applicable au petit cabotage.

(1) Valin. *Comment. de l'art.* 13, titre du *Jet et de la Contribution.*
(2) *Assurances.* chap. XII, sect. 42.

Un arrêt de la Cour de Rennes, du 24 janvier 1823 (1), s'était prononcé pour l'affirmative, par le motif que cet article n'établissait aucune distinction. Mais cette décision contredite, avec raison, par les Cours de Bordeaux, d'Aix et de Rouen (2), a été définitivement condamnée par un arrêt de rejet rendu sur le rapport de M. Troplong, alors conseiller, le 20 mai 1845 (3).

Il est inutile de rien ajouter aux motifs de ce dernier arrêt et aux raisons données dans le rapport qui l'a précédé ; nous nous contenterons de faire remarquer, à titre de dernier argument, que l'article 421, en rejetant l'action en contribution qui serait formée par le propriétaire des objets jetés et en y substituant un recours contre le capitaine, n'a pu avoir en vue que le cas où ce recours pourrait être réellement exercé ; d'où il suit qu'il n'a pu entendre parler du petit cabotage où le capitaine étant autorisé par l'article 229 du Code de Commerce à charger sur le pont, échappe par cela même à la responsabilité du jet.

Ainsi l'action en répétition contre le capitaine et l'action en contribution contre les chargeurs sont deux actions équivalentes, mais dont le propriétaire des objets jetés n'a pas le choix.

(1) Rennes, *Journal du Palais*, à sa date.

(2) Bordeaux, 21 nov. 1827. Aix, 4 mars 1841, *Journal du Palais*, tom. II. 1843, p. 687. Rouen, 25 juill. 1840, tom. II. 1840, p. 385.

(3) R. Cass. 20 mai 1845, tom. II. 1845, p. 108.

Dans les voyages au long cours et au grand cabotage, où le recours contre le capitaine est ouvert, l'action en contribution s'efface et disparaît; dans ceux, au contraire, au petit cabotage, où c'est le recours contre le capitaine qui cesse d'exister, l'action en contribution reprend toute sa force et permet au propriétaire de se faire indemniser de la perte de ses effets par tous ceux qui ont profité du jet.

Un cas en apparence plus difficile s'est présenté en matière de petit cabotage, celui où le capitaine ayant pris, envers l'un des chargeurs, l'obligation de placer sa marchandise dans l'intérieur du navire, s'était permis de la charger sur le pont et où, une tempête étant survenue, la nécessité d'alléger le navire avait contraint de la jeter à la mer. Comme le capitaine avait contrevenu à son engagement et qu'il y avait faute évidente de sa part, les autres chargeurs soutenaient que le propriétaire des objets jetés n'avait pas de contribution à demander et que la seule voie qui lui fut ouverte était celle d'un recours personnel contre le capitaine.

Le Tribunal de Marseille et la Cour d'Aix ont refusé, avec raison, d'admettre ce système (1); l'obligation de charger dans l'intérieur du navire étant le résultat d'une stipulation particulière entre le capitaine et le propriétaire des objets jetés, ce

(1) Aix, 4 mars 1841. Arrêt confirm. d'un jugement du Tribunal de Marseille, *Journal du Palais*, tom. II. 1843, p. 687.

dernier était seul fondé à s'en prévaloir. La convention n'avait été faite ni dans l'intérêt des autres chargeurs, qui y étaient démeurés étrangers, ni dans le but de protéger la marchandise contre les accidents du jet, dont elle était suffisamment garantie par l'exception établie en matière de petit cabotage. Elle ne pouvait donc avoir d'autre portée que d'obliger le capitaine, dans le cas où la marchandise se fût avariée sur le pont, à dédommager le chargeur du préjudice qu'il lui aurait occasionné par sa faute. Le Tribunal et la Cour ont donc bien jugé en décidant que, nonobstant l'existence de cette convention, les chargeurs étaient restés, pour ce qui concerne le jet de la marchandise, dans les termes du droit commun.

On a également soulevé la question de savoir si des marchandises placées dans la dunette devaient être considérées comme ayant été chargées sur le pont et exclues, par suite, dans le cas où elles auraient été jetées à la mer, du droit d'être remboursées au moyen d'une contribution ?

Bien que le plancher de la dunette ne soit en réalité que la continuation du pont, l'article 229 n'a évidemment entendu proscrire que les chargements faits à l'air extérieur, ou, comme on dit, *sur couverte*, et dont il est si naturel, au moindre danger, de songer à débarrasser le pont.

Mais il ne saurait en être de même des marchandises qui ont été soigneusement mises à couvert dans les cabines dont se compose la dunette, qui n'occupant que la place destinée aux passagers n'offrent, en ce qui concerne le jet, ni les mêmes tentations, ni la même facilité d'exécution, qui, d'ailleurs, sont dedans et non dehors et ne rentrent, par conséquent, pas dans la catégorie de celles que la loi désigne comme ayant été chargées sur le tillac.

La Cour de Bordeaux a décidé la question dans ce sens par deux arrêts, dont l'un du 6 décembre 1838 et l'autre du 13 janvier 1841 (1).

3me *Exception.* — DE LA RÈGLE EXPRIMÉE DANS L'ARTICLE 423 DU CODE DE COMMERCE « SI LE JET NE SAUVE LE NAVIRE. »

C'est une règle très ancienne que si le navire périt il n'y a pas lieu à contribution. Ce n'est pas que le sacrifice qui avait pour objet d'éviter la perte ne constitue, en lui-même, une avarie commune; mais cette avarie et l'action qui en devait naître sont, par une supposition de la loi, emportées, l'une et l'autre, dans le désastre commun où, chacun étant autorisé à ne s'occuper que de ses propres intérêts, tout aboutit, comme le dit Clérac, à *un sauve qui peut* général.

L'Ordonnance de 1681 et le Code de Commerce n'ont fait que se conformer, sur ce point, au prin-

(1) *Journal du Palais,* tom. I. 1841, p. 452-461.

cipe emprunté par la loi Romaine à la législation des Rhodiens

On voit au *Digeste* (1) que, si le navire périt, les marchandises sauvées du naufrage ne sont pas tenues de contribuer à la perte de celles qui avaient été jetées dans le but de le prévenir. La raison donnée est qu'on ne saurait les considérer comme ayant été jetées pour la conservation du navire, puisqu'il a péri ; « *eorum enim merces non possunt videri servandæ navis causâ jactæ esse quæ periit.*

Ainsi ce n'est pas l'intention que la loi romaine considère, c'est l'événement.

L'article 15 de l'Ordonnance (2) et l'article 423 du Code de Commerce, qui en est la reproduction, ont traduit cette règle d'une façon énergique, en disant qu'il n'y a pas lieu à contribution, *si le jet ne sauve le navire.*

Il est inutile de faire remarquer que, quoiqu'en apparence spéciale au jet, cette disposition est commune à toute espèce de sacrifice qui peut être tenté à bord dans le but d'éviter la perte du navire et de la cargaison. Le jet, comme nous l'avons déjà fait observer, n'est lui-même qu'une avarie commune et les règles contenues dans les titres XI et XII du Code de Commerce, qu'elles soient placées sous la rubrique des *Avaries* ou sous celle

(1) Leg. rhod. *De Jactu*, liv. 4 et 5.
(2) Titre du *Jet et de la Contribution*.

du Jet et de la Contribution, sont indistinctement applicables aux diverses avaries communes qui sont comprises dans ces deux titres.

Ainsi aujourd'hui, comme du temps de l'Ordonnance, il ne suffit pas, pour qu'il y ait lieu à contribution, qu'il y ait eu jet à la mer ou sacrifice d'un objet quelconque dépendant du navire ou de la cargaison; il faut encore que ce jet ou ce sacrifice ait réllement procuré la conservation du navire qu'on a voulu sauver.

Cette règle est si bien établie que les marchandises jetées au moment du sinistre ne donnent lieu à aucune contribution; si, au contraire, le jet a eu lieu antérieurement à la perte et à l'occasion d'un événement des suites duquel le navire a été réellement préservé, les marchandises sauvées du naufrage et les débris même du navire contribuent à la perte résultant de ce jet antérieur.

Un exemple rendra la chose sensible : un navire parti de la Réunion pour Nantes, Bordeaux ou Marseille essuye, par le travers du cap de Bonne-Espérance, une tempête qui l'incline sur le côté et le met en danger de périr; dans cette extrémité, on se résout à jeter à la mer une partie de la cargaison, après quoi il se relève et poursuit sa route sans autre accident; mais, au moment d'arriver au port de destination, une nouvelle tempête survient et le pousse sur des récifs d'où on cherche inutilement à le dégager. Une autre jet est tenté et reste sans succès; le navire est démoli par la mer et on parvient, à grand peine, à sauver, avec quelques uns de ses débris, une partie de la cargaison plus ou moins avariée par les suites de l'événement.

D'après l'article 423, les marchandises jetées en dernier lieu ne seront l'objet d'aucune contribution; mais aux termes de l'article suivant, celles qui auront été sauvées et les débris même du navire seront tenus de contribuer à la perte résultant du jet qui avait eu lieu dans les parages du Cap de Bonne-Espérance.

La part inégale faite à ces deux jets provient de ce que l'un a sauvé le navire et de ce que l'autre lui a été inutile.

Ce résultat, dont la justice semble très contestable, ne vient pas seulement de l'Ordonnance, mais du texte même de la loi rhodienne. Il suffit, pour s'en convaincre, de lire, au *Digeste* (1), la réponse de Sabinus à la double question de savoir si, quand un navire a été sauvé par le jet et vient à périr plus tard dans un autre lieu, *in alio loco submersa est*, les marchandises sauvées du naufrage doivent contribuer à la perte des effets jetés et si, par contre, les effets jetés qui auraient été retirés de l'eau peuvent être tenus de contribuer au dommage éprouvé par les marchandises sauvées du naufrage.

Le jurisconsulte romain répond, dans le sens des articles 424 et 425, affirmativement sur la

(1) ff. liv. 48. 1, *Lege. rhod. De Jactu.*

première question et négativement sur la seconde. La raison est celle contenue dans le texte déjà cité, d'où il résulte que le jet ne peut donner lieu à contribution, qu'autant qu'il a réellement procuré la conservation du navire.

Ce principe conduit à une conséquence bien autrement rigoureuse, et qui, admise pendant longtemps sans aucune difficulté, est devenue, plus tard, un sujet de doute et de controverse.

Vers la fin de 1747, un capitaine poursuivi par un navire anglais, après avoir jeté à la mer ses canons, divers agrès et une partie de son chargement, ne pût, malgré le jet qu'il avait fait, éviter de tomber entre les mains de son ennemi; mais au bout de quelques jours, ayant pris son temps, il parvint à ressaisir son navire et à le ramener en sûreté.

Emérigon, chargé comme arbitre de juger les difficultés qui s'étaient élevées entre le capitaine et ses chargeurs, décida que le navire n'ayant pas été sauvé par le jet, il n'y avait pas lieu à contribution.

Cette solution, conforme à la théorie exposée par Pothier, a été formellement approuvée par Valin et la doctrine sur laquelle elle repose reproduite, plus tard, sans observation, dans l'ouvrage de Pardessus et dans celui de Boulay-Paty (1) ; mais un auteur anglais justement

(1) Valin, *Comment. sur l'Art.* 15, tit. du *Jet et de la Contribution*. Pothier, *Avaries* n° 113. — Emérigon. *Assur.*, chap. XII, sect. 41. — Pardessus, n° 733. — B. Paty, tom. IV, p. 581.

estimé, William Benecke, l'a critiquée avec vivacité (1).

Il est certain qu'au point de vue de l'équité, rien ne semble plus injuste que cette décision; si, au lieu d'être jetée, la marchandise eût été conservée à bord, elle eût été, comme les autres, retirée des mains du capteur, pour rentrer dans celles de son propriétaire. Peu importait qu'on se fût trompé sur l'opportunité du sacrifice. Il suffisait qu'on eût eu en vue le salut commun pour que le navire et la cargaison une fois hors de péril, on ne laissât pas les conséquences du jet peser en entier sur celui dont la chose avait été réellement sacrifiée à l'intérêt de tous.

Aussi M. Frémery (2), déterminé par les observations de Benecke, n'a-t-il pas hésité à condamner l'opinion des auteurs qui l'ont précédé, en essayant de prouver qu'en prenant l'Ordonnance et le Code dans leur sens littéral, on faisait violence au texte du droit romain.

Nous croyons, quant à nous, malgré les expressions employées au *Digeste*, *salvâ nave*, *si navis salva sit*, qui ont été relevées par cet auteur, que la condition *si le jet ne sauve le navire* a été réellement empruntée au texte et à l'esprit de la loi rhodienne, *de Jactu*. On n'a qu'à se reporter aux

(1) Traduct. de Dubernad, tom. 1, p. 466.
(2) Frémery, p. 228 et suivantes.

divers passages de cette loi que nous avons déjà cités.

M. Frémery ajoute encore aux arguments de l'auteur anglais une raison tirée de ce que, dans l'espèce donnée par Emérigon, on ne rencontre pas *l'unité* de sinistre qui s'oppose à la contribution.

On s'est beaucoup servi, dans ces derniers temps, des mots *unité de sinistre*, qui étaient inconnus à nos anciens auteurs. On veut sans doute exprimer par là l'unité de temps et de lieu qui caractérise un événement quelconque considéré indépendamment de ceux qui, dans le cours de la navigation, ont pu le suivre ou le précéder. Si tel est le sens des mots *unité de sinistre*, et il est impossible d'en supposer un autre raisonnable, on ne voit pas comment, pour nous servir des expressions même de M. Frémery, « lorsque le « navire fuyant devant l'ennemi jette à la mer une « portion de ce que l'ennemi menace de capturer, « il n'y a pas, le navire fût-il pris, unité de sinistre « entre la prise et le jet. »

Le jet destiné à éviter la prise se rattache aussi étroitement à l'acte qui fait tomber le navire en la possession de l'ennemi, que le jet tenté pour éviter le naufrage à la perte ultérieure du navire sur les bas-fonds dont on espérait le dégager.

William Benecke n'a pas envisagé la question d'une façon aussi exclusive. Après avoir exprimé sa répugnance à admettre la doctrine d'Emérigon, il poursuit son raisonnement et, ce que ne fait pas l'auteur français, il l'applique même au cas où le jet ayant été occasionné par un danger de mer, le navire périt, malgré les efforts tentés pour le sauver.

Il veut bien, si tout est perdu, que le propriétaire des effets jetés subisse la perte commune, mais il entend que, si quelques unes des marchandises viennent à être sauvées, il soit admis à en prendre sa part.

C'est qu'en effet, il faut choisir entre deux principes opposés, ou admettre, avec le Code, que, pour qu'il y ait lieu à contribution, il faut que le jet ou le sacrifice aient sauvé le navire, ou, partant de la solidarité qui unit le navire et les marchandises contre les dangers communs de la navigation, attendre le résultat final du voyage, pour fixer le sort des dépenses ou des sacrifices faits, pendant sa durée, pour le bien et le salut communs.

Émérigon dit que les effets jetés ou vendus pour le salut commun sont présumés n'avoir pas cessé d'exister dans le navire (1). C'est, en effet, par suite de cette présomption, ou plutôt de cette fiction que, comme le fait remarquer cet auteur, le navire une fois arrivé, les effets jetés ou vendus sont soumis à la contribution ainsi qu'au paiement du fret et qu'ils sont remboursés à leur

(1) Assur., chap. XII, sect. 43.

propriétaire, sur le pied de leur valeur au lieu du déchargement.

Si le Code s'en fût tenu à ce point de vue, il serait arrivé à d'autres résultats. Il n'eût certes pas établi de distinction entre les effets jetés ou sacrifiés pendant l'événement qui a occasionné le naufrage et ceux qui ont été l'objet d'un jet ou d'un sacrifice antérieurs.

En effet, si le navire périssant au port, on admet le droit, pour les marchandises jetées dans une circonstance antérieure, de venir en contribution sur les débris du navire et sur les marchandises sauvées, c'est à coup sûr par cette considération que, si elle n'avaient pas été jetées, elles auraient pu être sauvées comme les autres.

Or, la même raison plaide pour celles qui, dans le but de préserver le navire, ont été jetées pendant la tempête qui a causé sa perte; il est clair que, si elles n'avaient pas été sacrifiées à l'intérêt de tous, elles auraient eu, elles aussi, la chance d'être sauvées du naufrage. Il y a même une raison de plus en leur faveur, c'est que le jet qui en a été fait, s'il eût réussi, n'eût pas seulement préservé le navire et les effets qui se trouvaient à bord, mais qu'il eût encore procuré le remboursement des marchandises antérieurement jetées dont le sort était lié à la conservation du navire et de la cargaison.

Le Code n'eût pas davantage affranchi les marchandises jetées ou vendues de l'obligation de contribuer aux dommages volontairement soufferts depuis le jet ou la vente, car bien qu'absentes au moment de l'événement, elles ne laissent pas, sous le rapport de la contribution à venir, de profiter du sacrifice fait, de la même manière que les autres.

Ainsi, dans le cas où le principe de la solidarité depuis le départ jusqu'à l'arrivée, et la fiction indiquée par Émérigon, qui en est la conséquence, eussent été admis sans réserves par le Code, toutes les marchandises chargées à bord, quel qu'eût été le sort ultérieur du navire, auraient été appelées, en ce qui concerne les avaries communes, à subir les mêmes conditions de gain ou de perte.

Le navire arrivé heureusement, toutes sans exception, même les marchandises vendues ou jetées dans le trajet, eussent supporté leur part de contribution aux dépenses volontaires et aux sacrifices accomplis pour le salut commun, sans distinction de temps ou de lieu.

Le navire et la cargaison ayant péri sans retour, la perte eût été, comme aujourd'hui, commune à tous, mais avec cette différence que, si une partie du navire ou des marchandises avait été sauvée du naufrage, une contribution générale aurait été ouverte sur les débris recueillis ou sur les objets sauvés, à l'occasion des sacrifices faits depuis le départ jusqu'au moment du sinistre, quel qu'eût été le sort ou l'époque de ces sacrifices,

Peut-être, au point de vue d'une exacte justice, la solution eût-elle été meilleure.

Elle n'eût pas, dans tous les cas, donné lieu aux critiques dont la règle absolue « *si le jet ne sauve* « *le navire* » a été l'objet.

Mais il est certain aujourd'hui que, dans l'esprit comme dans le texte de notre législation, outre que la contribution ne peut être demandée qu'à ceux dont la chose se trouvait à bord au moment du sacrifice, il faut, pour que le propriétaire de l'objet sacrifié puisse être indemnisé, que la perte qu'on lui a infligée ait réellement procuré le salut du navire et préservé ainsi le reste de la cargaison.

Tant que cette règle subsistera, il faudra respecter la conclusion qu'en ont tirée Pothier, Émérigon et Valin, par une déduction dont on peut regretter la rigueur, mais dont on est forcé de reconnaître la logique.

Il ne s'agit donc plus, le véritable sens des mots « si le jet ne sauve le navire » étant ainsi déterminé, que d'examiner les diverses conséquences qu'on en doit tirer par rapport aux marchandises et au navire lui-même.

§ 1. — DES CONSÉQUENCES DE L'ARTICLE 423 DU CODE DE COMMERCE PAR RAPPORT AUX MARCHANDISES JETÉES OU VENDUES EN COURS DE VOYAGE ET A CELLES MISES DANS DES BARQUES POUR ALLÉGER LE NAVIRE.

Comme les articles 423 et 424 considèrent deux espèces de jet, l'un qui sauve le navire et l'autre qui demeure sans effet, l'un qui donne lieu à une contribution et l'autre qui l'exclut, il s'en suit que, dans le cas où le jet n'a pu sauver le navire ou est reconnu n'avoir eu aucune influence sur son salut, la perte des marchandises qui en ont fait l'objet demeure au compte de celui à qui elles appartenaient, quel que soit le sort ultérieur du navire et alors même que, sauvé par une autre circonstance, il parviendrait à atteindre le port en sûreté.

Il s'ensuit également que si les marchandises jetées ont, dans une circonstance donnée, procuré la conservation du navire et de la cargaison, il y a lieu à contribution non-seulement quand le navire achève le voyage commencé, mais lors même qu'il vient à périr par une cause postérieure, le droit du propriétaire des objets jetés continuant à subsister, dans ce dernier cas, sur les marchandises sauvées et sur les débris recueillis du naufrage.

Nous avons déjà eu l'occasion, au chapitre 8 du titre Ier, de parler des frais faits pour alléger le navire et de la nécessité de les classer en avaries communes, toutes les fois que cette sorte d'opération a été motivée par un danger pressant, comme lorsqu'il s'agit d'échapper à la tempête ou à l'ennemi.

Nous avons ajouté que si, placées pour ce motif dans des allèges, ces marchandises venaient à périr dans le trajet du navire au rivage, ou à essuyer simplement un dommage, ce dommage et cette perte devaient faire l'objet d'une contribution.

C'est ce qui est formellement décidé par l'article 427 du Code de Commerce ; il faut seulement se mettre en garde contre la rédaction vicieuse de cet article, qui indique la répartition comme devant être faite *sur le navire et son chargement entier*. Le Code n'a pas eu l'intention de déroger, pour ce cas spécial, aux dispositions des articles 401 et 417. Il est donc bien entendu que cette répartition se fera, comme pour toute autre espèce d'avarie commune, sur la totalité de la cargaison et sur la moitié du navire et du fret.

Mais si c'est le navire qui vient à périr et si les marchandises arrivent à terre heureusement, le Code décide, comme l'Ordonnance, qu'elles ne seront soumises à aucune contribution (1).

La raison est la même que si, n'ayant pas été placées dans des allèges, elles avaient été, par un autre moyen, sauvées du naufrage, car, ainsi que cela a déjà été dit, le naufrage rend toute contribution impossible : il n'y a plus d'intérêt commun, plus de solidarité ; chacun en sauve ce qu'il peut.

Il faut cependant distinguer, bien que le Code ne le dise pas expressément, le cas où, avant l'événement, il aurait été fait à bord un jet ou un sacrifice quelconque ayant profité au navire et à la cargaison ; c'est le cas de l'article 424. Les marchandises, une fois rendues à terre devront, malgré la

(1) Art. 427, Code de Commerce, 2e Alin.

perte du navire, contribuer, soit au jet, soit au sacrifice sans lequel, il ne leur eût pas été permis d'atteindre en sûreté le rivage.

On a reproché à Emérigon d'avoir assimilé au jet la vente des marchandises en cours de voyage. Ce reproche est fondé en ce qui concerne les ventes dont l'objet est de faire face aux besoins particuliers du navire ; il porte à faux, lorsqu'il s'agit de dépenses faites dans l'intérêt commun et que l'on a soldées par la vente d'une partie des marchandises composant le chargement.

Dans le premier cas, c'est la dette du navire seul, partant la dette personnelle des armateurs qui subsiste, alors même que le navire vient à périr. Dans le second, c'est une dette commune qui doit être acquittée par tous ceux qui en ont profité et dont le remboursement est évidemment lié au sort du navire et de la cargaison.

Il est inutile de revenir sur les réflexions que nous a suggérées la modification apportée à l'article 298 du Code de Commerce par la loi du 14 juin 1841 (1). Les dispositions de cet article ne concernent que les marchandises vendues dans l'intérêt du navire et pour faire face à ses besoins particuliers.

Or, nous n'avons à nous occuper ici que des ventes faites pour acquitter des dépenses com-

(1) Liv. I. chap. XI. § 3.

munes et nous disons que, dans ce cas, l'assimilation est complète entre la vente et le jet. En effet, que les marchandises soient vendues ou jetées, du moment qu'il s'agit de l'intérêt commun, le sacrifice imposé à leurs propriétaires est le même, le but proposé également le même ; il y a donc, dans l'un et l'autre cas, une avarie commune et partant nécessité d'une contribution.

De là, les conséquences suivantes :

Si le navire arrive à bon port, les marchandises vendues seront remboursées, comme les marchandises jetées, sur le pied de leur valeur au lieu de destination.

Si le navire périt, comme la vente qui a été faite de ces marchandises pendant le voyage a réellement profité au navire et à la cargaison, leur droit à une contribution ne cessera de subsister que par la perte entière du navire et du chargement, et s'exercera, en cas de sauvetage, sur tous les objets qui auront pu être recueillis du naufrage.

§ 2. — DES CONSÉQUENCES DU MÊME ARTICLE PAR RAPPORT AUX SACRIFICES AUTRES QUE LE JET.

Les dispositions des articles 423 et suivants n'étant pas spéciales au jet et s'appliquant, comme nous l'avons déjà dit, à toute espèce de sacrifice qui a pu être accompli pendant le voyage, il s'ensuit que les conséquences que nous venons d'indiquer au § 1 du présent chapitre, pour ce qui concerne les marchandises jetées, s'appliquent également aux dommages de toute nature qui ont pu être volontairement soufferts pour le bien et le salut communs du navire et de la cargaison.

Le navire *La Sirène*, capitaine Dubois, étant parti de Saïgon (Cochinchine), pour la Réunion, avec un chargement de bois, de viande salée, et avec 138 immigrants dont les contrats d'engagement devaient être réalisés pour le compte de l'affréteur, arriva à sa destination sur la rade du Butor (1), dans le but d'y effectuer son déchargement.

Le temps était mauvais; le capitaine seul descendit à terre. Le lendemain, sur l'ordre général d'appareiller, qui fût donné à tous les navires, *La Sirène* leva l'ancre et se trouva bientôt assaillie par une tempête violente qui nécessita le sacrifice du grand-mât. Cette opération permit au navire de se relever et d'éviter la perte dont il était menacé, mais privé de sa mâture principale et de la majeure partie de ses voiles, ayant de plus son gouvernail désemparé, il fut forcé de se laisser aller dans la direction des vents qui le poussèrent vers la côte de Madagascar, d'où, à l'aide de la goëlette *La Perle*, qui avait été envoyée à la recherche des navires appartenant à la Réunion, il put gagner l'île Sainte-Marie où il devait rencontrer,

(1) C'est le nom d'une des rades de la Réunion affectées au déchargement des navires qui viennent du dehors.

avec un abri plus sûr, les ressources nécessaires pour se réparer.

Des experts ayant été nommés par le commandant de l'île, se rendirent à bord et constatèrent les réparations générales à faire au navire. Leur devis se montait à fr. 73,450. Une adjudication et un emprunt à la grosse furent tentés en même temps; ils demeurèrent sans succès. Le navire fut alors déclaré innavigable et adjugé aux enchères publiques aux prix de fr. 12,500.

Le capitaine affréta immédiatement sur les lieux un autre navire, qui ayant pris à son bord les marchandises mises à terre et les immigrants, les transporta à la Réunion. Une demande en règlement d'avaries communes ayant été introduite contre l'affréteur, fût repoussée par le tribunal de Saint-Denis.

Sur l'appel interjeté, par le capitaine, de cette décision, l'affréteur soutenait que, le navire ayant été déclaré innavigable, il y avait lieu d'appliquer, outre les dispositions de l'article 423, celles de l'article 425 portant que les marchandises ne contribuent point au paiement du navire perdu ou réduit à l'état d'innavigabilité.

On répondait qu'en supposant à l'article 425 le sens et la portée qu'on voulait lui donner, il ne s'agissait pas, pour l'affréteur, de contribuer aux conséquences de l'innavigabilité déclarée, mais à la perte d'un mât volontairement coupé et dont le sacrifice avait sauvé le navire et la cargaison;

que si ce mât avait été conservé, le navire n'eût probablement pas été déclaré innavigable ; que, dans tous les cas, le prix de l'adjudication en eût été sûrement augmenté ; qu'il était donc juste d'en comprendre la valeur dans le nombre des avaries communes donnant lieu à contribution.

On ajoutait, ce qui rentre plus spécialement dans le sujet qui nous occupe, qu'alors même qu'il faudrait attribuer à l'innavigabilité de la *Sirène*, le caractère d'une perte véritable, comme le sacrifice de la mâture avait réellement sauvé le navire et la cargaison et leur avait permis d'atteindre en sûreté l'île de Sainte-Marie, c'était le cas d'appliquer l'article 424 et de les faire contribuer, l'un et l'autre, proportionnellement à leur état réel et à leurs valeurs respectives.

La Cour de la Réunion accueillit ce système et ordonna le règlement d'avaries communes qui lui était demandé.

Mais, si au lieu d'arriver en sûreté à l'île Sainte-Marie, la *Sirène* se fût perdue sur les côtes de Madagascar, y aurait-il eu lieu de faire un règlement et d'y admettre le mât sacrifié antérieurement ?

Il est vrai que, dans ce cas, il y aurait eu perte réelle du navire. Mais il faut remarquer que la perte ne fait obstacle à la contribution que pour les objets sacrifiés pendant l'événement qui l'a occasionnée et non pour ceux dont le sacrifice, accompli dans une circonstance antérieure, a réellement procuré la conservation du navire et de la cargaison.

Partant de ce principe, on doit reconnaître que, si le navire fût venu à se perdre sur la côte, au moment de l'arrivée, le droit à un dédommagement, pour la mâture antérieurement sacrifiée, eût continué à subsister, aux termes de l'article 424, tant sur les marchandises sauvées que sur tous les débris recueillis du naufrage.

§ 3. — DE L'INNAVIGABILITÉ DU NAVIRE, DANS SES RAPPORTS AVEC LES ARTICLES 423 ET 425 DU CODE DE COMMERCE.

Si un navire périt submergé ou s'il est démoli à la côte où il a été poussé par les courants, il est certain, comme on l'a déjà vu, que les sacrifices tentés pour prévenir l'un ou l'autre de ces événements ne sauraient donner lieu à aucune contribution.

Mais doit-il en être de même, lorsque le navire, étant rendu à sa destination, est reconnu innavigable par suite des avaries particulières ou communes qu'il a pu essuyer soit pendant le voyage, soit au moment de son entrée dans le port ?

Faut-il, ainsi qu'on le plaidait dans l'affaire de la *Sirène* (1), considérer l'innavigabilité comme

(1) Voir le § précédent, p. 183.

équivalent à la perte du navire et faisant, par suite, obstacle à toute contribution ?

On sait qu'il existe deux sortes d'innavigabilité, l'innavigabilité absolue, quand le navire est dans un tel état qu'il n'est plus susceptible de réparations, et l'innavigabilité relative, lorsque l'impossibilité de le réparer procède d'une cause purement relative, comme l'absence des matériaux nécessaires, le manque de fonds ou l'importance des réparations à faire qui en rend l'abandon préférable.

Or, l'assimilation à la perte doit-elle être étendue, en cas d'affirmative, à l'innavigabilité relative aussi bien qu'à l'innavigabilité absolue ?

En isolant du premier alinéa de l'article 425 du Code de Commerce celui qui termine cet article, on voit que « les marchandises ne contribuent « point au paiement du navire perdu ou réduit « à l'état d'innavigabilité. »

Cette disposition prise ainsi isolément et dans un sens littéral paraît, au premier abord, ne devoir laisser aucun doute sur la solution à donner. L'exception est expresse ; elle s'étend à tous les cas d'innavigabilité, sans distinguer si cette innavigabilité est absolue ou relative.

Cependant, comme il ne s'agit que d'un seul alinéa et que l'article tout entier a été emprunté à l'Ordonnance de 1681, il est nécessaire, pour en pénétrer le vrai sens, de remonter à cette Ordonnance, d'en étudier le texte et de voir comment il a été compris par ceux qui ont entrepris de l'expliquer.

L'article XVII de l'Ordonnance, au titre du Jet et de la Contribution, est ainsi conçu. « Les effets « jetés ne contribuent, en aucun cas, aux dom- « mages arrivés, depuis le jet, aux marchandises « sauvées, ni les marchandises au paiement du « navire perdu ou brisé. »

Il est clair, par l'ensemble de cette rédaction, que la seconde partie de l'article est liée à la première, comme si l'une était la conséquence de l'autre.

Mais quelles sont les marchandises qui ne doivent pas contribuer au paiement du navire perdu ou brisé? sont-ce les marchandises en général, ou bien les marchandises sauvées dont il vient d'être parlé, ou bien encore les marchandises jetées qui semblent avoir été le but spécial de l'article ?

Pothier, dans son *Traité des avaries* (1), a cherché à se rendre compte de cette disposition, dont il faut convenir que la rédaction est singulièrement confuse et embarrassée. Après avoir constaté que l'article n'a eu en vue qu'un seul cas, celui où, après un jet antérieur qui l'a sauvé avec sa cargaison, le navire, en poursuivant sa route, vient à éprouver un nouvel accident qui occasionne son naufrage ou son échouement, il recherche, le point de départ ainsi établi, ce que l'Ordonnance a eu pour but de décider.

(1) N° 124.

Selon lui, son véritable sens est celui-ci, que bien que les débris du vaisseau et les marchandises échappées au dernier accident doivent contribuer au jet antérieur, par contre les marchandises objet de ce jet ne doivent, dans aucun cas, c'est-à-dire qu'elles aient été ou non retirées de l'eau, contribuer à la perte ou au dommage que le naufrage a pu occasionner, plus tard, soit au navire, soit aux marchandises restées à bord.

Après avoir ainsi expliqué le sens de l'article, Pothier en donne la raison : C'est que le jet, lors du premier accident, est une perte faite pour le salut commun et par conséquent une avarie commune « qui doit être soufferte en commun » tandis que la perte ou le dommage arrivé en dernier lieu par le naufrage ou l'échouement du navire, « étant une « perte qui n'a pas été soufferte pour le salut com- « mun, est une avarie simple qui ne doit être sup- « portée que par le propriétaire des effets péris ou « endommagés. »

Ce commentaire de Pothier a d'autant plus d'importance qu'il a reçu l'adhésion complète d'Émérigon, qui l'a transcrit en entier dans son *Traité des assurances* (1).

Ainsi, lors même, que le navire périt, les objets recueillis du naufrage doivent contribuer au jet antérieur qui a sauvé le navire; mais les marchandises jetées et qui sont l'objet de cette contribution

(1) Chap. XII, sect. 41.

ne sont pas obligées, de leur côté, de contribuer à la perte du navire et des marchandises. L'article XVII de l'Ordonnance ne dit rien de plus ; il n'a pas eu pour objet de créer une exception nouvelle en matière de contribution ; il n'est que l'application des règles que nous avons déjà posées (1).

Ceci établi, il n'y a plus qu'à rechercher si l'article 425 a entendu s'écarter de l'Ordonnance et y substituer une règle nouvelle.

Il est vrai que cet article a supprimé la particule conjonctive et négative *ni* qui, dans l'article 17, servait à relier entr'elles les deux propositions qui y étaient contenues et que le Code a conservées, il est vrai encore qu'il a substitué au mot *brisé*, employé par l'Ordonnance, les mots « réduit à l'état d'innavigabilité » mais ces modifications si légères, à propos d'un article dont l'économie entière et la rédaction presque littérale ont été conservées, ne sauraient impliquer l'intention d'innover en rien à ce qui avait été décidé et compris jusque là.

Il est même à remarquer que les mots « réduit à l'état d'innavigabilité » employés par le Code sont plus restrictifs que celui de *brisé* dont se sert l'Ordonnance, car le navire peut être brisé, sans qu'on doive pour cela assimiler le bris à la perte. Le Code, par un excès de précaution, a voulu éviter toute équivoque, en indiquant que le bris dont il s'agit

(1) Cet article, comme l'Ordonnance à qui il a été emprunté, n'est encore que la reproduction de l. 1 §. la l. ff. *De Lege rhod. de jactu.*

dans l'article doit être assez considérable pour entraîner l'innavigabilité du navire.

Les conséquences que l'on pourrait chercher à tirer du dernier alinéa de l'article 425 étant écartées, il n'y a plus qu'à examiner la question au point de vue des règles générales qui ont déjà été exposées.

Un navire, après une traversée plus ou moins heureuse, est assailli, en vue du rivage, par une violente tempête qui menace de l'engloutir. On se résout, dans ce péril extrême, soit à faire un jet à la mer, soit à couper la mâture, et le navire sauvé entre en sûreté dans le port avec sa cargaison. Mais, examen fait des pertes qu'il a subies, on le reconnaît innavigable.

Il est évident qu'on ne saurait prétexter cette circonstance pour refuser d'ouvrir une contribution, à raison de la mâture sacrifiée ou des marchandises jetées. En effet, le but proposé était de sauver la chose commune et ce but a été atteint, puisque le navire et la cargaison ont réussi à gagner le port.

Il est vrai que le navire condamné ne naviguera plus. Mais, dans le cas de jet d'une partie de sa cargaison, le navire, tout innavigable qu'il est, représente une valeur qui, avec les marchandises sauvées, doit contribuer à indemniser le propriétaire des objets dont le jet a servi à la préserver ; si c'est la mâture qui a été sacrifiée, comme le navire sera vendu à un prix inférieur à celui qu'il eût obtenu si ses mâts, sa voilure et son gréement eussent été en place, il est juste que, malgré l'innavigabilité déclarée, la marchandise sauvée contribue, avec le navire lui-même, à la réparation du sacrifice qui lui a si manifestement profité (1).

Nous venons de supposer une innavigabilité absolue; que sera-ce si l'innavigabilité est simplement relative? Si, par exemple, la dépense excédant, aux yeux de l'armateur, l'utilité qu'il pourra désormais retirer de son navire, il préfère ne plus le faire naviguer.

Est-ce que les propriétaires de la cargaison pourront contraindre l'armateur à réparer son navire et, à défaut, refuser de contribuer à la perte qu'il a soufferte?

Non, à coup sûr; car l'armateur qui reçoit le prix du dommage que son navire a éprouvé pour le salut commun n'est pas plus tenu de le réparer que celui dont la marchandise a été jetée, de s'en procurer une nouvelle en remplacement de celle qu'il a perdue.

Le principe est que le préjudice souffert doit être réparé, avec liberté, à la personne indemnisée, d'user comme il lui plaira, de l'indemnité qu'elle aura reçue.

Au lieu de la supposition que nous venons de faire à l'instant, supposons qu'un autre navire, également en vue de son port de destination, soit poussé sur une côte escarpée où il est exposé à

(1) R. Cassation, 23 juillet 1856, p. 517.

périr, sans aucune chance de salut. A une certaine distance du point dangereux vers lequel il est entraîné, apparaît un rivage bas et uni sur lequel il semble à l'équipage qu'il serait possible de se laisser échouer et de sauver ainsi le navire et la cargaison. La résolution ayant été prise de s'y diriger, on redouble d'efforts et, en luttant courageusement contre le vent et les flots, on parvient à atteindre le rivage désiré où, le navire échoué, on met à terre la cargaison. Le navire ainsi allégé est relevé et conduit, après la tempête, dans le port, où on reconnaît, après examen, qu'il n'est plus en état d'être réparé.

Supposons encore, si l'on veut, qu'au lieu de la tempête, ce soit la crainte de l'ennemi qui ait porté le capitaine et l'équipage de ce navire à le faire échouer à la côte d'où, le danger passé, il a été ramené dans le port.

Il ne s'agit plus, ici, d'une partie de la mâture ou du gréement sacrifié ; il s'agit de la coque même qui est déclarée innavigable à la suite d'un échouement volontaire, exécuté pour le bien et le salut communs.

Pourra-t-il, dans ce, cas être permis aux chargeurs de repousser la contribution en alléguant que l'innavigabilité doit être assimilée à la perte et en se réfugiant ainsi dans les dispositions des articles 423 et 425 du Code de Commerce ?

Nous ne le pensons pas : en effet, l'échouement a réellement sauvé le navire, soit des atteintes de l'ennemi, soit des suites de la tempête. Peu importe l'étendue du dommage éprouvé, puisque le succès a couronné la manœuvre. Le sacrifice a été utile ; il n'y a donc pas lieu de se prévaloir de l'art. 423.

Quant à l'article 425, nous avons fait voir le peu de raison qu'il y aurait de l'invoquer. Indépendamment du cas spécial qu'il est destiné à régir, cet article, comme le fait très-bien observer Pothier, n'est applicable que lorsque l'échouement ou la perte, n'ayant pas eu pour cause le salut commun, ne constitue qu'une avarie particulière et ne peut, par suite, donner lieu à une répartition.

Il ne peut donc en être de même, quand l'échouement, comme dans l'exemple proposé, a été volontaire, car, le dommage qui en résulte, et qui consiste dans l'innavigabilité du navire, constituant alors une avarie commune, doit nécessairement faire l'objet d'une contribution entre tous les intéressés.

CHAPITRE II.

DES RÈGLES A OBSERVER DANS LES RÈGLEMENTS D'AVARIES COMMUNES.

Une condition essentielle à observer, dans les règlements de cette sorte, est de relater avec exactitude les faits qui ont donné lieu aux avaries ou aux dépenses communes, afin que l'on puisse apprécier, d'après les circonstances, si le classement de ces avaries et de ces dépenses a été fait d'une manière convenable.

Comme dans les accidents de mer qui ont donné lieu à des avaries communes et dans les dépenses occasionnées par les relâches qui ont pu en être la suite, il y a souvent des avaries particulières mêlées à des dépenses dont le caractère n'est pas de nature à les faire considérer comme communes, le premier soin de l'expert chargé du règlement doit être, après l'établissement des faits, de discerner, dans les pièces et les comptes soumis à son examen, quels sont les articles qu'il devra admettre et ceux qu'il aura à rejeter.

Cela fait, il divise son travail en trois parties :

La première, contient le détail, l'estimation ou le chiffre des dommages et des dépenses objet de la contribution. C'est la dette commune, la masse à répartir.

La seconde, se compose, outre la valeur du navire et du fret, du prix estimé de chacune des marchandises qui doivent prendre part à la contribution. C'est la masse contribuable, celle sur laquelle se fait la répartition.

Enfin, la troisième consiste à établir, en faisant la comparaison de la masse contribuable avec la masse à répartir, la quantité proportionnelle sur laquelle doit être calculée la contribution de chacun.

Cette partie se termine par un tableau où, en regard du nom de chaque contribuable, on trouve indiqués, dans deux colonnes séparées, la somme à raison de laquelle il est appelé à contribuer et le montant de sa contribution.

L'addition de la première colonne doit reproduire le chiffre de la masse contribuable, et celle de la seconde, le chiffre de la masse à répartir.

Il peut se faire qu'à l'occasion d'un même voyage, l'expert ait plusieurs règlements successifs à opérer, ce qui l'obligera, chaque fois, à procéder sur des masses différentes et à établir un chiffre de contribution différent.

Si un navire parti pour un voyage lointain, de Bordeaux, par exemple, pour la mer du Sud, vient à éprouver, dans sa traversée, plusieurs accidents de mer dont chacun lui aura occasionné des avaries communes, si, après avoir fait tout d'abord un jet à la mer, il est obligé, dans une autre circonstance, de relâcher pour remplacer des mâts sacrifiés et que, n'ayant pas trouvé à emprunter à la grosse, il ait vendu des marchandises de sa cargaison, si enfin, avant d'atteindre le port, il vient à éprouver un troisième accident qui nécessite un nouveau jet ou tout autre sacrifice de même nature, il en résultera évidemment les conséquences suivantes :

Premièrement, toutes les marchandises qui se trouvaient à bord lors du départ, même les marchandises jetées, contribueront, avec le navire et le fret, au remboursement du jet effectué lors du premier accident; d'où la nécessité d'un premier règlement à faire entre tous les intéressés.

Secondement, les marchandises jetées ne devant pas participer aux dommages ultérieurs, les frais de réparations et autres occasionnés par la relâche faite en second lieu ne seront répartis sur la première masse contribuable que déduction faite des marchandises jetées; la masse à répartir différera également de la première, puisqu'elle se composera d'éléments différents.

Il y aura donc nécessité de faire un second règlement dans lequel il y aura un nouveau capital contribuable et une nouvelle masse à répartir, partant, pour chacun des intéressés, une part contributive différente.

Troisièmement, le dernier accident ne s'étant produit que lorsque la cargaison se trouvait diminuée des marchandises jetées lors du premier accident, et de celles vendues pendant la relâche qu'a nécessitée le second, il y aura un nouveau travail à faire dans lequel le chiffre à répartir, celui du capital contribuable et la part contributive des intéressés devront être également établis sur des bases différentes.

Ainsi, conformément aux principes que nous avons déjà exposés, les marchandises restées dans le navire et débarquées au lieu du déchargement se trouveront avoir contribué aux suites de tous les événements qui se seront succédé pendant le voyage.

Les marchandises vendues auront contribué au premier et au second; les marchandises jetées n'auront contribué qu'à un seul, celui qui a précédé tous les autres.

Il peut se faire encore qu'un règlement définitif à l'égard d'une partie de la cargaison ne soit que conditionnel et provisoire, en ce qui concerne l'autre partie.

Le navire *Le Jacques*, capitaine Théveneau, avait été affrété pour se rendre de Marseille à Singapoore, au prix de 6,500 fr. par mois. L'affréteur, s'étant réservé le droit de faire escale à la Réunion, en avait chargé une partie avec des marchandises destinées pour Singapoore et avait comblé le reste en prenant des marchandises à cueillette (1) pour la Réunion. Parti en janvier 1852, *Le Jacques* fut assailli, au début de son voyage, par une tempête qui, une partie de la mâture ayant été sacrifiée pour le salut commun, le força à relâcher à Mahon, dans l'île Minorque, pour s'y faire réparer. Les dépenses payées en ce dernier lieu, au moyen d'un emprunt à la grosse, il se rendit à la Réunion où, tout en débarquant les marchandises qu'il avait chargées pour cette colonie, le capitaine forma contre les réceptionnaires une demande en règlement des avaries communes qui avaient motivé sa relâche dans le port de Mahon.

(1) Charger à cueillette, c'est, comme le mot l'indique, prendre dans le navire les marchandises appartenant à des chargeurs différents, au fur et à mesure qu'elles se présentent. C'est, à proprement parler, faire la cueillette du fret.

La contribution devait porter non-seulement sur les marchandises débarquées à la Réunion, mais encore sur celles destinées pour Singapoore, qui formaient la meilleure partie du chargement. Il était donc nécessaire de faire une estimation générale de toute la cargaison, estimation dans laquelle les marchandises pour Singapoore ne furent estimées qu'au même prix que si elles avaient été débarquées à la Réunion.

On ne pouvait, en effet, les estimer d'après le cours du marché de Singapoore, qu'elles n'avaient pas encore atteint, cours d'ailleurs ignoré et essentiellement dépendant de l'époque où elles seraient rendues à leur destination.

Il est évident que le règlement ainsi établi n'avait et ne pouvait avoir un caractère définitif que pour les marchandises de la Réunion ; que quant à celles destinées pour Singapoore, son seul résultat devait être de déterminer la somme laissée à leur charge, tout le reste demeurant dans un état conditionnel et provisoire. En effet, le navire venant à périr plus tard avec son chargement, il n'y avait plus de contribution possible pour les marchandises qui avaient continué le voyage; si, au contraire, il parvenait à sa destination, la part proportionnelle laissée en réserve lors du règlement fait à la Réunion ne pouvait être définitivement répartie, entre les intéressés de Singapoore, que d'après l'état et la valeur, soit des marchandises, soit du navire lui-même, à l'époque de son arrivée dans ce dernier lieu.

PREMIÈRE PARTIE.

DE L'ÉTAT DES AVARIES OU DU CAPITAL A RÉPARTIR.

Il est inutile de dire quels sont les objets à comprendre dans cette partie du règlement.

Tout ce qui a pu être sacrifié du navire ou de la cargaison, toutes les dépenses faites pour l'intérêt commun, dans les divers cas énumérés au livre premier, qui traite des avaries communes, et dans tous ceux qui peuvent se présenter avec des caractères analogues, enfin tous les frais accessoires de l'avarie et ceux du règlement à établir doivent y être portés et estimés en chiffres dont l'addition constitue la masse à répartir.

L'estimation des marchandises vendues ou jetées, se fait conformément aux articles 298 et 415 du Code de Commerce, d'après le cours des marchandises de même nature et qualité à l'époque de l'arrivée. La production des connaissements et celle des factures, s'il en existe, servent à constater leur qualité. Dans le cas où les pièces produites auraient eu pour objet de déguiser la véritable valeur de la marchandise, soit en l'exagérant, soit en la diminuant, comme ce déguisement ne peut être réputé avoir été fait dans une intention innocente, l'article 418 du Code de Commerce exige, comme le faisait avant lui l'Ordonnance, que, si le prix a été exagéré, il soit réduit à sa véritable valeur, et que, s'il a été diminué, le propriétaire de la marchandise en subisse la conséquence, par le maintien au règlement du prix inférieur indiqué au connaissement.

L'estimation des marchandises endommagées par le jet se fait par la comparaison de l'état où le jet les a mises avec la valeur qu'elles auraient eue, si elles n'avaient pas été endommagées. La différence seule est admise en avarie.

La valeur des objets sacrifiés ou volontairement endommagés pour le salut commun, s'ils ont déjà été remplacés ou réparés, est établie par les comptes d'achats et de main d'œuvre; s'ils sont encore à remplacer ou à réparer, l'estimation en est faite par experts.

Enfin, les dépenses faites dans l'intérêt commun et tous les frais accessoires sont établis et calculés, sauf ventilation, dans le cas où elle doit avoir lieu, d'après les comptes qui sont fournis à l'expert.

Il faut observer, quant à ce qui concerne spécialement les marchandises vendues pour payer des avaries communes, qu'on ne peut, sans courir le risque d'un double emploi, comprendre en même temps, dans l'ensemble des sommes à répartir, le montant des dépenses faites dans l'intérêt commun et la valeur des marchandises dont le prix a servi à les acquitter.

Un exemple rendra cela sensible.

Un navire ayant relâché pour rétablir une partie de sa mâture sacrifiée pour le salut commun, le capitaine, qui n'a pas trouvé à emprunter à la grosse, est forcé, pour payer ses dépenses, de vendre une partie de son chargement. Le produit des marchandises s'est élevé à 20,000 fr.; la dépense a été également de 20,000 fr. En portant à la fois, dans la masse des avaries à répartir, et le montant de la dépense faite dans l'intérêt commun et celui de la marchandise à rembourser, on ferait supporter aux intéressés une contribution double de celle qui doit être exigée d'eux.

L'avarie ayant été payée par la marchandise doit donc être écartée du règlement, pour n'y laisser figurer que la valeur de la marchandise vendue, non pas d'après ce qui en a été retiré au lieu de la relâche, mais comme on l'a vu, d'après le cours des marchandises de même qualité à l'époque de l'arrivée.

De cette façon, bien que la dépense ait été de 20,000 fr. la somme objet de la contribution pourra être supérieure ou inférieure à ce chiffre, suivant que le cours de la marchandise au lieu du déchargement se trouvera au-dessus ou au-dessous du produit qui en aura été retiré au lieu de la relâche.

Dans le cas où le prix, à l'époque de l'arrivée, sera supérieur à celui obtenu par la vente, il y aura aggravation du chiffre de l'avarie au préjudice de ceux qui auront à y contribuer; dans le cas, au contraire, où il serait inférieur, la différence constituera un bénéfice à leur profit.

Ce bénéfice, auquel le propriétaire de la marchandise n'a aucun droit, puisqu'elle lui est payée au même prix qu'il en eût retiré si elle fût parvenue au lieu du déchargement, n'est pour eux qu'une compensation légitime de l'obligation que la loi leur impose, d'indemniser le propriétaire dont la marchandise a été vendue, à quelque prix qu'elle puisse monter.

Parmi les objets dont la perte ou le jet donne lieu à contribution, il en est qui, à l'inverse des effets chargés sur le tillac ou embarqués à l'insu du capitaine, ne contribuent jamais quand ils ont été sauvés, bien que perdus ou sacrifiés pour le salut commun, ils doivent être compris dans l'état des avaries à répartir.

De ce nombre sont les munitions de guerre et de bouche et les hardes des matelots mentionnés par l'article 419 du Code de Commerce, à quoi il faut ajouter, malgré le silence du Code et de l'Ordonnance, les bagages des passagers qui, suivant Valin (1), doivent être restreints à la valeur des habits qui se portent journellement, des linges de rechange pendant le voyage et des bagues et joyaux que chacun porte habituellement sur soi, mais qu'il nous semble plus juste, la valeur de ces sortes d'objets n'étant jamais déclarée par leur proprié-

(1) Valin, *Comment. Art.* 11 du *Jet et de la Contribution.*

taires, d'estimer eu égard à la position sociale et à la fortune de ceux à qui ils appartiennent.

Ces objets donnent lieu à contribution par cela seul qu'ils ont été sacrifiés pour le salut commun; s'il ne sont pas soumis, en retour, à contribuer eux-mêmes, c'est par une faveur spéciale dont les causes seront indiquées plus bas dans la partie qui traite du capital contribuable.

Ces observations générales achevées, nous avons à faire connaître les diverses sortes de réductions qui doivent être opérées sur le prix des objets admis et quelques unes des difficultés qui peuvent se présenter dans la pratique. Ce sera le sujet des paragraphes qui suivent.

§ 1. — DE LA DÉDUCTION DES FRAIS DE DOUANE ET DE DÉBARQUEMENT SUR LE PRIX DES *MARCHANDISES* A REMBOURSER.

La valeur d'une marchandise une fois rendue sur le marché représente, outre le coût de l'achat au lieu de production, les frais qu'il a fallu faire pour la transporter à celui où elle doit être vendue.

Il y a bénéfice pour le propriétaire si, le prix d'achat et les frais étant prélevés, la vente produit un excédant; il y a perte si, au lieu d'un excédant, elle présente un déficit.

Toute marchandise conduite d'un point à un autre étant soumise à cette alternative de gain ou de perte, le propriétaire de celles vendues ou jetées en cours de voyage ne peut demander qu'une chose, c'est d'être replacé dans la position où il se trouverait, si elles eussent été vendues à terre, comme les autres.

C'est pour obéir à ce principe que, conformément aux articles 298 et 301 du Code de Commerce, les marchandises jetées ou vendues, qui sont remboursées d'après le cours des marchandises de même nature et qualité, à l'époque de l'arrivée du navire, sont tenues, par voie de conséquence, d'acquitter le fret comme les autres, et de la même manière que si elles avaient été réellement transportées jusqu'au lieu du reste.

Mais ce que la loi a stipulé en faveur du navire qui touche le fret des marchandises au remboursement desquelles il est, lui-même, appelé à contribuer, elle ne pouvait le faire pour les droits à acquitter à l'entrée et pour les frais de débarquement dont, sous aucun prétexte, la marchandise absente ne peut-être grevée.

Il est donc juste que, si on ne déduit pas le fret des marchandises donnant lieu à contribution, parce que le propriétaire indemnisé a, lui-même, à en verser le montant, on en déduise du moins les frais de douane et de débarquement qu'il n'a pas à acquitter, car autrement il serait mieux partagé que ceux dont la marchandise est réellement parvenue à destination qui, comme lui, peuvent la réaliser au prix de la place, mais qui, de plus que lui, ont à payer cette portion des frais dont il est exempt.

§ 2. — DE LA DÉDUCTION A FAIRE, POUR LA DIFFÉRENCE DU NEUF AU VIEUX.

Ayant constamment à lutter contre les vents et les flots, les navires, indépendamment des événements de force majeure qui peuvent causer leur perte ou hâter leur détérioration, sont soumis à l'action lente des éléments et à la dépréciation qui en résulte chaque jour; mais cette action ne s'exerçant pas d'une manière égale sur toutes leurs parties, il en est quelques unes qui, à raison de leur nature ou de la fatigue qu'elles éprouvent, deviennent l'objet d'une usure plus rapide qu'on ne la remarque chez les autres.

Ainsi, pendant la durée moyenne d'un navire, dont la limite peut-être portée à douze années environ, il n'en est pas un seul dont il ne faille remplacer, à plusieurs reprises, le doublage, la voilure ou le gréement.

Il suit de là qu'en cas d'échouement volontaire ou alors que la voilure ou le gréement d'un navire ont été sacrifiés pour le salut commun, l'armement est appelé à bénéficier, dans une certaine mesure, des conséquences de l'événement, selon que les objets perdus ou avariés auront été plus ou moins voisins de l'époque où il serait devenu nécessaire de les remplacer.

Il semble donc juste que, recevant du neuf en place du vieux, l'armement, qui ne doit pas bénéficier mais être seulement indemnisé de la perte qu'il a faite, tienne compte de la différence à ceux que la loi oblige de contribuer à cette perte.

Le Code de Commerce pas plus que l'Ordonnance ne contiennent de prescription à ce sujet; il paraît même que ce n'est que sous la restauration et par suite de l'extension donnée aux assurances, que l'usage de la déduction pour la différence du neuf au vieux s'est introduit peu à peu et a fini par prendre place dans les polices, où il est devenu l'objet d'une stipulation expresse.

Mais, comme il arrive toujours pour les innovations qui n'ont pas encore reçu la sanction du temps, celle-ci contestée au début par plusieurs tribunaux, n'ayant pas de règle bien arrêtée ou uniformément acceptée sur toutes les places de commerce, n'est parvenue qu'à la suite de nombreux tâtonnements, au point où nous la voyons aujourd'hui.

S'il eût été possible, à chaque fois, de représenter l'objet ou du moins une partie de l'objet perdu ou sacrifié, il eût été facile d'établir, d'une manière rigoureusement exacte, la déduction à faire sur le coût de l'objet neuf pris en remplacement. Mais cette représentation étant le plus souvent impossible et n'offrant pas un caractère suffisant de certitude, surtout lorsqu'il s'agit d'accidents déjà anciens et de réparations faites en cours de voyage, dans des pays éloignés, on a dû forcément recourir à des probabilités et à des appréciations tirées de la nature et de la durée présumée des objets remplacés.

C'est ainsi qu'il y a un certain nombre d'années, l'usage à Marseille était, à ce qu'affirme M. Lemonnier (1), de ne faire de déduction que sur les voiles, câbles et cordages considérés comme seuls susceptibles de se détériorer par l'usage.

Cette déduction avait lieu suivant le degré réel de l'usure, quand il était possible de la constater par experts ; à défaut, elle était d'un tiers, non sur le coût justifié des réparations au lieu de la relâche, mais sur celui de la place de Marseille. Quant aux sommes dépensées pour faire une nouvelle carène au navire, comme la durée moyenne de chaque carène était évaluée à cinq années, on en déduisait autant de fois le cinquième qu'il y avait d'années écoulées depuis la dernière carène.

Sur d'autres places, à Bordeaux, par exemple, on déduisait le quart ou le tiers des objets, suivant l'âge et la qualité des navires.

Sur d'autres encore, distinguant, de l'achat des matériaux, le prix de la main d'œuvre et des journées nécessaires pour la mise en place, on ne faisait porter la déduction que sur le coût des matériaux.

Si on considère ces divers modes de déduction, il faut reconnaître tout d'abord que celui

(1) *Comment. des pol. d'Assur.* Art. 11 des anciennes polices de Marseille.

qui consiste à distinguer, de la main d'œuvre, le coût des matériaux, n'est pas fondé en raison, car la valeur d'un objet ne se compose pas seulement de la matière employée et, quel que soit le moment où le capitaine sera tenu de remplacer un objet usé, il est clair qu'il ne pourra le faire sans acquitter, en même temps, et le prix de la main d'œuvre et celui des matériaux.

L'usage adopté sur la place de Marseille, de ne considérer que la valeur de l'objet au port d'armement, est plus conforme à l'ordre des choses. Comme les réparations faites en cours de voyage sont ordinairement d'un prix plus élevé que celles qui se font au lieu du reste, il était juste, cette augmentation provenant d'un événement de mer, de ne pas faire porter la déduction sur la différence.

L'usage qui était également établi sur la même place, de ne pas faire de déduction sur la mâture, semble encore justifié par les faits observés. Il n'est pas rare, en effet, de voir les parties essentielles de la mâture, les bas mâts principalement, survivant au navire lui-même, être employées, après sa démolition, en remplacement sur d'autres navires, et y faire, à peu de chose près, le service d'une mâture neuve.

Cependant, cette diversité d'usages et l'avantage d'avoir un règlement uniforme ayant fini par saisir tous les esprits, on en est venu à adopter partout l'usage, généralement suivi aujourd'hui et confirmé en outre par une clause spéciale des polices, de faire supporter à tous les objets pris en remplacement, quels qu'ils soient, la déduction d'un tiers sur le coût justifié au lieu des réparations ; il n'existe d'exception que pour les ancres et les câbles et chaînes en fer, dont les premières sont exemptes de toute déduction et les autres ne sont soumis qu'à celle de 15 p. 0/0.

Si cette sorte de déduction n'avait pour origine que la clause convenue entre l'assureur et l'assuré, il n'y aurait aucune raison de l'introduire dans les règlements d'avaries communes ; mais comme elle est tirée d'un ordre d'idées qui mérite de recevoir son application, toutes les fois qu'il y a un remplacement à faire, qu'il ait lieu à la suite d'une avarie commune aussi bien que d'une avarie particulière, il ne peut y avoir, quant à ce qui concerne l'objet qui nous occupe, de difficulté sur la déduction en elle-même, mais seulement sur sa quotité.

Il serait dangereux d'adopter le système d'un arrêt de la Cour de Rouen (1) qui, tout en reconnaissant qu'une déduction est due pour la différence du neuf au vieux et en repoussant celle du tiers comme arbitraire, met à la charge des appelés à la contribution, l'obligation d'établir l'existence de l'usure et sa quotité. C'est admettre d'un côté le principe et de l'autre en repousser l'application, comme l'a fait du reste cet arrêt, puisqu'après avoir proclamé, au point de vue de l'équité, la nécessité

(1) 6 Février 1843. *Journal du Palais*, tom. 1 1843, p. 657.

d'une déduction, il a fini par la supprimer en entier du règlement qui lui était soumis.

Il faut donc, en matière d'avaries communes, comme en matière d'avaries particulières, s'en rapporter, à défaut d'un texte ou d'une stipulation que l'on chercherait vainement, à l'usage suivi dans le lieu où se fait le règlement. Or, cette réduction du tiers, que la Cour de Rouen a qualifiée d'arbitraire, n'ayant pour but que d'éviter les difficultés qui pourraient se présenter dans la pratique, il est convenable de l'admettre partout où elle a été sanctionnée par l'usage.

C'est ainsi qu'un arrêt de la Cour de Rennes du 28 mars 1827 a décidé, précisément à propos d'un règlement d'avaries communes, que les experts n'avaient fait que se conformer à un usage général du commerce, en faisant la déduction du tiers pour la différence du neuf au vieux.

Quoi qu'en ait dit, depuis, un arrêt de Cassation du 13 juillet 1829, il est certain que le mode de déduction adopté par la Cour de Rennes a fini par prévaloir sur toutes les places de commerce, et qu'il s'applique, aujourd'hui, aussi bien aux règlements d'avaries communes, qu'à ceux qui ont pour objet de fixer la position de l'assuré à l'égard de l'assureur.

Si, par cas, il se trouvait encore quelques places maritimes où cet usage n'eût pas pénétré et que la déduction du tiers y parut trop rigide, il semble qu'on pourrait y adopter celui anciennement suivi sur la place de Marseille, comme faisant, à tous les intérêts, la part la plus équitable et la plus sagement raisonnée.

§ 3. — DE QUELQUES AUTRES DÉDUCTIONS DONT L'AVARIE DOIT ÊTRE ADMISE A PROFITER.

Les réparations une fois terminées, on est dans l'usage de faire vendre aux enchères publiques les objets hors de service, tels que le vieux cuivre, les mâts remplacés et tous les débris qui ne pouvant être d'aucune utilité à bord y deviendraient une surcharge et un embarras.

Le prix de ces objets doit évidemment tourner au profit de l'avarie, c'est-à-dire qu'il doit être déduit du montant des sommes à répartir.

Il en est de même des excédants de frets auxquels l'avarie peut donner lieu, lorsque le capitaine prend de nouvelles marchandises en remplacement de celles qui ont été vendues ou jetées.

Il est arrivé plusieurs fois que des navires partis de Calcutta avec leur chargement de riz pour la Réunion, après avoir, à la sortie du Gange, éprouvé des avaries graves et jeté des sacs de riz à la mer, ont été obligés de remonter le fleuve et de retourner au lieu du départ, pour s'y faire réparer ; que là, ayant trouvé à utiliser la place restée vide par le jet, les capitaines ont pris à fret d'autres marchandises et les ont transportées à la Réunion, avec le reste de leur chargement. Dans les divers règlements faits en ce dernier lieu, on a toujours déduit, du chiffre de l'avarie, le fret de ces nouvelles marchandises.

Dans l'affaire de la *Bonne Nanette*, que nous avons déjà citée à propos du forcement de voiles (1), le capitaine, ayant vendu la totalité de son chargement pour faire face aux dépenses communes, il y avait la même raison de procéder, car touchant le fret des marchandises vendues, il ne pouvait en recevoir un second et s'avantager ainsi, à son compte particulier, d'un bénéfice qui, prenant sa source dans le dommage commun, devait profiter à tous.

Mais l'affréteur étant demeuré dans l'ignorance de son droit et l'expert chargé du règlement n'ayant pas pris garde à l'emploi qu'il fallait faire de ce fret, l'armement en fut, à tort, laissé en possession.

§ 4. — DE LA MANIÈRE DE CLASSER LA NOURRITURE ET LES LOYERS DES MATELOTS LORSQUE L'AFFRÈTEMENT EST AU MOIS POUR LES UNS ET AU VOYAGE POUR LES AUTRES.

La difficulté vient de ce qu'aux termes de l'article 400 du Code de Commerce, les loyers et la nourriture des matelots qui, pour les affréteurs au mois, sont une avarie commune,

(1) Liv. I, chap. X, p. 108.

deviennent, à l'égard des affréteurs au voyage, une avarie particulière.

Affrété à raison de 6,500 fr. par mois, le *Jacques*, capitaine Théveneau, dont nous avons raconté la relâche à Mahon (1), avait été sous affrété, en partie, à tant le tonneau. La nourriture et les loyers des matelots, pendant la relâche, s'étaient élevés à 5,265 fr. 10 cent.

La nécessité de simplifier le règlement fit établir, pour toutes les marchandises, une contribution uniforme, en comprenant cette somme dans le nombre des avaries à répartir; mais, comme les sous-affréteurs n'y devaient pas prendre part, on termina le travail par un calcul fort simple, destiné à reporter sur l'affréteur principal le surcroît de contribution qui en résultait pour les sous-affréteurs.

Le moyen était facile, il ne s'agissait que de rechercher la quotité du dividende qu'avait donné la somme de 5,265 fr. 10 cent. répartie sur le total du capital contribuable. Ce dividende, retranché de la part contributive de chacun des sous-affréteurs, on trouva, par l'addition, qu'ils avaient été chargés en trop de fr. 1,058 03 cent., qui furent rejetés sur le compte de l'affréteur principal.

(1) Liv. 2, chap. II, p. 196.

§ 5. — DE L'INTÉRÊT MARITIME DES EMPRUNTS A LA GROSSE A LA CHARGE DES AVARIES COMMUNES ET DE QUELQUES PARTICULARITÉS QUI S'Y RATTACHENT.

Lorsque pour payer des dépenses communes, le capitaine a emprunté à la grosse sur son navire et sur les marchandises de son chargement, le porteur du contrat est en droit de mettre opposition, dès l'arrivée, à la délivrance des marchandises affectées au paiement de sa créance.

Cette opposition, toujours préjudiciable aux destinataires de la cargaison, le devient surtout à la Réunion, où l'usage, dans les opérations de riz, étant de débarquer sur plusieurs rades de l'île, au choix de l'affréteur, le porteur du contrat de grosse, dans lequel ce surcroît de risques n'a pas été stipulé, peut exiger que le navire une fois mouillé sur la rade d'arrivée ne puisse lever l'ancre avant d'avoir remboursé le montant de l'emprunt.

Le seul moyen de parer à cette difficulté, quand elle se présente, est que l'avance nécessaire pour éteindre le contrat de grosse soit faite par le capitaine ou par les destinataires de la cargaison, les uns et les autres ayant un intérêt égal au débarquement de la marchandise.

Dans ce cas, il faut porter dans la masse des avaries à répartir, indépendamment de l'intérêt maritime qui a été payé au porteur, les intérêts de terre dus à celui ou à ceux qui ont fait l'avance de la somme nécessaire pour le désintéresser.

Si aucun ne veut ou ne peut faire cette avance, il y a lieu de dresser une sorte de règlement provisoire, à l'effet d'établir, aussi exactement que les circonstances le permettent, la quotité de la somme à débourser par chacun, pour faire face au paiement du contrat de grosse et empêcher la saisie du navire et des marchandises. Les sommes ainsi avancées viennent plus tard en déduction de la part à payer par chaque contribuable, lorsque le règlement définitif a été achevé.

Nous avons déja fait connaître, au chapitre 11, du livre 1er, § 3 (1), que lorsque l'emprunt a été fait pour payer en même temps des dépenses communes et des dépenses particulières, il suffit, après avoir distingué les diverses natures de dépenses, à l'effet de ne porter dans le règlement des avaries communes que celles qui présentent ce dernier caractère, de calculer le profit maritime convenu sur le montant de la somme qu'elles représentent, le surplus devant figurer au compte des avaries particulières.

Il est bien entendu que l'intérêt maritime des sommes empruntées n'est à la charge des marchandises que jusqu'au moment où elles ont été

(1) Page 135.

mises à terre, alors même que le navire ayant, pour le reste de son chargement, une destination ultérieure, l'emprunt aurait été contracté pour toute la durée du voyage.

Un navire que nous avons déjà cité deux fois (1) et sur lequel nous aurons encore à revenir à raison des circonstances particulières qui caractérisent le règlement de ses avaries, le *Jacques*, capitaine Théveneau, nous offre précisément un exemple de ce genre. Le capitaine, tout en stipulant que l'emprunt auquel il avait eu recours, à Mahon, pour le paiement de ses dépenses, ne serait exigible qu'après son arrivée à Singapoore, s'était réservé le droit de se libérer partiellement à la Réunion, où il avait à débarquer une partie de son chargement. Cette libération devant s'opérer par le versement, au porteur de l'acte de grosse, de la contribution que le capitaine aurait à recevoir sur les lieux, il s'agissait, dans le règlement à faire à la Réunion, de déterminer le moment où on arrêterait le profit maritime à la charge des marchandises débarquées.

L'expert chargé du règlement, considérant que les marchandises une fois mises à terre cessaient d'être exposées aux risques de mer, jugea, avec raison, que le profit maritime ne devait plus courir, quant à elles, après leur débarquement. Il est certain, en effet, que si le navire eût péri plus tard, dans le trajet de la Réunion à Singa-

(1) Liv. 2. chap. II, p. 196 et 212.

poore, elles n'eussent pas été libérées par l'événement et que le capital de l'emprunt à la grosse étant acquis, pour la part qui les concernait, à partir de leur débarquement, il y avait lieu d'arrêter, dès le même moment, le profit maritime auquel elles pourraient être tenues.

Cependant, comme il n'était pas juste que le porteur de l'acte de grosse fût privé de l'intérêt de son argent, pendant le temps nécessaire pour établir la contribution qu'il avait consenti à recevoir, l'expert, indépendamment du profit maritime calculé jusqu'au jour du débarquement, comprit, dans le total des sommes à répartir, l'intérêt de terre depuis cette dernière époque jusqu'à la clôture du règlement.

Si le capitaine n'avait pas stipulé cette faculté de se libérer partiellement, le porteur du contrat de grosse, en voyant débarquer à la Réunion une partie du gage qui lui était affecté, eût été en droit de réclamer le remboursement intégral du capital et du profit maritime, sans considération du temps restant à courir pour achever le voyage. Le capitaine eût été alors dans la nécessité de recourir à un nouvel emprunt, pour compléter le paiement de l'acte de grosse, et, faute par lui d'y pourvoir, il eût été tenu des dommages-intérêts envers les destinataires de la Réunion, à raison des poursuites dont leurs marchandises auraient pu être l'objet.

Il s'est pourtant présenté, dans le courant de l'année 1854, une autre espèce dans laquelle, par une raison particulière et tout à fait en dehors de la règle que nous venons d'indiquer, les destinataires des marchandises mises à terre sur un des points intermédiaires du voyage eurent à supporter l'intérêt maritime, jusqu'à l'arrivée du reste du chargement au dernier port de destination.

Le capitaine Garcin, commandant le trois mâts l'*Alfred*, avait chargé à Marseille pour l'île Maurice et pour la Réunion. Des avaries communes éprouvées dans la rade d'Algésiras l'ayant forcé de se rendre à Gibraltar, pour y faire réparer son navire, il y contracta un emprunt à la grosse remboursable à l'île Maurice.

A l'arrivée dans ce dernier port, le consul de France crut devoir ajourner le règlement d'avaries communes qui lui avait été demandé jusqu'à l'établissement de celui qui devait se faire à la Réunion, et, dans le but de faciliter cette dernière opération, il fit procéder à l'estimation des marchandises qui venaient d'être débarquées.

Cependant le capitaine Garcin, ne pouvant continuer son voyage sans payer l'emprunt qu'il avait contracté à Gibraltar, se vit obligé d'en faire un second à l'île Maurice ; mais n'ayant pas touché, par suite de l'ajournement du consul, la contribution qu'il devait y recevoir, il fût dans la nécessité de contracter ce nouvel emprunt pour la totalité de l'emprunt originaire augmenté des intérêts maritimes acquis au prêteur.

A la Réunion, l'expert répartiteur, en établissant

la part des marchandises de l'île Maurice, d'après l'estimation que le consul en avait fait faire, les fit contribuer à l'intérêt maritime de l'emprunt contracté en ce dernier lieu. Bien que ces marchandises fussent désormais exemptes des risques de mer et qu'elles n'eussent pas été comprises dans le dernier emprunt, il y avait, pour les y faire contribuer, une raison particulière et qui manquait à l'espèce précédente ; c'est que l'emprunt de l'île Maurice ayant pour but d'acquitter celui de Gibraltar, qui était la dette commune de tous, aussi bien la leur propre que celle du reste de la cargaison, il n'eût pas été juste de les affranchir des conséquences du seul mode de paiement que l'ajournement prononcé par le consul avait laissé à la disposition du capitaine.

Mais une question qui n'est pas sans intérêt est de rechercher ce qui serait arrivé, si le navire se fût perdu dans le trajet de l'île Maurice à la Réunion ?

Pour répondre à cette question, il faut considérer successivement deux hypothèses, celle ou l'emprunt contracté à Gibraltar aurait servi à solder toutes les dépenses communes, et celle où il n'aurait eu lieu que pour une partie de ces dépenses, le capitaine ayant payé le surplus au moyen de ressources particulières.

Dans la première hypothèse, comme la totalité des avaries aurait été payée par le premier emprunt, que le premier emprunt aurait été soldé par le second et que le second aurait été éteint par la perte du navire, il s'ensuit que, le navire se perdant, il n'y aurait plus rien eu à payer, ni avarie, ni emprunt et que, par conséquent, les marchandises débarquées à l'île Maurice auraient été exemptes de toute contribution et n'auraient eu d'autre charge à acquitter que le fret de leur transport de Marseille au lieu de leur destination.

Si pourtant quelques marchandises ou des débris du navire avaient été sauvés du naufrage, le produit de ces débris et de ces marchandises étant, aux termes de l'article 327 du Code de Commerce, affecté au paiement du dernier emprunt, les sommes dont le porteur de l'acte de grosse eût été appelé à profiter auraient été l'objet d'une contribution entre les effets sauvés et les marchandises débarquées en sûreté à l'île Maurice.

Dans la deuxième hypothèse, comme en dehors des dépenses soldées par les actes de grosse, il y aurait eu un excédant dont la perte du navire n'eût pas quittancé les marchandises, cet excédant eût naturellement fait l'objet d'une contribution, soit entre les marchandises de l'île Maurice, si elle avaient été seules à survivre à la perte du navire, soit entre elles et les effets recueillis du naufrage, dans le cas où il aurait été donné d'en sauver quelques-uns, sauf sur ces derniers, les droits des prêteurs à la grosse dans l'ordre indiqué par l'article 191 du Code de Commerce.

Avec un peu de réflexion, on reconnaîtra que la solution donnée pour chacune de ces hypothèses est la seule conforme aux principes qui ont été exposés jusqu'ici.

DEUXIÈME PARTIE.

DU CAPITAL CONTRIBUABLE.

Après avoir fait une première masse de tous les articles composant l'avarie commune, on en établit une seconde où l'on fait entrer tous les objets qui sont soumis à la contribution.

Pour savoir quels sont ces objets, on n'a qu'à consulter la règle établie au *Digeste*, par suite de laquelle, tout ce qui a profité du jet ou du sacrifice est tenu de prendre part à la perte ou à la dépense commune « *Placuit omnes quorum interfuisset jacturam fieri conferre oportere* » *ff. De Lege rhod. L.* 2. § 2.

Cependant, parmi les objets pouvant se trouver à bord au moment de l'événement et qui ont été évidemment sauvés par la mesure qui y a été prise, il en est plusieurs que des raisons particulières font dispenser de la loi commune et qui sont, par suite, exemptés de toute contribution.

De ce nombre sont:

1° Les munitions de guerre et de bouche ;

2° Les hardes des gens de l'équipage;

3° Les bagages des passagers ;

4° Les loyers des matelots.

Valin fait observer que les munitions de guerre sont nécessaires pour la défense du navire et qu'elles peuvent être, d'un instant à l'autre, employées ou consommées; comme le dit Emérigon, elles forment elles-mêmes la matière et l'instrument du salut commun.

Il en est de même des munitions de bouche ou victuailles qui, étant affectées à la nourriture des personnes qui se trouvent à bord, assurent la conservation de ceux par les soins et à l'aide de qui le navire doit être dirigé et conduit jusqu'au port de destination.

D'ailleurs les munitions de guerre ou de bouche n'étant pas placées dans le navire par un motif de spéculation, mais dans un but d'utilité commune et pour être consommées pendant le voyage, elles rentrent dans l'exception de la loi déjà citée « *nisi si qua consumendi causâ imposita forent.* »

Il suit de là que, si des vins, farines, biscuits et autres objets servant à la nourriture de l'homme sont embarqués dans le navire, non pas pour y être consommés, mais pour être simplement transportés d'un point à un autre, ils reprennent leur qualité de marchandises et sont sujets à contribution, comme le reste.

Tous les auteurs, d'accord en cela avec le texte de la loi romaine, font observer qu'il importe peu que les vivres placés dans le navire appartiennent à l'armement ou aux passagers, pourvu qu'ils n'y aient été mis que dans l'intention de les consommer. La raison donnée par le jurisconsulte romain est que, si les vivres viennent à manquer, chacun peut être tenu de mettre en commun ceux qui lui appartiennent en propre.

La question pourrait souffrir plus de difficultés quant aux bagages des passagers si, en l'absence de tout texte à cet égard, soit dans le Code de Commerce, soit dans l'Ordonnance, elle n'avait été résolue par un usage qui ne s'est jamais démenti.

Il est vrai que la loi romaine faisait contribuer les hardes et les bijoux des passagers, les anneaux et les vêtements, dit le texte. Il est vrai aussi que Pothier et Emérigon, se fondant sur ce texte et sur le silence de l'Ordonnance, déclarent que, si la question était agitée devant les tribunaux, il serait difficile de les exempter.

Mais ces deux auteurs reconnaissent en même temps qu'il n'y avait jamais eu d'exemple qu'on les eût fait contribuer. Or, ce qui était vrai de leur temps l'est à plus forte raison aujourd'hui que l'usage de ne pas faire contribuer cette sorte d'effets, déjà attesté par Cleirac et donné plus tard par Valin comme une règle invariable, a été depuis confirmé par une pratique constante et a reçu ainsi la meilleure des sanctions, celle du temps.

Quant aux loyers des matelots, bien que l'article 419 du Code de Commerce ait négligé de les exempter nommément, ainsi que le faisait l'article XI de l'Ordonnance (1) dont cet article est

(1) Titre du *Jet et de la Contribution*.

sur tout le reste la reproduction littérale, il est certain aujourd'hui comme autrefois qu'ils ne sont soumis à aucune contribution.

Valin en donne deux raisons : la 1re, que c'est par le secours et par le travail des matelots que les effets ont été jetés et que le navire a été sauvé, ainsi que le reste de la cargaison ; la 2me, que les loyers faisant en quelque sorte partie intégrante du fret, qui est destiné à les acquitter, sont implicitement compris dans la contribution à laquelle la moitié du fret est obligée

Nous nous contenterons d'accepter la première de ces raisons, en faisant nos réserves pour la seconde (1), bien que, dans notre pensée, elle ait peut-être été la véritable cause de la suppression opérée dans l'article 419, en ce qui concerne les loyers des gens de l'équipage.

Les exceptions qui précèdent sont absolues. Il en est aussi de relatives ; ainsi, les marchandises embarquées au départ et qui, par leur nature, sont soumises à la contribution, en demeurent exemptes, à raison des sacrifices qui peuvent avoir été faits pour le salut commun, après qu'elles ont cessé d'être dans le navire, quel que soit le motif pour lequel elles en ont été retirées.

Cette exception s'applique aux marchandises jetées ou vendues en cours de voyage et à celles qui sont débarquées sur un point intermédiaire ou que,

(1) Voir le § 2 ci-après.

pendant le trajet, le chargeur prend le parti de retirer, conformément aux articles 293, 296 du Code de Commerce. . .

Il en est de même des objets sacrifiés qui, contribuant aux avaries communes antérieures, sont dispensés de prendre part à celles résultant des mesures prises à bord, après que leur sacrifice a été consommé.

Mais, en dehors de ces diverses exceptions, la règle est que tout ce qui se trouve dans le navire au moment de l'événement et qui est susceptible d'une estimation quelconque, *modo æstimationem recipiat* (1), est tenu de contribuer au dommage et aux dépenses qui ont pour objet le salut commun.

Cette règle comprend les marchandises restées à bord, celles jetées ou vendues à l'occasion de l'événement qui donne lieu à la contribution, le navire, le fret, et les objets dépendant du navire qui ont pu être sacrifiés.

Dans le cas où le navire venant à se perdre, on procède, en conformité de l'article 424, au règlement des avaries communes qui ont eu lieu dans une circonstance antérieure à la perte, on comprend, dans le capital contribuable, les marchandises sauvées et même les débris du navire qui ont été recueillis du naufrage. Ces divers objets, ayant profité du sacrifice qui a été fait pour le salut commun, doivent évidemment concourir à indemniser celui ou ceux au préjudice de qui il a eu lieu.

(1) Duarenus, cité par Emérigon. *Assur.*, chap. XII, sect. 42

La loi romaine, en soumettant à la contribution tout ce qui était susceptible d'estimation, en excluait avec raison les personnes de condition libre, mais y soumettait les esclaves qui, étant considérés comme des choses, constituaient pour le maître une valeur appréciable en argent. Cette distinction entre l'esclave et l'homme libre s'est maintenue et a dû se maintenir dans les colonies jusqu'au décret du Gouvernement Provisoire qui, en 1848, a pour jamais aboli l'institution de l'esclavage.

Mais, en échange des bras que l'émancipation avait eu pour résultat d'enlever à la culture, la métropole, désireuse de reconstituer le travail dans ses colonies, dut bientôt s'occuper des moyens de recruter, d'abord en Afrique et ensuite dans l'Inde, des travailleurs étrangers et de les introduire dans nos possessions d'Outre-mer.

Ces hommes, en vertu d'une législation spéciale, partent du lieu de leur recrutement avec un engagement au profit du spéculateur qui en entreprend l'introduction, engagement qui, à l'arrivée, est cédé à prix d'argent, mais sous la surveillance et la sanction de l'autorité, aux habitants qui se sont fait inscrire et dont les besoins sont justifiés. La loi règle les conditions de travail de ces immigrants, leur nourriture, leurs salaires et les autres soins à donner à leurs personnes, qui sont placées sous la protection immédiate de l'administration. Or, bien que l'esclavage soit aboli, que les travailleurs dont il s'agit, en dehors de l'engagement qui les soumet à un travail régulier, jouissent entièrement de la condition d'hommes libres, il faut reconnaître que, sinon leur personne, du moins le contrat qui les lie d'avance avec celui au profit de qui ils vont travailler et de qui ils recevront leur nourriture et leurs salaires, est, de la part de leur introducteur, l'objet d'une spéculation bien caractérisée.

Cela est si vrai, qu'en cas d'événement de mer, cet introducteur étant menacé de perdre les avances faites au lieu de l'embarquement, les sommes par lui avancées, et qui sont ainsi exposées aux risques de la navigation, sont devenues, sur les places maritimes de France, l'objet d'assurances dont on ne saurait contester la validité.

Il était facile de prévoir qu'à raison du grand nombre de travailleurs immigrants transportés dans chacune de nos principales colonies, on verrait, d'un jour à l'autre, s'élever la question de savoir si, en cas de sacrifices faits pour le salut commun, leur introducteur devait être tenu d'y contribuer?

Cette question a été, en effet, soulevée, devant la Cour de la Réunion, à l'occasion des engagés de la *Sirène*, capitaine Dubois, dont il a été parlé plus haut (1).

Le capitaine ayant formé appel du jugement qui avait refusé d'admettre sa demande en règlement d'avaries communes, par une fausse application de l'art. 425 du Code de commerce, l'affréteur con-

(1) Liv. 2, chap. 1, p. 180.

cluait subsidiairement devant la Cour, comme il l'avait fait en première instance, à ce que, dans le cas où un règlement serait ordonné, on écartât la prétention émise par le capitaine, de faire entrer, dans la composition du capital contribuable, la valeur des contrats d'engagements des travailleurs transportés de Saïgon à la Réunion; il soutenait que, ces travailleurs étant des hommes libres, il y avait lieu de suivre la règle de la loi rhodienne: *Corporum liberorum æstimationem nullam fieri posse*, ff. l. 2. § 2.

On lui répondait qu'il ne s'agissait pas d'estimer le corps ou la personne de ces hommes, mais le prix de cession de leurs engagements, qui était essentiellement estimable à prix d'argent, puisque le bénéfice de cette cession avait été, de la part de l'introducteur, un objet de spéculation; que si le navire se fût abîmé dans les flots, outre la perte de ces travailleurs et celle des gens de l'équipage qu'il eût fallu déplorer au point de vue de l'humanité, il y aurait eu, pour leur introducteur, une perte d'argent que le sacrifice fait à bord lui avait épargnée, sacrifice auquel il était tenu, par suite, de contribuer.

Ce raisonnement ayant été accueilli par la Cour de la Réunion, le règlement fut ordonné dans les termes où il avait été demandé par le capitaine, avec mission à l'expert de comprendre, dans le capital contribuable, la valeur des contrats qui avait fait l'objet principal de la spéculation de l'affréteur.

Après avoir ainsi énuméré les objets qui doivent figurer dans le capital contribuable, il ne reste plus qu'à faire connaître la valeur pour laquelle ils doivent y être comptés.

§ 1. — DE L'ESTIMATION DES MARCHANDISES.

L'article 417 du Code de commerce dispose que les marchandises contribueront à proportion de leur valeur au lieu du déchargement. Cette disposition est fondée sur ce que le sacrifice objet de la contribution ayant eu pour résultat de les faire parvenir sur le marché auquel elles étaient destinées, il est juste qu'elles contribuent à ce sacrifice à proportion de l'avantage qu'elles en ont retiré.

Nous avons vu, pour ce qui est de la masse à répartir, que lorsque leur qualité a été dissimulée dans le connaissement, la loi, jalouse de réprimer la fraude, veut que, si cette qualité a été exagérée, la marchandise ne soit remboursée que d'après sa valeur réelle, que, si au contraire elle a été diminuée, le remboursement ne s'en fasse que sur le pied de la qualité portée au connaissement. La même raison a fait admettre la conséquence inverse, lorsqu'il s'agit, non plus de rembourser la marchandise, mais de la faire contribuer, car, en cas d'exagération, elle contribue d'après la qualité qui en a été indiquée et, en cas d'une indication inférieure, sur le pied de son estimation réelle (1).

(1) Art. 418, Code de Commerce.

Quelle que soit du reste l'estimation qui serve de base à la contribution, ce n'est pas sur le brut, mais sur le net qu'elle doit être établie.

La valeur d'une marchandise, une fois débarquée sur le lieu où elle doit être réalisée, peut-être décomposée en trois éléments distincts :

1° L'achat au lieu de production et les frais faits jusqu'à l'embarquement ;

2° Le fret, les droits acquittés à l'entrée et les frais de débarquement;

3° Le bénéfice à réaliser, qui est l'excédant de la valeur vénale de la marchandise sur le coût des autres éléments réunis.

Dans le cas où la perte du navire entraîne celle de la marchandise, le propriétaire de cette dernière se voit enlever, du même coup, et le bénéfice qu'il en avait espéré et, avec le coût de son acquisition, les frais qu'il avait faits depuis cette acquisition jusqu'au moment de son embarquement; mais il ne perd absolument rien de ce qui concerne le fret, le coût du débarquement, et les droits à l'entrée dont il se trouve, au contraire, dégagé par la perte, le paiement de ces divers frais étant subordonné à l'arrivée de la marchandise sur le marché.

Ainsi, les chargeurs ne courent de risque qu'en ce qui concerne deux des éléments qui constituent le prix de la marchandise embarquée et qui sont, le premier, le coût de l'achat au lieu de production augmenté des frais faits jusqu'à l'embarquement; le second, le profit espéré.

D'ailleurs l'augmentation qu'éprouve la marchandise une fois rendue à sa destination, par la nécessité d'acquitter le troisième élément que nous avons indiqué ci-dessus, c'est-à-dire le fret, les droits d'entrée et le coût du débarquement, n'est pas un avantage réel pour son propriétaire, car, dégagé de l'obligation d'y faire face, si la marchandise se perd, il ne perçoit, en cas d'heureuse arrivée, ce surcroît de valeur, qu'à la condition de l'employer au surcroît de dépenses auquel cette arrivée elle-même a donné lieu; d'où il suit que la marchandise sauvée ne devant contribuer au sacrifice fait dans l'intérêt commun qu'à proportion de l'avantage qu'elle en a retiré, il est juste de déduire, de l'estimation au lieu du reste, les frais qu'elle est tenue d'y acquitter, c'est-à-dire le fret, les droits d'entrée et les frais de débarquement.

Le fret étant d'ordinaire stipulé dans les connaissements, rien n'est si facile que de s'assurer de celui qui a été convenu pour les marchandises appelées à contribuer et d'en déduire le montant sur chaque estimation.

Mais il peut se faire que l'armateur, ayant chargé une partie de son navire à cueillette, en ait ensuite complété, lui-même, le chargement. Dans ce cas, les connaissements relatifs aux marchandises qui lui appartiennent ne portant, d'ordinaire, aucune mention de fret, on prend pour base celui du reste de la cargaison.

Lorqu'au lieu d'être chargé à cueillette, le navire

a été affrété en entier à un chargeur unique, on déduit de l'estimation des marchandises composant le chargement, le fret convenu dans la charte-partie.

Si le fret a été stipulé en bloc pour l'aller et le retour et que l'avarie commune se règle à la suite du voyage d'aller, on se base, pour déterminer la portion du fret qui devra être déduite des marchandises d'entrée, sur les prix ordinaires de l'aller et du retour considérés séparément l'un de l'autre. Si cette détermination n'est pas possible, on partage le fret entre l'aller et le retour.

Enfin, dans le cas où l'affréteur principal a sous-affrété son navire à un prix différent de celui stipulé dans sa charte-partie, on déduit, sur les marchandises des sous-affréteurs, le fret convenu avec eux et, sur les marchandises de l'affréteur principal, celui de sa charte-partie.

Cette manière d'opérer s'applique aussi bien aux marchandises jetées ou vendues pour le salut commun, qu'à celles qui, sauvées par le jet ou par le sacrifice, sont arrivées saines et sauves au port de leur destination. Il est juste, en effet, puisqu'elles sont remboursées à leur propriétaire au prix qu'il en eût retiré si elles fussent arrivées comme les autres, qu'elles soient traitées de la même manière que le reste du chargement.

Il est seulement à remarquer que, contribuant sous la déduction du fret, elles sont au contraire remboursées sans cette déduction.

C'est la même raison qui produit, dans les deux cas, des effets différents, car devant trouver, dans la valeur vénale de sa marchandise, le fret qu'il aura à payer pour le prix de son transport, comme si elle était réellement arrivée à sa destination, il est juste que le propriétaire remboursé de celle qui a été jetée ou vendue en reçoive le prix sans diminution, comme il est juste aussi, lorsqu'il est appelé à contribuer à raison de la même marchandise, que sa contribution ne porte pas sur le fret, puisque le recevant d'une main il le paie de l'autre et n'en recueille ainsi aucun avantage.

Si au lieu d'arriver saine, la marchandise éprouve en route des avaries, elle ne contribue, quelle que soit la cause de sa détérioration, que dans l'état où elle s'est trouvée au moment de l'arrivée, car elle ne doit participer à l'avarie commune qu'à proportion de l'avantage qu'elle en a retiré.

Cependant, si la détérioration provenait d'un dommage occasionné par le jet, comme ce dommage donnerait lieu, lui-même, à une répartition, il faudrait ajouter à l'estimation de la marchandise avariée la portion qui lui serait restituée par l'avarie commune. La raison en est la même qu'en cas de vente ou de jet, chaque marchandise devant contribuer à sa propre avarie ou à sa perte, à proportion de ce dont elle se trouve indemnisée par l'effet de la contribution.

Il faut dire la même chose des marchandises

placées dans des allèges, pour permettre au navire d'entrer dans un port de refuge et qui, pendant le trajet du navire au rivage, viennent à se perdre ou à être seulement détériorées. Comme l'un ou l'autre cas constitue une avarie commune, elles doivent contribuer, si elles périssent, de la même manière que les marchandises jetées et, si elles sont avariées, sur leur valeur à l'arrivée augmentée de la part qu'elles ont à toucher dans la contribution.

§ 2. — DE LA CONTRIBUTION ÉTABLIE SUR LA MOITIÉ DU NAVIRE ET DU FRET.

Si, dans un danger commun, le chargeur est menacé de perdre sa marchandise, de son côté le propriétaire du navire court un double risque, celui de son navire et celui du fret qui y est attaché.

Il semble donc, en se reportant au principe posé plus haut, à savoir: Que tout ce qui a profité du sacrifice est tenu d'y contribuer, *Omnes quorum interfuit conferre oportere*, que, si le chargeur contribue pour sa marchandise, le propriétaire du navire doit contribuer doublement, d'abord pour son navire et ensuite pour son fret.

Cependant les articles 401 et 417 du Code de Commerce disposent, comme l'avait fait avant eux l'Ordonnance de 1681, que le navire et le fret ne contribuent ensemble que pour la moitié de leur valeur.

Avant d'examiner la raison qui en a été donnée par Valin et par les auteurs qui l'ont suivi, il n'est pas inutile de remonter aux textes anciens et de faire voir par quelle succession d'idées on a pu arriver, en ce qui concerne le navire et le fret, au mode de contribution transmis par l'Ordonnance à notre Code de Commerce.

Le *Digeste* (1) ne parle que du navire; il est donc à présumer que, sous la loi romaine, le navire seul était appelé à contribuer.

D'après les Jugements d'Oléron et les Ordonnances de Wisbuy (2), la contribution se faisait ou sur le navire ou sur le fret, jamais sur les deux réunis. On était tenu de choisir, avec cette différence essentielle que les Jugements d'Oléron donnaient le choix au maître et les Ordonnances de Wisbuy, au marchand.

Le Consulat de la Mer offrait un mode de contribution plus compliqué. Le navire et le fret contribuaient tous deux ensemble, le navire pour la moitié de sa valeur, le fret pour la totalité; mais il était permis au maître de s'affranchir de cette dernière contribution, en abandonnant le fret des marchandises jetées. Cet abandon était considéré, en ce qui concernait le fret revenant au navire, comme une contribution suffisante (3).

(1) Lege Rhod. de jactu, ff. 1, 2. § 2.
(2) Voir Valin sur l'*Art. VII, de la Contribution et du Jet*
(3) *Consulat de la mer*, chap. LXXXXV-LXXXXVI-LXXXXVIII.

Enfin, le commerce de Marseille avait, à ce qu'il paraît, un usage particulier et qui tenait à la fois des diverses pratiques suivies sur les autres places de commerce. Emérigon (1) nous apprend, sur la foi de Cleirac, que le maître était libre de contribuer à son choix sur la moitié de son navire ou sur la totalité de son fret. Il avait donc la faculté, en abandonnant son fret entier, de s'exonérer de toute contribution.

Il serait difficile de dire comment on en était venu, de toutes parts, à des conséquences si différentes.

Un point pourtant semblait avoir été également admis dès le principe, c'est que le navire et le fret ne devaient pas contribuer cumulativement, mais seulement à défaut l'un de l'autre. Le Consulat seul avait fait infraction à cette règle, mais on a vu avec quels tempéraments, le navire ne contribuant jamais que pour la moitié de sa valeur et le maître pouvant s'exonérer, quant au fret, par l'abandon de celui qui lui était dû par les marchandises jetées.

L'Ordonnance et le Code qui l'a suivi, n'ont fait, comme le dit Valin, que *prendre le milieu* entre ces divers systèmes, en faisant contribuer à la fois le navire et le fret, mais en ne les soumettant, l'un et l'autre, à cette contribution que pour la moitié de leur valeur.

Dire que l'on avait pris un moyen terme n'était pas donner une raison suffisante ; il en fallait une

(1) *Assurances*, chap. XII, sect. 42, § 12.

autre. Valin s'est chargé de la présenter, et c'est celle qui, accueillie successivement par Pothier et Emérigon, a été reproduite par tous les auteurs qui ont traité du droit maritime jusqu'à ces derniers temps, où elle est devenue un sujet de doute et d'examen.

Suivant Valin (1), le fret n'est que « le remplacement de ce que le navire est censé avoir perdu « de sa valeur pour le gagner, » il explique sa proposition en disant que le fret n'est jamais produit qu'aux dépens des propriétaires du navire sur qui pèsent l'achat des victuailles consommées, les loyers des matelots, l'intérêt de la mise hors et la dépréciation résultant de l'usure et du dépérissement.

Émérigon (2) reproduit la même idée. Si le navire et le fret contribuaient pour la totalité, le capitaine supporterait une double charge, à cause des victuailles consommées, des avances, des salaires et autres frais. Tout cela, selon lui, doit être déduit.

Pothier (3) pose en principe que le navire et le fret, doivent contribuer également, parce que l'un et l'autre ont été sauvés par le jet ; mais il ajoute que ce serait un double emploi de les faire contribuer pour la totalité. Les motifs qu'il en donne sont les mêmes que ceux que nous venons de voir : le fret n'est dû qu'à cause du navire, le fret sert à

(1) *Comment. sur l'Art. VII, du Jet et de la Contribution.*
(2) *Loc. cit.* Chap. XII, sect. 42, § 12.
(3) *Avaries*, n° 119.

remplacer ce que le navire perd de sa valeur pendant le voyage, le fret enfin est, pour le propriétaire du navire, une juste compensation des frais qu'il est tenu de faire.

C'est par des raisons semblables que Pardessus et Boulay-Paty ont expliqué à leur tour les dispositions des articles 401 et 417.

M. Frémery (1) a été un des premiers à s'écarter de cette donnée. Selon lui, si, dans l'origine, on a voulu que le navire ne contribuât que pour la moitié de sa valeur, c'est par une faveur particulière accordée au capitaine, en considération de ce qu'il expose, dans le voyage, son temps, sa santé et sa personne. Ce sont, en effet, à peu de chose près, les expressions dont se sert Cleirac, rapportées par Emérigon, lorsqu'à propos de l'usage qui aurait existé autrefois sur la place de Marseille, de ne faire contribuer le patron que sur la moitié de *la nef* ou sur son *nolis*, il donne pour unique raison que « le patron a perdu assez, quand il aura consommé « sa personne, son temps et les dépens qu'il aura « faits. »

Il est possible, nous n'en disconvenons pas, que cette dernière considération soit entrée pour quelque chose dans les divers modes de contribution adoptés pour le navire et pour le fret, et qui tendent tous, il faut le reconnaître, à une sorte d'immunité relative ; mais on ne peut guère disconvenir, d'un

(1) N° 241 et suivants

autre côté, que les considérations empruntées à la nature du fret, qui n'est qu'une sorte d'accessoire du navire, à l'usure que ce dernier subit pendant le voyage et aux dépenses que le fret est destiné à couvrir, avant de représenter un bénéfice pour le capitaine ou pour l'armateur, n'aient eu une notable part, et probablement la principale part, dans les tempéraments apportés à la contribution du navire et à celle du fret.

Du reste, quels que soient les motifs des usages anciennement établis sur ce point, quelque plausibles que ces motifs aient pu paraître dans d'autres temps, il faut reconnaître qu'ils sont plus propres aujourd'hui à expliquer la présence dans notre Code des articles 401 et 417, qu'à en justifier les dispositions.

Si le capitaine donne son temps et expose sa personne, comme le font du reste les gens de l'équipage qui servent sous ses ordres, c'est en vue du salaire et des autres avantages qu'il a pu stipuler avec son armateur. Se prévaloir de ses services ou si l'on veut de son dévouement pour exonérer une partie du navire ou du fret serait donc un non sens, car l'avantage en reviendrait non à l'auteur du service mais à celui qui en aurait profité.

Il est vrai, sous un autre point de vue, qu'un navire ne peut voyager sans éprouver une certaine dépréciation par l'effet de l'usure et du dépérissement; mais outre que cette dépréciation ne saurait être de moitié à chaque voyage, cette raison, qui pouvait être d'une certaine force du temps de l'Ordonnance, alors qu'au témoignage de Valin, le navire contribuait sur le pied de sa valeur au moment du départ, est devenue sans portée aujourd'hui qu'aux termes de l'article 417 le navire ne contribue plus qu'à proportion de sa valeur au lieu du déchargement, c'est-à-dire dans l'état d'usure et de dépréciation auquel il a pu être réduit par le voyage (1).

Quant au fret, il est certain que le bénéfice n'en peut être compté qu'après déduction des avances faites au matelot, de leurs salaires et des victuailles consommées ; mais il en est de même pour la marchandise dont il faut déduire, pour estimer le bénéfice revenant à son propriétaire, le prix d'achat, le transport et les autres frais faits jusqu'au lieu du marché.

Nous avons vu pourtant que la marchandise ne contribue pas exclusivement sur le bénéfice que celui à qui elle appartient peut en retirer, mais sur sa valeur vénale, déduction faite du fret, des droits d'entrée et des frais de débarquement. La raison de cette déduction est que ces derniers frais n'étant que la conséquence de l'arrivée, le propriétaire, en cas de sinistre, ne court pas le risque de les perdre avec sa marchandise, tandis que si un événement fâcheux se réalise, le prix d'achat de la marchandise et les frais faits pour la conduire à bord étant perdus

(1) C'est ce qu'a très bien fait observer M. Frignet. Tom. II. p. 20. *Traité des avaries.*

pour lui, puisqu'il en a déjà fait l'avance, il est juste que cette partie du prix contribue au sacrifice qui lui permet de s'en récupérer par l'arrivée de la marchandise au lieu où elle doit être vendue.

En un mot, il n'y a que ce qui est en risque qui contribue, parce qu'il n'y a que ce qui est en risque qui soit véritablement sauvé.

En appliquant ce principe au fret, on voit que si, en cas d'accident, l'armateur ne court pas le risque de perdre les loyers de l'équipage et les frais d'entrée qui sont la conséquence de l'arrivée au port de destination, il est certainement condamné à perdre les dépenses déjà faites, telles que les avances aux matelots et les victuailles embarquées au départ, d'où il suit que ces avances et ces victuailles ayant couru le risque d'être perdues pour lui devraient contribuer, comme partie intégrante du fret, au sacrifice qui, en préservant le navire, a également préservé le fret ; ce qui nous conduit logiquement à cette proposition : que si l'on ne déduit de la valeur de la marchandise appelée à contribuer que le fret, les droits d'entrée et les frais de débarquement, on devrait, par la même raison, en faisant contribuer le fret en totalité, n'en déduire que les loyers de l'équipage dus à l'arrivée et les frais d'entrée dans le port.

Il nous semble donc, par ce qui précède, que les articles 401 et 417 ne sont qu'un emprunt fort peu raisonné fait à l'Ordonnance de 1681 et que, pour rétablir entre les propriétaire du navire et ceux du chargement, une contribution parfaitement équitable, il faudrait faire, pour le navire et pour le fret, ce qui se fait pour la marchandise, c'est-à-dire les faire contribuer l'un et l'autre en totalité.

En attendant qu'une réforme s'opère sur ce point, si tant est qu'une réforme s'opère jamais, l'article 417 est trop précis pour admettre d'autre discussion que celle relative à son opportunité. Il n'est donc pas permis, sous l'empire de notre législation, de faire contribuer le navire et le fret autrement que sur la moitié de leurs valeurs respectives, le navire étant estimé dans son état au moment de l'arrivée.

Mais cette estimation et l'établissement du fret sujet à contribution n'étant pas sans présenter quelques particularités dignes de remarque, nous en ferons l'objet des deux paragaphes qui suivent.

§ 3. — DE L'ESTIMATION DU NAVIRE.

Il n'y a pas d'article si précis qu'il ne puisse donner lieu à contestation. L'article 417 en est un exemple. La Cour de Bordeaux a décidé, le 20 mai 1833, que dans un règlement d'avaries communes, l'estimation du navire devait être faite, non sur le pied de sa valeur au lieu de l'arrivée, mais sur celle indiquée dans la police d'assurance.

Il est vrai qu'il s'agissait d'un règlement d'avaries communes entre l'assuré et l'assureur, mais cette circonstance est indifférente au sujet qui nous occupe ; elle n'est d'ailleurs entrée pour rien dans les considérants de l'arrêt ; la Cour s'est uniquement fondée sur ce que l'article 417 n'étant applicable qu'au cas de jet, on n'était pas tenu, lorsqu'il s'agissait de toute autre avarie commune, de s'astreindre au mode d'estimation indiqué par cet article.

Cette argumentation ne s'appuie, comme on le voit, que sur l'ordre vicieux de notre Code de commerce, qui, après avoir traité, dans le titre XI, des divers cas d'avaries communes, semble avoir voulu rejeter dans le titre suivant tout ce qui est spécial au cas particulier du jet. Mais il est fort probable qu'elle n'a été inspirée à ses auteurs que par un passage de Valin dont ils ne se sont pas suffisamment rendu compte.

Valin enseigne. dans son *Commentaire sur l'article* 7, au titre du Jet et de la Contribution, que s'il y a une police d'assurance, l'estimation qui y est faite doit servir de règle, qu'à défaut il faut évaluer le navire *au temps du départ*. On comprend, en effet, qu'alors qu'on prenait, pour l'évaluation à faire du navire, l'époque inverse de celle qui a été adoptée plus tard par notre Code de commerce, on ait été dans l'usage de recourir tout d'abord à l'estimation des polices, puisque cette estimation procédant du propriétaire lui-même, il était fondé moins que personne à en constester la sincérité.

Mais aujourd'hui que le Code a substitué à la valeur du départ celle de l'arrivée, ce serait aller directement contre le système adopté, que de vouloir prendre pour base l'estimation des polices, qui est la valeur présumée du navire au moment du départ.

Il n'est pas à supposer, malgré la comparaison qu'on a essayé de faire des articles 401 et 402 mis en regard de l'article 417, que la loi ait voulu établir un mode de contribution différent pour le jet et pour les autres espèces d'avaries communes ; car quelle que soit la cause d'où elle procède, l'avarie étant la même par sa nature, doit entraîner nécessairement les mêmes conséquences.

Enfin, comme nous l'avons fait observer, le règlement d'avaries communes se fait entre les marchandises d'un côté et de l'autre le fret et le navire, sans qu'il y ait à s'occuper de la question de savoir s'il y a eu ou non des assurances faites sur le navire ou sur la cargaison. Une fois la quotité de la contribution établie pour les armateurs et pour les propriétaires de la marchandise, les uns et les autres peuvent, s'ils sont assurés, recourir contre leurs assureurs et régler avec eux, conformément aux principes de l'assurance et aux clauses de leurs polices ; mais la considération de ce règlement par ticulier et ultérieur ne saurait influer en rien sur celui qui doit être fait tout d'abord, à l'occasion des avaries communes éprouvées pendant le voyage, entre le navire, le fret et la cargaison.

Lorsqu'après des sacrifices volontaires dans sa mâture, ses voiles et son gréement, le navire aborde au port de destination, sans que ces avaries aient été réparées, on l'estime dans l'état où il se trouve au moment de l'arrivée, et c'est sur la moitié de sa valeur ainsi réduite par les avaries dont il a été atteint que s'établit sa contribution.

Mais le résultat de cette contribution étant de l'indemniser de la perte qu'il a subie, n'est-il pas naturel d'y faire participer le montant des réparations admises en avaries communes? N'y a-t-il pas, pour ces réparations, la même raison de décider que pour les marchandises jetées qui contribuent elles-mêmes au remboursement dont elles deviennent l'objet.

La Cour de Caen a, le 20 novembre 1828, décidé la négative. A la Réunion, deux décisions avaient déjà été rendues dans le même sens, lorsqu'un navire, *Le Grand-Duquesne*, capitaine Olivier, y étant arrivé en état d'avaries, le Tribunal de Saint-Denis, saisi d'une demande en règlement d'avaries communes, jugea, le 15 juillet 1844, qu'en outre de la moitié du navire et du fret, l'armement aurait encore à contribuer sur la moitié des réparations admises en avaries communes. Ce n'était, comme on le voit, qu'une demi satisfaction. Ce jugement fut confirmé sur l'appel, mais il est juste de dire que la question n'avait pas été débattue devant la Cour, les appelants ayant supposé par erreur que le premier juge avait ordonné de faire entrer en contribution la totalité des réparations.

Toutefois, ce jugement et cet arrêt n'étaient pas sans précédent. Déjà en 1843, la Cour de Rouen (1)

(1) Rouen, 6 fév. 1843. *Journal du Palais*, t. 1 1843, p. 658.

avait jugé que les objets remboursés par l'avarie devaient participer à la contribution, mais seulement comme partie intégrante du navire, ce qui aboutissait à ne les faire contribuer que pour la moitié de la dépense à laquelle ils avaient donné lieu.

Ces diverses décisions sont inadmissibles, les premières, comme ne donnant rien, les autres, comme ne donnant pas assez; l'assimilation entre les marchandises jetées et les objets sacrifiés est évidente; la restitution qui leur est faite par ceux au profit de qui le jet ou le sacrifice a eu lieu entraîne, pour eux, l'obligation de prendre part à cette restitution, car autrement ils seraient seuls exempts de la perte commune.

Mais, ce n'est pas et ce ne peut être comme partie intégrante du navire que les objets sacrifiés sont appelés à contribuer, car, d'après l'article 417, le navire ne contribue que dans l'état où il se trouve après le sinistre; ce n'est donc que par la même raison et de la même manière que les marchandises jetées, c'est-à-dire, à part du navire et, s'il est permis de s'exprimer ainsi, individuellement.

C'est dans ce sens que la Cour de Cassation l'a entendu lorsque, dans l'examen du projet du Code de commerce, elle proposait un modèle de règlement qui mérite de servir, comme il a depuis servi, de type à tous les autres, règlement dans lequel elle faisait figurer au nombre des objets sujets à contribution, en outre de la moitié du navire et du fret, la totalité des avaries communes à rembourser au navire, lesquelles s'élevaient ensemble au chiffre supposé de 4,500 fr. (1).

Mais il peut se faire, et c'est même un des cas les plus fréquents, que le navire, ayant relâché pour faire ses réparations, arrive au lieu du reste dans l'état où il se trouvait avant l'avarie. Si on se contentait, dans ce cas, de l'estimer sur le pied de sa valeur au moment de l'arrivée, il en résulterait que, conformément aux arrêts déjà cités des Cours de Rouen et de la Réunion, ses réparations étant comprises dans l'estimation, comme partie intégrante du navire, ne contribueraient que pour la moitié de la valeur qu'elles auraient ajoutée au navire réparé.

Ce serait méconnaître la règle donnée par la Cour de Cassation dans son modèle de règlement et établir deux modes de contribution différents, suivant que le navire serait arrivé, réparé ou non réparé, au lieu de destination. L'observation exacte des principes et la nécessité de suivre une règle uniforme exigent donc, dans le cas où les réparations ont été faites en cours de voyage, qu'après avoir estimé le navire dans l'état où il se trouve à l'arrivée, on en déduise le coût des réparations dont il a été l'objet, pour le faire contribuer à part et sur la totalité de la somme qu'elles représentent.

(1) Voir le modèle de règlement rapporté par B. Paty, tom. IV, p. 574, Voir également Pardessus, tom. III, n° 748.

§ 1. — DU FRET SUR LEQUEL DOIT PORTER LA CONTRIBUTION.

Nous avons vu que la marchandise qui paie le fret à l'arrivée ne contribue pas à son sujet, parce que ce n'est pas elle qui est en danger de le perdre, mais l'armement qui seul profite de ce qu'il a été sauvé. Voilà pour quoi le fret, qui, dans la masse contribuable, est éliminé de la valeur des marchandises sujettes à contribution, se trouve, au contraire, concourir, avec la valeur du navire, pour déterminer la somme à raison de laquelle l'armement est tenu de contribuer.

Il n'est pas besoin de dire qu'il faut comprendre, dans la contribution à la charge de ce dernier, non seulement le fret des marchandises sauvées, mais encore celui des marchandises jetées ou vendues, puisque l'armement est également payé de l'un et de l'autre, lorsque le navire arrive à sa destination.

Il peut se faire, dans le cas d'un affrètement principal, que le capitaine étant tenu de souscrire les connaissements qui lui sont présentés par l'affréteur, il existe une différence entre le fret porté dans ces connaissements et celui stipulé dans la charte-partie. Cela se présente la plupart du temps, lorsque l'affréteur, ayant loué le navire par spéculation, le sous-loue à d'autres en totalité ou en partie.

Ce n'est pas, alors, sur le fret porté aux connaissements, dont il ne profite pas, mais sur celui convenu dans la charte-partie que l'armement devra contribuer.

Quant à l'affréteur principal, il se peut que sa spéculation soit bonne ou mauvaise, c'est-à-dire que le fret étant sujet à varier suivant le plus ou moins d'abondance des navires, il lui arrive de sous-louer à un prix supérieur à celui de sa charte-partie ou qu'il soit condamné à ne toucher de ses sous-affréteurs qu'un fret inférieur à celui qu'il est lui-même tenu d'acquitter.

Quand le prix du fret porté aux connaissements est inférieur à celui de la charte-partie, on n'a rien à lui demander, puisqu'il est en perte; mais, lorsqu'il est supérieur, la différence constituant un bénéfice à son profit, il est juste qu'en cas d'avarie commune, il contribue, pour cette différence, au jet ou au sacrifice qui lui aura conservé le bénéfice du sous-affrétement.

Mais ce bénéfice étant étranger à l'armement et, par conséquent, en dehors des considérations qui ont fait admettre le navire et le fret à ne contribuer ensemble que pour la moitié de leur valeur, il s'en suit que la contribution, mise pour cet objet, à la charge de l'affréteur principal, devra porter non sur la moitié mais sur la totalité de la différence de fret dont l'avarie commune l'aura mis à même de profiter.

Il arrive parfois que le fret est stipulé pour

l'aller et le retour, avec condition qu'il ne sera payé qu'après le retour du navire au lieu du départ. Si une résolution est prise à bord pendant la traversée d'aller et qu'il en résulte une avarie commune à répartir, il faut évidemment, pour la contribution à établir, évaluer, sur la totalité du fret convenu, la part afférant à l'aller et celle qui devra être attribuée au retour.

Lorsqu'il s'agit de voyages pour lesquels il y a une sorte de fret usité, rien n'est si facile que d'établir cette distinction; à défaut, il semble qu'il n'y a rien de mieux à faire que de partager le fret entre l'aller et le retour. William Benecke (1) cite une décision du Banc du roi, à Londres, qui, dans un cas semblable, avait refusé de distinguer le fret d'aller du fret de retour; il condamne, avec raison, cette décision comme ayant pour résultat de créer, entre les marchandises et le fret, une inégalité au préjudice de ce dernier (2).

Un navire faisant échelle sur plusieurs points différents peut prendre du fret pour chacun d'eux. Si avant l'accident qui a donné lieu à l'avarie

(1) Tom. II, traduct. de Debernard, p. 165.

(2) En effet, le Banc du roi ayant fait contribuer la totalité du fret aux avaries communes de l'aller, sous le prétexte qu'il avait été sauvé en entier, il en résulte que s'il y avait eu, au retour de nouvelles avaries communes, le fret eût été obligé de contribuer deux fois: d'abord aux avaries communes de l'aller, et ensuite à celles du retour, tandis que la marchandise n'eût contribué qu'une seule fois, celle d'entrée, aux avaries communes de l'aller, et celle de sortie, aux avaries communes éprouvées pendant la traversée du retour.

commune, des marchandises ont été ainsi débarquées sur un des points convenus, le fret relatif à ces marchandises ne sera pas tenu de contribuer avec le navire, puis qu'ayant été acquis par le fait du débarquement, il a cessé de courir les risques de la navigation.

Il en serait autrement, si le capitaine, l'ayant touché en argent, l'avait employé à l'acquisition de marchandises chargées à bord en remplacement de celles debarquées, ou si, sans l'employer à des acquisitions nouvelles, il l'avait chargé en nature, pour le transporter au lieu de sa destination définitive.

Il continuerait alors à contribuer, non plus à titre de fret; mais, dans le premier cas, comme marchandise; dans le second, comme argent mis à bord, c'est-à-dire que, s'il survenait postérieurement quelque accident de nature à être classé en avarie commune, il serait tenu de contribuer sur la totalité de la somme ou de la marchandise sauvée.

TROISIÈME PARTIE.

DE LA RÉPARTITION.

—

Après avoir établi le chiffre de la masse à répartir et celui du capital contribuable, il n'y a plus, en les comparant l'un avec l'autre, qu'à rechercher, au moyen d'une règle de proportion, le taux ou la quotité qui servira de base à la répartition de l'avarie entre les divers intéressés.

En supposant que le chiffre de l'avarie soit de 20,000 fr. et celui du capital contribuable de 200,000 fr., on établira la proportion de la manière suivante :

$$200{,}000 : 20{,}000 :: 100 : x$$

Ce qui, en multipliant les deux termes moyens l'un par l'autre, donne un produit de 2,000,000, qui, divisé par le terme connu, qui est 200,000 fr., donne, pour dernier résultat, la valeur de x, soit 10 fr. par chaque 100 francs.

Le dividende de la contribution ainsi établi, on n'a plus, pour avoir la part contributive de chacun, qu'à la calculer sur les diverses sommes qui sont appelées à contribuer.

Ainsi, dans la supposition qui vient d'être faite d'une avarie de 20,000 fr. à repartir sur un capital contribuable de 200,000, ce qui représente un dividende ou une quotité proportionnelle de 10 p. %, si l'on admet que le total de la marchandise s'est élevé à 140,000 fr. et que la moitié du navire et du fret représentent ensemble 60,000 fr., on aura :

Pour la 1/2 du navire et du fret.....	60,000	à 10 % F.	6,000
Pour les marchandises..........	140,000	» »	14,000
Sommes égales..	200,000		20,000

Comme on le voit, l'opération serait des plus simples, si la totalité du chargement appartenait à un seul. Mais, comme il arrive le plus souvent que les marchandises comprises dans le capital contribuable sont la propriété de divers, il faut répéter le calcul autant de fois qu'il y a de parties intéressées, en ayant égard à la somme sur laquelle chacune d'elles est tenue de contribuer.

En supposant donc que les 140,000 fr., valeur entière de la cargaison, se divisent de la manière suivante :

Marchandises	de Pierre..........	F. 45,000
»	de Paul...........	35,000
»	de Jacques.........	28,000
»	d'Etienne..........	23,000
»	d'Antoine..........	9,000
		F. 140,000

On aura la répartition suivante :

½ du navire et du fret.	F. 60,000	à 10 %	F. 6,000
Marchandises de Pierre...	45,000	»	4,500
» de Paul....	35,000	»	3,500
» de Jacques..	28,000	»	2,800
» d'Etienne...	23,000	»	2,300
» d'Antoine ..	9,000	»	900
	F. 200,000	sommes égales	F. 20,000

Mais il arrive souvent que le nombre des chargeurs est beaucoup plus considérable. Nous avons, en outre, pour rendre l'exemple plus facile à suivre, opéré sur des nombres qui peuvent être calculés à la seule vue et sans le secours de la plume ; or, le plus ordinairement, les diverses valeurs figurant dans le capital contribuable présentent, de même que le chiffre des avaries à repartir, des fractions dont il faut tenir compte ; le dividende cherché offre aussi, le plus souvent, des fractions de même nature que, pour arriver à une exactitude complète, on serait dans la nécessité de pousser fort loin, mais que l'on se contente de réduire à trois ou quatre décimales au plus.

Ces circonstances ne changent pas la nature de l'opération ; elles peuvent seulement en multiplier les détails et en augmenter les difficultés.

Souvent, la répartition achevée, on fait un décompte particulier pour le capitaine et pour ceux des contribuables qui, pour cause de jet ou pour toute autre cause, ont, par le résultat du règlement, une somme quelconque à recevoir.

Ainsi, en reproduisant l'exemple sur lequel nous avons déjà opéré, nous pouvons supposer que le chiffre de 20,000 fr., qui a été admis en avaries communes, se décompose comme suit :

Montant des objets appartenant au navire et sacrifiés	12,000
Marchandises de Paul jetées à la mer	5,000
» de Jacques jetées à la mer	2,000
Frais du règlement	1,000
	F. 20,000

Les décomptes de Paul, de Jacques et du Capitaine pourront être établis de la manière suivante :

Décompte de Paul

Il a à toucher pour le jet de ses marchandises	F. 5,000
A déduire : le fret des marchandises jetées.	300
Il lui revient...	F. 4,700
Mais il a à payer le montant de sa contribution	3,500
Paul aura à recevoir...	F. 1,200

Décompte de Jacques

Il a à payer le montant de sa contribution		F. 2,800
Il a à toucher le prix de ses marchandises jetées	F. 2,000	
A déduire le fret	250	1,750
Jacques aura à payer...		F. 1,050

Décompte du Capitaine

Il a à recevoir :

1° pour le montant des objets sacrifiés.		F.	12,000
2° pour le fret des marchandises jetées, savoir :			
de Paul.	F. 300		
de Jacques.	250		550
		F.	12,550
A déduire : montant de la contribution sur la 1/2 du navire et du fret.			6,000
Il lui revient net. .		F.	6,550

Il touchera de Pierre.	F.	4,500
» de Jacques.		1,050
» d'Etienne.		2,300
» d'Antoine.		900
	F.	8,750

Il a à payer à lui-même.	F.	6,550
» à Paul.		1,200
» frais du règlement.		1,000
Somme égale à celle qu'il a à toucher. .	F.	8,750

CHAPITRE III.

DE LA NATURE DE L'ACTION EN CONTRIBUTION ET DE CEUX A QUI ELLE APPARTIENT.

—

§ 1. — DE LA NATURE DE L'ACTION EN CONTRIBUTION.

Emérigon enseigne que l'action en contribution est réelle de sa nature. Il cite, à l'appui de sa proposition, un passage de Casaregis, d'après lequel cette action ne serait pas proprement réelle, mais une de ces actions mixtes qui étaient appelées autrefois *in rem scriptæ*. « *Actio ad petendam contributionem*, dit Casaregis, *est in rem scripta* (1).

Cette confusion entre deux actions si dissemblables par leur nature et par leurs effets a droit de surprendre chez un auteur tel qu'Emérigon.

L'action *in rem scripta* est celle qui naît d'une obligation personnelle à laquelle la chose qui en fait l'objet est affectée, tandis que l'action réelle s'attache uniquement à la chose et la suit entre les mains de tous ceux qui la possèdent. Ainsi, dans l'action réelle proprement dite, c'est la chose qui est obligée, sans acception de la personne ; dans

(1) Emérigon. *Assurances*, chap. XII, sect. 43, § 1.

l'action *in rem scripta*, c'est tout à la fois et la chose et la personne (1).

Appliquant ces définitions à deux actions essentiellement différentes, selon nous, l'action en paiement de fret et l'action en contribution, nous dirons que la première est *in rem scripta* et que la seconde est réelle.

En effet, dans l'action en paiement de fret, le capitaine ou l'armateur, en outre de son droit sur la marchandise transportée, a encore une action personnelle contre le chargeur.

Il suit de là que si la marchandise vient à se détériorer pendant la traversée au point de ne plus valoir même le fret, le chargeur ou le consignataire qui le représente à l'arrivée n'ont pas le droit de l'abandonner pour s'exonérer du fret; il s'en suit également que, si la personne désignée au connaissement ayant refusé de la prendre, le capitaine, qui la fait vendre en paiement de son fret, demeure impayé d'une partie, il a le droit, au retour, de réclamer la différence au chargeur, car ce dernier est engagé non seulement à raison de l'objet qu'il a mis à bord, mais encore en vertu du connaissement qu'il a souscrit (2).

Il n'y a qu'un cas ou le chargeur peut être dégagé; c'est celui où le capitaine ayant remis la marchan-

(1) L'erreur doit être imputée surtout à Casaregis qui, après avoir qualifié l'action en contribution de *in rem scripta*, ajoute que si les marchandises sauvées viennent ensuite à périr, leur propriétaire est libre « *Si res salva postea pereant, domini mercium liberationem consequuntur.* » Emérigon, *loc. cit.*

(2) Art. 305. Code de Commerce.

dise au destinataire, celui-ci devient insolvable avant d'avoir acquitté le fret; car si le chargeur demeure obligé en vertu du connaissement, le capitaine le devient à son tour envers lui comme mandataire et comme ayant négligé, avant de livrer la marchandise, de prendre ses sûretés.

Dans l'action en contribution, celle qui nous occupe actuellement, il n'y a pas de contrat, mais une obligation qui naît de la seule présence de la chose à bord, au moment de l'événement auquel il s'agit de contribuer, obligation dont celui à qui elle est destinée peut toujours se libérer et libérer en même temps l'expéditeur par l'abandon de la chose qui en est l'objet.

Le capitaine ayant fait vendre, dans ce cas, la marchandise pour le paiement de la contribution dont elle est tenue, n'a rien à demander de plus à personne, car c'est la marchandise qui doit et qui ne doit que jusqu'à concurrence de sa valeur. Que si le capitaine livre la marchandise, au lieu du déchargement, à un réceptionnaire qui devient insolvable avant d'avoir acquitté le montant de sa contribution, il ne peut avoir, au retour, de recours à exercer contre le chargeur, parce qu'il a, à ses risques et périls, converti l'action réelle qui lui appartenait en une action personnelle contre le réceptionnaire devenu plus tard insolvable.

Ce n'est pas sans raison que nous nous sommes étendu sur cette distinction et sur la nature de l'action en contribution, que nous croyons, avec

Emérigon, être véritablement une action réelle, car ces explications nous serviront, en quelque sorte, de prémisses pour résoudre une difficulté dont la solution nous paraît avoir été acceptée à tort jusqu'ici, pour ainsi dire, sans discussion et sur la seule foi d'un texte de la loi romaine.

Il s'agit de savoir si, dans le cas où l'un des contribuables tombe en état de faillite ou d'insolvabilité, le capitaine peut exercer un recours contre les autres réceptionnaires, pour le montant de la contribution qu'il n'a pu recouvrer?

Il est dit formellement, au *Digeste* (1), que le capitaine ne répond pas de la part des insolvables, d'où il suit que si l'un d'eux devient hors d'état de payer, le montant de sa contribution doit être réparti sur tous les autres. *Si quis ex vectoribus,* dit le texte, *solvendo non sit, hoc detrimentum magistri navis non erit, nec enim fortunas cujusque nauta excutere debet.*

Emerigon, après avoir rapporté ce passage, y donne son approbation, « telle est, dit-il, notre jurisprudence » (2), c'est aussi l'opinion de Valin (3), celle de Boulay-Paty (4) et enfin celle de M. Frémery qui, dans son ouvrage sur le droit commercial (5), se contente d'exposer en fait « que de temps immémorial, la coutume du commerce a

(1) ff. Leg. rhod. de Jactu. Tom. II, § 6.
(2) Emérigon. *Assurances*, chap. XII, sect. 40.
(3) Valin. *Comment de l'Art VII.* Titre du *Jet et de la Contribution.*
(4) Boulay-Paty. Tom. IV, p. 591.
(5) Fremery, p. 227

décidé que, dans une contribution aux avaries communes, l'insolvabilité de l'un des contribuables se répartit sur tous les autres ».

Quelque respectables que soient ces opinions, le texte qui leur sert d'appui et surtout l'usage immémorial invoqué par M. Frémery, nous croyons qu'il nous est encore permis d'appeler la discussion sur ce point. Si nous avions besoin d'une excuse, nous la trouverions immanquablement dans la surprise qu'au dire d'Emérigon, le texte de la loi romaine avait causé à Cujas.

Si on recherche en effet la justification de cette décision dans des raisons du droit pur, on ne peut y arriver qu'en supposant, entre tous les contribuables, un lien de solidarité, car il est de principe que lorsqu'il y a solidarité entre plusieurs personnes et que l'une d'elles se trouve insolvable, sa portion se répartit contributoirement sur toutes les autres (1).

On peut dire à la vérité que, pendant le cours de la navigation, il y a, en ce qui concerne l'avarie commune, une sorte de solidarité entre le navire et tous les objets qui se trouvent à bord, au moment où, dans l'intérêt de tous, le sacrifice est consommé et que c'est là en réalité la raison de la contribution dont ils sont tenus les uns envers les autres. Mais cette sorte de lien, qui naît du péril commun, et qu'à défaut de toute expression qui lui soit propre, nous

(1) Art 1214. C. N

qualifions de solidarité, peut-il encore subsister lorsque, le voyage ayant cessé, il n'y a plus de danger à courir et que chacun a été mis en possession de la chose qui lui était destinée ?

L'action en contribution, avons-nous dit, est réelle de sa nature, sans acception des personnes ; le capitaine, lorsque la marchandise est refusée, n'a, pour la part dont elle peut être tenue, de droits à exercer que sur la chose elle-même, sans recours possible, ni contre la personne désignée au connaissement, ni contre le chargeur qui l'a mise à bord.

Il est vrai que lorsque, confiant dans la solvabilité de celui à qui la marchandise est destinée, il la lui remet volontairement et sans exiger de caution, il s'établit entre le destinataire et lui un lien de droit par lequel ce destinataire contracte, à son égard, l'obligation personnelle de lui verser le montant de la contribution qui, par suite du règlement, se trouvera être à sa charge ; mais cette obligation ne va pas jusqu'à répondre de la part des autres, car, conséquence de la livraison de la marchandise, qui, en principes, n'est tenue que de sa part, il faudrait, pour qu'elle s'étendît jusques là que le capitaine, en livrant au réceptionnaire l'objet qui lui est destiné, lui en eût imposé la condition.

D'ailleurs en remettant à chacun des destinataires ce qui lui appartient et en échangeant ainsi l'action réelle qu'il avait sur la chose contre une obligation personnelle à l'égard de ceux à qui il s'est permis d'en faire la remise, il ne semble pas juste qu'il puisse faire supporter aux autres les conséquences d'une confiance souvent imprudente et dont il pouvait très bien se dispenser.

Cette raison était si évidente, qu'elle n'a pu échapper à aucun de ceux qui, par respect pour le texte du droit romain, ont cru devoir dégager la responsabilité du capitaine au détriment de la masse des contribuables sur laquelle ils veulent faire répartir la contribution de celui qui est devenu insolvable.

Valin, Emérigon et Boulay-Paty, qui n'est souvent que la copie trop fidèle d'Emérigon, après avoir reconnu que le capitaine a le droit, pour sûreté de la contribution, d'exiger caution, même de faire vendre la marchandise par autorité de justice jusqu'à concurrence de la portion dont elle est débitrice, l'amnistient, à l'envi, de son défaut de prudence, en donnant pour raison que l'article 21 de l'Ordonnance (1) est conçu dans un sens purement facultatif et ne lui impose aucune obligation (2).

Boulay-Paty fait observer que le Code (3) n'est pas plus impératif que l'Ordonnance et ajoute, en reproduisant l'opinion de ses devanciers, que le capitaine ne devenant responsable que comme tout mandataire et à l'occasion des fautes commises

(1) Titre du *Jet et de la Contribution*.

(2) C'est sans doute une réminiscence de la loi romaine « *non enim* « *fortunas cujusque nauta excutere debet*. »

(3) Code de Commerce. Titre du *Fret*, art. 306.

dans sa gestion, il ne saurait être recherché, à moins qu'il n'eût été sommé de procéder à une saisie provisoire, qu'une saisie-arrêt eût été mise entre ses mains par ceux qui avaient le principal intérêt dans la répartition des pertes ou que, connaissant l'insolvabilité notoire d'un contribuable, il lui eût délivré la marchandise sans caution.

Le capitaine, dit Boulay-Paty, est mandataire. Cela est vrai dans une certaine limite et pour ce qui concerne les poursuites judiciaires à exercer pour arriver au règlement. La répartition des pertes et dommages sera faite, dit l'article 414, *à la diligence du capitaine.* Mais en imposant à ce dernier l'obligation de cette initiative, de qui la loi a-t-elle entendu le constituer mandataire? Evidemment de ceux qui, devant être remboursés par l'effet de la répartition, ont un intérêt direct à ce qu'elle soit provoquée et non de ceux qui, n'ayant qu'à payer, ont un intérêt diamétralement opposé à celui qu'il représente, de ceux, par conséquent, contre qui, l'action est introduite.

Or, limitée à la personne de ceux qui ont intérêt à ce qu'une contribution soit ouverte et pour compte de qui la répartition va se faire, la qualité de mandataire, confiée au capitaine, s'étend-elle au-delà de la demande à introduire devant le Tribunal compétent? C'est ici que, reproduisant l'argument de Valin, d'Emérigon et de Boulay-Paty, on peut dire que, si la loi autorise le capitaine à exiger caution avant de livrer la marchandise et, à défaut, de la faire saisir et vendre pour le montant de la contribution, rien ne l'oblige à user de ce moyen de sévérité ; que si ceux, par exemple, dont la marchandise a été jetée et qui, comme nous le verrons plus bas, ont un droit égal au sien pour demander et exiger un règlement, qui, par suite, ont intérêt à assurer le paiement de la contribution au moyen de laquelle ils seront indemnisés veulent que des sûretés soient prises, ils ont le droit incontestable de mettre le capitaine en demeure de le faire et même d'opérer une saisie-arrêt entre ses mains.

Mais quel droit et quel intérêt peuvent avoir ceux qui sont simplement défendeurs à l'action, que cette action n'intéresse qu'au point de vue de la somme qu'ils auront à payer à raison de la marchandise reçue, qui, par conséquent, n'ont pas à se préoccuper des dispositions à prendre par le capitaine, pour lui ou pour les autres intéressés, à l'effet d'assurer le paiement des contributions à venir ?

On comprend, pour entrer dans les raisons données par Emerigon et les autres, que, dans le cas où, l'un des contribuables étant devenu insolvable, le propriétaire de la marchandise jetée ou tout autre intéressé à la répartition voudrait mettre la part de cet insolvable à la charge du capitaine, ce dernier soit fondé à lui répondre : Que la loi ne lui faisait aucune obligation de prévoir cette insolvabilité et de s'en garantir à l'avance ; que c'était à lui, ayant un intérêt direct à la répartition et se trouvant sur les lieux, à le sommer de prendre ses précautions et à les prendre lui-même au besoin ; que ne l'ayant pas fait, son silence et son abstention sont, pour lui capitaine, une décharge suffisante. Mais ce langage si plausible à l'égard de celui qui est appelé à profiter de la répartition, devient un non sens à l'égard de ceux des contribuables qui n'ont rien à en retirer, qui n'y sont appelés que pour faire établir contradictoirement avec eux la quote-part dont ils pourront être tenus et qui ne sauraient répondre que de ce qu'ils doivent personnellement.

Nous ne pensons donc pas qu'il y ait solidarité entre les divers contribuables, pour le paiement de la contribution mise à la charge de chacun ; mais nous croyons aussi que si l'un d'eux devient insolvable avant le paiement, le capitaine, à moins d'en avoir été avisé à temps ou d'une faute constatée, ne saurait être responsable des conséquences qui doivent être supportées exclusivement par tous ceux qui ont un intérêt direct à la répartition ; de telle sorte que si, dans le nombre des avaries à répartir, figurent à la fois des avaries communes éprouvées par le navire et des marchandises jetées ou vendues, la part des insolvables doit être répartie, au *prorata*, non sur la masse des contribuables, mais sur le chiffre de ces avaries et sur la valeur des marchandises qui devaient les unes et les autres être remboursées par la contribution.

Cette répartition se fait, non en vertu d'aucun principe de solidarité, mais, parce que le montant des contributions acquittées devenant insuffisant pour rembourser tous les intéressés, il n'est pas juste que la perte tombe plutôt sur l'un que sur l'autre, qu'elle doit, par conséquent, être répartie entre eux tous, au *prorata* de l'intérêt de chacun.

§ 2. — DE CEUX A QUI APPARTIENT L'ACTION EN CONTRIBUTION.

La loi rhodienne, au *Digeste* (1), veut que le propriétaire des effets perdus ou endommagés par le jet exerce contre le maître *l'actio ex-locato*, pour que celui-ci fasse valoir à son tour l'action *ex-conducto* contre les autres chargeurs et les force à contribuer à la perte commune ; elle accorde de même l'action *ex-locato* à ceux qui, les effets jetés ayant été recouvrés, demandent à être remboursés du montant de leur contribution.

Le maître est donc considéré par la loi romaine comme l'intermédiaire obligé entre ceux qui doivent être indemnisés par la contribution et ceux qui ont à y satisfaire, entre ceux qui ont contribué au paiement des objets recouvrés et le propriétaire indemnisé de ces mêmes objets.

Cujas, au dire d'Emérigon, concluait, des termes de cette loi, que l'action en contribution ne compétait pas aux chargeurs les uns contre les autres et qu'il n'appartenait qu'au capitaine ou au

(1) ff. Leg. rhod. de Jactu, liv. 2, § 7.

maître (1) de l'introduire. C'était, il faut en convenir, une subtilité singulière et qui ne pouvait avoir d'excuse que dans le caractère essentiellement formaliste de la loi romaine.

Les chargeurs étaient étrangers les uns aux autres ; ils n'avaient point traité entre eux, ils ne pouvaient donc pas s'actionner réciproquement ; mais chacun d'eux ayant contracté directement avec le maître, avait une action dérivant de la nature même du contrat, pour répéter de lui l'objet qu'il avait perdu. Le maître, pour se garantir de cette demande agissait, à son tour, contre les autres chargeurs et formait contre eux une demande en contribution pour le remboursement de l'objet qui lui était réclamé.

Le circuit était le même, lorsque l'objet jeté venant à être recouvré, ceux qui avaient contribué à indemniser le propriétaire de sa perte, voulaient exercer l'action en répétition.

Notre législation, plus simple, dédaignant ces détours, Emérigon nous apprend que si le capitaine a négligé de requérir la contribution, elle peut être demandée par les chargeurs eux-mêmes. Il se fonde sur le principe que, l'intérêt étant chez nous la mesure des actions, il suffit d'avoir un intérêt né pour se faire écouter en justice.

Si cette décision avait besoin d'une démonstration, nous la trouverions dans les dispositions de l'article 421 de notre Code de Commerce. Cet ar-

(1) Le *Digeste*, par l'expression de *Nauta*, désigne le capitaine : par celle de *Magister*, le maître du navire, c'est-à-dire l'armateur.

ticle dispose en effet que le propriétaire des marchandises chargées sur le tillac du navire n'est point admis à former une demande en contribution ; d'où il suit que l'irrecevabilité de la demande résultant non de la qualité de la personne mais de la place occupée à bord par les effets jetés, toutes les fois que cette demande est relative à des effets chargés sous le pont du navire, elle peut-être utilement et directement introduite par le propriétaire lui-même.

Ainsi, bien que l'article 414, qui n'est que la répétition de l'article 6 de l'Ordonnance, au titre du Jet et de la Contribution, exige que le règlement se fasse à la diligence du capitaine, il est incontestable aujourd'hui, comme sous l'Ordonnance, que, quiconque est intéressé à la contribution, a le droit, à défaut du capitaine, de la provoquer en justice.

Mais il peut se faire, quoique cette action appartienne aussi bien à celui dont la marchandise a été sacrifiée qu'au capitaine lui-même, que, ce dernier étant resté inactif, le propriétaire des effets jetés n'arrive à former sa demande qu'à une époque où elle ne pourra plus être utilement introduite.

Il n'y a plus, suivant l'article 435, d'action possible contre l'affréteur pour cause d'avaries, si le capitaine a livré la marchandise et s'il a reçu son fret sans protestation. Livraison de la marchandise et paiement du fret : lorsque cette double condition se trouve remplie, le destinataire est à l'abri de toute réclamation ayant pour cause des avaries. Peu importe de quel côté vienne la demande de la part du capitaine ou de celle du propriétaire qui avait droit à être indemnisé, la loi ne distingue pas ; le réceptionnaire de la marchandise livrée est libéré d'une manière absolue. Le motif de cette disposition s'aperçoit facilement. Dans les opérations commerciales où la transmission d'une main à l'autre s'opère si rapidement, il importe que le destinataire de la marchandise qui a besoin, pour la réaliser, de connaître toutes les charges dont elle est tenue, ne soit pas laissé en suspens. Il est donc juste que, recevant la marchandise d'une main et payant de l'autre le fret dont elle est débitrice, il ne puisse être recherché plus tard pour des causes qu'on ne lui a pas fait connaître.

Mais comme, aux termes de l'article 414, l'initiative appartient au capitaine et que la loi, en ce qui concerne la contribution, l'investit d'une sorte de mandat au profit des parties intéressées, il est également juste que, si par son fait, il a rendu la contribution impossible, il en supporte seul les conséquences.

Nous pensons donc, avec Pardessus (1), que l'irrecevabilité de l'action en contribution, lorsqu'elle provient du fait ou de la négligence du capitaine, est opposable aux intéressés qui, les choses encore entières, auraient eu, comme lui, le droit de provoquer cette contribution ; mais que ceux qui se trou-

(1) Tom. III. N° 750.

vent ainsi déchus par son fait ont la faculté d'exercer leur recours contre lui en le contraignant à leur rembourser le prix de la chose jetée ou sacrifiée.

CHAPITRE IV.

DU TRIBUNAL QUI DOIT CONNAITRE DE L'ACTION ET DE LA MANIÈRE D'Y PROCÉDER.

§ 1. — DU TRIBUNAL COMPÉTENT.

C'est le lieu du déchargement qui détermine la compétence (1).

Il n'est pas besoin d'insister beaucoup pour faire sentir les raisons qui ont porté le Code et, avant lui, l'Ordonnance, à ne tenir aucun compte du domicile des chargeurs.

Il est possible, en effet, que ce soit pour son propre compte que le chargeur ait expédié la marchandise, mais il se peut aussi qu'il n'ait agi que comme commissionnaire et pour compte de celui a qui elle a été expédiée; il peut se faire encore que, sans cesser d'en être le propriétaire, il ait tiré sur elle des lettres de change et ait engagé d'avance les connaissements.

Quel que soit, à cet égard, l'intérêt ou la position du chargeur, le capitaine s'étant engagé à trans-

(1) Art. 414 du Code de Commerce.

porter la cargaison sur un point déterminé, c'est ce point qui devient le lieu comme il est le but du contrat d'affrétement, celui où doit, par conséquent, se régler, entre lui et la personne qui lui représentera le connaissement, tout ce qui est relatif au voyage terminé.

Ainsi, il ne saurait y avoir de difficulté, toutes les fois que le voyage s'accomplit en entier et que le débarquement se fait au lieu pour lequel la marchandise a été chargée.

Mais des obstacles imprévus peuvent survenir pendant le voyage et s'opposer à ce que le chargement atteigne le port de destination. Cela peut se faire ou par un événement de force majeure qui rende la continuation du voyage impossible ou par la volonté du chargeur qui, en présence des retards ou des embarras survenus pendant la traversée, se décide, en exécution des articles 234, 293 et 236 du Code de Commerce, à retirer sa marchandise.

Supposons d'abord le cas où c'est le chargeur qui, pour une cause ou pour une autre, retire volontairement, avant que le voyage soit achevé, les effets qu'il avait mis à bord. Cette supposition en exige deux autres : la première, que le chargeur ait suivi lui-même sa marchandise; la seconde, qu'il puisse représenter et rendre au capitaine les originaux des connaissements souscrits par ce dernier, car se devant, avant tout, à ses connaissements, le capitaine ne pourrait s'excuser envers ceux qui les lui représenteraient à l'arrivée, en alléguant la remise imprudente qu'il aurait pu faire de la marchandise pendant le cours de la traversée.

Ces diverses suppositions une fois admises, il est évident que, si des avaries communes sont survenues avant le débarquement de la marchandise, le chargeur qui voudra la retirer devra acquitter, en outre du fret, la part pour laquelle elle aura à contribuer dans l'avarie commune. Il faudra donc que le chargeur et le capitaine s'entendent pour déterminer le chiffre de cette contribution, ou, qu'à défaut, on recoure au Tribunal du lieu où s'opèrera le débarquement.

La répartition qui sera faite dans ces circonstances ne pourra avoir lieu qu'en prenant pour base la valeur du navire et des marchandises au moment du débarquement et en tenant compte du fret à proportion de la distance parcourue, sauf, pour ce qui concerne celui de la marchandise débarquée, lorsqu'il est payé en entier. La contribution une fois établie ne sera obligatoire que pour la marchandise retirée du navire, et provisoire à l'égard des autres, ne changera de caractère, quant à elles, que lorsqu'après leur arrivée au lieu de destination, on procèdera, entre le reste de la cargaison, le navire et le fret, à un règlement définitif.

Supposons maintenant le cas où, au lieu de la volonté du chargeur, c'est un obstacle de force majeure qui occasionne le débarquement de la cargaison.

Nous n'avons pas besoin de dire que nous n'entendons pas parler des déchargements qui se font dans les ports de relâche pour faciliter les réparations du navire et qui, étant suivis d'un rembarquement presque immédiat, n'arrêtent les marchandises que pour un temps et ne les empêchent pas d'arriver plus tard au lieu du reste.

L'obstacle que nous avons en vue est celui qui se présente, lorsque l'accident survenu pendant le voyage ayant rendu le navire innavigable, la marchandise est condamnée à demeurer sur les lieux, ou ne peut continuer le voyage qu'à l'aide d'un navire affrété en remplacement de celui qui devait la conduire à sa destination.

Il peut alors se présenter trois cas:

Ou le capitaine n'a pu trouver à louer un autre navire, ce qui nécessite l'abandon de la marchandise sur le lieu où elle a été débarquée,

Ou il parvient à louer un navire dont on lui confie le commandement et sur lequel il achève le voyage commencé,

Ou, enfin, il ne peut placer la marchandise que sur un navire dont le commandement appartient à un autre capitaine.

Pardessus (1), après avoir posé en principe que, si les événements nécessitent le débarquement de la cargaison dans un autre lieu que celui indiqué par les expéditions, c'est dans ce lieu que

(1) Tom. III, n° 745.

doit être fait le règlement des avaries communes, établit pourtant une différence, suivant que le capitaine, ayant réussi à trouver un autre navire, en remplacement du sien, a été autorisé ou non à en prendre le commandement.

Il pense que, si ce commandement lui est confié, le voyage doit être considéré comme se continuant jusqu'au lieu désigné par les expéditions, et que c'est là que la contribution doit être réglée et acquittée; il est, au contraire, d'avis que, si le navire loué est commandé par un autre capitaine, le voyage est réputé terminé au lieu où le premier navire a été reconnu innavigable et où, selon lui, doit se faire la contribution.

Il nous est impossible d'admettre cette distinction.

Nous ne pensons pas, en effet, que le changement du capitaine puisse influer en rien sur la question de savoir si le voyage est ou non terminé, car il arrive souvent que, pour cause de maladie ou pour toute autre cause survenue pendant le voyage, le capitaine soit contraint de céder le commandement à un autre, sans que, la marchandise continuant à demeurer sur le même navire, il vienne à l'idée de personne que la retraite de celui qui avait pris le commandement au départ puisse donner lieu au paiement du fret ou des contributions dont la cause serait antérieure à ce remplacement.

Peu importe donc que le navire sur lequel les marchandises devront achever le voyage soit commandé par le premier capitaine ou par un autre à sa place.

Il n'en est pas de même du changement de navire, qui est une circonstance capitale, car si des événements antérieurs ont nécessité des avaries communes, comme le règlement de ces avaries ne concerne que le navire devenu innavigable et n'intéresse en rien celui sur lequel le voyage doit s'achever, il semble qu'avant de permettre à la marchandise de s'éloigner, il importe, quel que soit le capitaine sous la garde de qui elle va se trouver placée, de régler, entre elle et le navire délaissé, les avaries communes auxquelles l'un et l'autre sont tenus de contribuer.

Mais ici se présente une double difficulté.

La première, est de savoir qui, dans le règlement à faire, représentera les propriétaires du chargement? Il est vrai que le capitaine est, en cours de voyage, le mandataire légal des intéressés absents; mais il ne peut continuer à l'être là où il y a des intérêts opposés, là où une contradiction devenant nécessaire, il lui faudrait remplir en même temps le rôle de demandeur et celui de défendeur.

Il est donc évident que, dans les deux hypothèses que Pardessus a considérées à tort comme étant susceptibles d'une distinction, le règlement des avaries communes ne pourrait se faire au lieu où l'innavigablité du navire a été déclarée, qu'autant que, contrairement aux habitudes actuelles du commerce, les chargeurs auraient eux-mêmes accompagné et suivi à bord les marchandises composant le chargement.

Mais cette première difficulté levée, il s'en présente une seconde qui s'applique à tous les cas, aussi bien à celui où le chargeur aurait lui-même entrepris le voyage qu'à celui où la marchandise voyagerait sous la garde seulement du capitaine.

Pour faire, ainsi que le veut Pardessus, le règlement des avaries au lieu de la relâche, il faudrait, en composant la masse contribuable, y comprendre le fret acquis au navire déclaré innavigable.

Or, avant que le voyage ne soit complètement achevé, pour les marchandises, par leur arrivée au port de destination, il n'y a de fret acquis ni à l'un ni à l'autre des navires qui se seront partagé le transport, pas plus à celui qui aura amené la cargaison au lieu de la relâche, qu'à celui qui, de ce dernier lieu, l'aura transportée au port qui lui était assigné.

Il est clair, quel que soit le prix auquel le capitaine aura réussi à se procurer un autre navire, que la marchandise ne doit qu'un fret, celui convenu dans la charte-partie ou porté aux connaissements.

C'est l'armement du navire reconnu innavigable qui profite de la différence pouvant exister entre le fret convenu avec les chargeurs et celui du navire qui a été affrété pour achever le voyage.

Cette différence, qui constitue le bénéfice sur la demi duquel devra porter la contribution à la charge du fret est, il est vrai, connue au lieu de la relâche où l'on veut que se fasse le règlement ; mais elle ne sera acquise au navire qui doit contribuer, qu'autant que la marchandise sera parvenue à sa destination.

On ne saurait donc persister à faire un règlement dont il faudrait écarter un des éléments essentiels, le fret qui n'est point encore acquis à l'armement et dont les accidents ultérieurs peuvent le priver.

Il en est de même des marchandises sur lesquelles il faudrait faire porter la contribution et qui, chargées, pour achever le voyage, sur un autre navire, vont être exposées, pendant le reste de la traversée, à de nouvelles chances de perte ou de détérioration, à des avaries particulières, peut-être à des avaries communes à partager avec le navire qui a pris la cargaison au port de relâche.

Pour rendre plus manifeste l'impossibilité de régler les avaries en ce dernier lieu, alors que la marchandise est destinée à poursuivre sa route sur un autre navire et sous la garde d'un autre capitaine, on peut supposer, à titre d'exemple, que le règlement, une fois fait, la contribution à payer soit de 25 % pour chacun des intéressés.

Si, parmi les marchandises composant le chargement, il en est une estimée à la somme de 1,000 francs, c'est, à raison de 25 %, 250 francs de contribution qu'elle aura à supporter.

Mais le capitaine qui aura provoqué le règlement ne pourra exiger immédiatement ces 250 francs, car, le chargeur étant absent, il faudrait, pour les payer, faire vendre la marchandise sur les lieux, et la loi exige qu'il la fasse parvenir au port de destination, en louant même un autre navire, si le sien est hors d'état de l'y conduire.

Voilà donc la marchandise prise pour exemple qui, au moment où elle est embarquée sur un autre navire, est déjà grevée d'une somme de 250 francs ; mais en s'acheminant vers le lieu du reste, elle est en butte à de nouveaux accidents de mer et se trouve tellement détériorée à l'arrivée que, déduction faite du fret, des droits d'entrée et des frais de débarquement, elle ne représente plus qu'une valeur de 200 francs.

Ce n'est pas tout : de nouvelles avaries communes ayant eu lieu dans cette partie de la traversée, il résulte de la répartition qui en est faite que le chiffre de la contribution s'élève à 20 %.

Ce sont donc 20 %, soit 40 francs à déduire de nouveau de cette valeur de 200 francs, et cela par priorité aux 250 francs résultant de la répartition précédente, puisque, s'agissant de dépenses ou d'avaries communes ayant eu pour objet la conservation de la chose, il y a lieu d'appliquer la règle en vertu de laquelle la préférence est due au créancier qui l'a conservée le dernier.

Or, de qui le capitaine qui a fait faire, au lieu de la relâche, le premier règlement et qui ne trouve plus, pour se payer, qu'une valeur de 160 francs, exigera-t-il la différence de 90 francs qui va lui être due ? Ce ne peut être, à coup sûr, ni du destinataire, ni du chargeur, puisqu'ainsi que nous l'avons déjà fait remarquer, l'obligation d'acquitter la contribution n'est pas personnelle et ne peut être demandée qu'à la chose elle-même, toutes les fois que le destinataire juge à propos de l'abandonner pour le montant de la part contributive dont elle peut être tenue.

Que sera-ce donc, si, au lieu d'être simplement détériorée, la marchandise, avant d'avoir atteint le port, vient à périr en mer avec le navire qui devait l'y conduire ? A quoi servira, dans ce cas, au capitaine du navire déclaré innavigable, d'avoir fait établir une contribution dont, par suite des événements ultérieurs, il lui est impossible de toucher le montant ?

Que conclure de tout ceci ? C'est que, si le voyage est terminé, pour le navire abandonné pour cause d'innavigabilité, si les risques de mer ont cessé pour lui, il n'en est pas de même pour la marchandise et pour le fret, qui continuent à courir les chances du parcours que la marchandise a encore à faire, pour atteindre le lieu du reste ; que dès lors la contribution n'étant due qu'à raison de l'avantage que la chose a pu retirer du sacrifice fait dans l'intérêt commun, il faut, pour déterminer cet avantage, en ce qui concerne le fret et la marchandise, attendre la fin du voyage et prendre pour base de la valeur sur laquelle la contribution devra être assise, celle seulement qui aura été constatée à l'arrivée ; d'où il suit que le voyage se continuant sous la conduite de n'importe quel capitaine, c'est au lieu seulement de l'arrivée que la contribution peut être établie utilement et équitablement.

Reste à examiner le troisième cas, celui où le capitaine n'a pu réussir à louer un autre navire pour y embarquer la marchandise.

Dans ce cas, le voyage étant terminé aussi bien pour la marchandise que pour le navire, il est certain que, si les chargeurs se trouvent présents sur les lieux, c'est là que le règlement devra se faire, le navire ayant à contribuer dans l'état où il se trouvera, la marchandise, sur le pied de sa valeur au moment du débarquement, et le fret, à proportion du chiffre qui lui sera alloué à raison de la distance parcourue.

Le capitaine prenant ensuite les mesures nécessaires pour tirer parti de son navire, les chargeurs seront libres, de leur côté, de disposer de la cargaison comme ils l'entendront, à la condition toutefois d'en acquitter le fret proportionnel et de payer le montant de la contribution qui aura été mise à leur charge.

Mais, comme nous avons déjà eu trop souvent l'occasion de le faire remarquer, l'usage n'étant plus aujourd'hui que les chargeurs accompagnent leurs marchandises, il sera impossible, si le capitaine se trouve seul à représenter les intérêts de l'armement et ceux des propriétaires de la cargaison, qu'il puisse faire procéder, de lui-même, à un règlement qui ne peut se faire qu'en présence de toutes les parties intéressées et contradictoirement avec elles.

Le seul parti qu'il aura à prendre sera donc d'agir pour les marchandises du chargement, comme pour le navire lui-même, c'est-à-dire de les faire vendre sur les lieux pour éviter la détérioration et les frais qui pourraient résulter d'un séjour trop prolongé et de provoquer ensuite, suivant les circonstances, soit au lieu du départ, soit à celui indiqué dans les expéditions, le règlement des avaries communes entre le prix retiré du navire, celui provenant des marchandises et la partie du fret qui sera jugée acquise à l'armement.

Nous disons : suivant les circonstances : en effet, si c'est le voyage d'aller qui s'est trouvé arrêté, le capitaine n'a plus qu'à retourner au lieu du départ, avec le produit du navire et des marchandises, pour en compter avec l'armement et les chargeurs entre qui devra se faire le règlement des avaries communes. Si c'est, au contraire, le voyage de retour qui n'a pu s'achever, le capitaine, muni des sommes qu'il aura réalisées, devra se rendre au lieu désigné par les expéditions où le règlement sera fait entre les propriétaires du navire et ceux à qui la cargaison était destinée.

§ 2. — DE LA PROCÉDURE A SUIVRE POUR L'EXERCICE DE L'ACTION EN CONTRIBUTION.

La procédure n'est pas de rigueur, lorsque les parties, étant disposées à s'entendre, conviennent entr'elles de faire procéder amiablement à la répartition des avaries communes éprouvées pendant le voyage.

Mais ces sortes de règlements transactionnels peuvent avoir leur danger, lorsque le destinataire, qui y est partie, n'agit que pour compte de tiers ; ils présentent surtout des inconvénients à l'égard des assureurs, qui ne sont pas forcés de reconnaître ce qui s'est fait en dehors des tribunaux et sans l'intervention de la justice.

Quant à la forme de procéder, rien n'est plus simple, les articles 414 et 416 du Code de Commerce ayant indiqué la marche à suivre.

C'est le capitaine qui forme la demande ou à défaut la partie intéressée à ce qu'il y ait un règlement de contribution.

Le Tribunal de Commerce qui a été saisi par l'assignation du demandeur nomme les experts chargés de dresser l'état des pertes et dommages et d'en faire la répartition.

S'il n'y a pas de Tribunal de Commerce sur les lieux, la nomination appartient au juge de paix.

En pays étranger, elle est faite par le consul de France ou à défaut par le magistrat de la localité.

Dans les places de commerce, il est d'usage, lorsque le réceptionnaire s'est fait assurer dans le lieu même où il a été assigné, qu'il appelle ses assureurs pour répondre en son nom et pour contester, s'il y a lieu, soit l'état des avaries présenté, soit leur répartition.

Ce n'est pas que le capitaine ait rien à démêler avec eux ; mais il ne peut s'opposer, suivant les règles établies par le Code de Procédure civile, au titre qui traite de la garantie (1), à ce que le réceptionnaire qui s'est fait assurer appelle en cause ses garants.

Emérigon (2) nous apprend qu'il était reçu autrefois sur la place de Marseille de n'appeler les intéressés au chargement que dans la personne de deux des principaux consignataires ; il en donne pour raison que, dans l'usage, « les consignataires « d'un même chargement, quoique divisés, for« ment une espèce de masse légalement représentée « par deux. »

Boulay-Paty (3), suivant son habitude, reproduit ce passage sans examen et veut que l'usage qu'il signale soit observé encore aujourd'hui devant tous les Tribunaux de Commerce.

C'est là une erreur. On n'ignore pas à Marseille, comme partout ailleurs, que les décisions de la justice n'obligent que ceux qui y ont été parties ; que

(1) *Proc. civ.* art. 175 et suivants.

(2) *Assur.*, chap. xx, sect. 3.

(3) Tom. IV, p. 520.

dès lors, quelque préjugé qui puisse résulter, à l'égard de tous les consignataires, d'un jugement obtenu contre deux d'entre eux, ceux qui n'ont pas figuré sont en droit d'en contester l'autorité et peuvent, en discutant la question à nouveau, et par des raisons qui n'auraient pas été produites la première fois, obtenir, quant à eux, une décision différente de celle qui aurait été rendue à l'égard des deux autres.

Il est donc prudent, et c'est ainsi que la chose se pratique d'ordinaire, d'appeler à la fois tous les consignataires du même chargement, afin de faire rendre à l'égard de tous un seul et même jugement.

Une fois que les experts ont terminé leur travail, il est nécessaire de le faire homologuer en justice ; les parties appelées pour assister à cette homologation ont le droit de critiquer le règlement présenté et d'en demander la rectification. Ce n'est qu'après que les difficultés proposées ayant été appréciées par le Tribunal saisi de l'affaire, le travail des experts a été définitivement homologué, que la répartition devient exécutoire contre les divers contribuables et que chacun d'eux est tenu d'acquitter la part contributive qui lui a été assignée.

Il est inutile de faire observer qu'alors que le règlement est demandé en justice ou lorsqu'il s'agit de l'homologation du travail des experts, la partie, qui se croit lésée par la décision du Tribunal qui a accueilli la demande en règlement ou qui a homologué la répartition, est en droit d'en interjeter appel devant la juridiction supérieure qui, seule alors, rejette ou accueille la demande, qui seule aussi, quand il y a lieu, homologue, avec ou sans rectification, le travail dressé par les experts.

Les règlements ainsi sanctionnés par la justice deviennent, comme nous l'avons dit, définitifs entre toutes les parties. Il est pourtant une circonstance, une seule, où le règlement homologué et même la contribution payée, il est permis à chacun de demander à la reprendre, du moins en partie, c'est celle prévue par l'article 429 du Code de Commerce, alors que, depuis la répartition, les effets jetés viennent à être recouvrés par leurs propriétaires.

Il faut convenir que cette circonstance, du reste peu probable, ne peut qu'être excessivement rare. Quelle probabilité, en effet, peut-il y avoir, que des effets jetés à la mer viennent à être retirés de l'eau après l'arrivée, au port, du navire d'où ils ont été jetés ? Surtout que ce sauvetage puisse être fait ou la nouvelle n'en parvenir aux intéressés qu'après la fin de la répartition et l'acquittement des parts contributives ?

Mais la loi romaine avait prévu ce cas et le Code, pas plus que l'Ordonnance, ne pouvait se dispenser de l'enregistrer.

« Si les choses jetées, dit la loi romaine (1), « viennent à être retrouvées, il n'y a plus lieu à ré- « partition ; que si la contribution a déjà été faite,

(1) ff. de leg. Rhod. de Jactu, l. 2. § 7.

« ceux qui l'ont payée agiront contre le maître « *ex locato*, pour que celui-ci procède à son tour « *ex conducto* et leur rende ce qu'il se sera ainsi « fait restituer. »

La raison de cette disposition est indiquée par la même loi ; c'est que la chose n'a pas été jetée avec l'intention d'en abdiquer la propriété *quià pro derelicto non habetur* (1).

Rien n'est donc plus juste, au point de vue théorique, que cette prévision de la loi romaine qui s'est transmise jusqu'à nous; mais on pense bien que ce serait imposer une triste nécessité au propriétaire des effets jetés, que de le forcer, en place de la contribution qu'il aurait reçue, à les reprendre détériorés par l'eau de mer et chargés, de plus, des frais de sauvetage à acquitter. Aussi l'article 429, d'accord avec l'Ordonnance, n'exige-t-il de lui le rapport de la contribution qu'il a reçue que sous la déduction des dommages causés par le jet et des frais de sauvetage, ce qui entraîne nécessairement, entre tous les intéressés, un supplément ou plutôt une rectification de répartition.

(1) ff. de cád. lege. l. 2, § 8 et l. 8.

FIN DU LIVRE SECOND.

LIVRE TROISIÈME.

DES AVARIES PARTICULIÈRES.

Les auteurs qui ont écrit sur les avaries particulières les ont surtout envisagées au point de vue du recours de l'assuré contre l'assureur. Suivre cet exemple serait, ce nous semble, empiéter sur un contrat dont les règles méritent d'être examinées à part. Aussi, fidèle à notre programme et nous renfermant dans les limites qui nous sont tracées par les titres XI et XII du Code de Commerce, nous nous bornerons à considérer les avaries particulières en elles mêmes et dans les conséquences qu'elles peuvent avoir pour le propriétaire des objets avariés.

L'avarie particulière est un dommage quelconque, une perte partielle de la chose qui en a été atteinte. Elle consiste, comme l'avarie commune, soit dans une détérioration matérielle de l'objet mis en risque, soit dans les dépenses qui ont pu être faites, dans le but d'éviter sa perte ou sa détérioration.

L'article 403 du Code de Commerce comprend, sous cette dénomination, toutes les dépenses faites et les dommages soufferts « pour le navire seul ou « pour les marchandises seules, depuis leur char- « gement et départ jusqu'à leur retour et déchar- « gement. »

Il est inutile de revenir sur les explications que nous avons données dans la première partie de ce travail (1), au sujet de la règle générale posée dans l'article 397 du Code de Commerce et répétée dans les articles 400 et 403 du même Code, qui fait courir les risques de mer, pour le navire, du moment du départ à celui de l'arrivée, et pour les marchandises, à partir de leur mise à bord jusqu'à leur débarquement.

Il est inutile également de revenir sur la distinction essentielle des avaries communes et des avaries particulières, dont les unes proviennent d'une détermination volontaire, et les autres, du cas fortuit sans aucune participation de la volonté humaine.

En nous renfermant dans le cercle qui nous est tracé par l'article 403, nous voyons que la loi distingue, des avaries particulières qui atteignent le navire, celles qui sont propres à la marchandise et que les unes et les autres consistent, comme nous venons de le dire, dans un dom-

(1) Liv. 1 *Des avaries en général*, p. 7 et la note.

mage matériel ou dans les dépenses faites pour les prévenir ou les réparer.

Suivant, en conséquence, l'ordre qui nous est tracé par cet article nous examinerons, tout d'abord, les diverses causes d'avaries particulières dont les marchandises peuvent être l'objet; nous nous occuperons ensuite de celles qui concernent le navire lui-même.

PREMIÈRE PARTIE.

DES AVARIES PARTICULIÈRES AUX MARCHANDISES.

CHAPITRE PREMIER.

DES DOMMAGES MATÉRIELS ÉPROUVÉS PAR LES MARCHANDISES ET PROVENANT DIRECTEMENT DE FORTUNES DE MER.

L'article 403 énumère, parmi les diverses fortunes de mer auxquelles la marchandise peut être exposée, la tempête, la prise, le naufrage et l'échouement.

§ 1er. — DE LA TEMPÊTE.

On appelle ainsi l'agitation des flots occasionnée par les vents.

Chaque tempête a ses degrés d'intensité, suivant l'impétuosité des vents, leur direction et l'action qu'ils exercent sur la mer.

Lorsque soufflant avec violence, ils tou[illegible] avec rapidité et enveloppent le navire de tou[illegible]arts, on donne, à cette sorte de tempête, le nom d'ouragan, ou pour nous servir d'un terme généralement adopté aujourd'hui, celui de cyclone.

On comprend qu'il y a plus ou moins de danger, selon la violence de la tempête ; cela peut aller jusqu'à la perte entière de la cargaison, lorsqu'elle est entraînée par celle du navire. Mais la loi ne s'occupe, au titre des avaries, que des détériorations partielles pouvant résulter, pour la marchandise, des dommages éprouvés par le navire lui-même ou seulement des fatigues extrêmes qu'il a pu essuyer pendant la durée du mauvais temps.

Si des mâts, en tombant, ont atteint gravement les flancs du navire, si la mer a enlevé une partie du doublage ou brisé quelques uns des bordages extérieurs, la tempête, en donnant ainsi accès à l'eau dans l'intérieur de la cale où se trouve déposée la cargaison, peut, avant que le désastre ait été réparé, occasionner aux marchandises des avaries plus ou moins considérables.

Il se peut aussi que, par suite des fatigues éprouvées par le navire, sans qu'il y ait rien d'enlevé ou de brisé extérieurement, des chevilles viennent à manquer, des membres se disjoignent de manière à laisser pénétrer l'eau à l'intérieur, ou qu'il se déclare simplement des égouts par le relâchement des coutures du pont, auxquels cas, malgré le soin que l'on doit prendre de faire jouer les pompes, la marchandise est exposée, surtout dans les grands roulis, à être avariée soit par les infiltrations du pont, soit par l'agitation de l'eau qui réussit à pénétrer dans la cale et qui se répand, tantôt sur un bord tantôt sur l'autre, à chaque mouvement d'inclinaison qu'éprouve le navire.

Dans chacun de ces cas, l'avarie atteint d'abord le navire d'où elle se propage jusqu'à la cargaison; mais, comme la cause du dommage est purement fortuite, la marchandise supporte seule la part d'avarie que l'accident lui a fait éprouver, en vertu du principe que, lorsqu'il existe une force majeure, chacun des objets qui y sont soumis doit supporter, seul et sans répétition, les conséquences qui en résultent (1).

§ 2. — DE LA PRISE.

La prise est l'acte par lequel un navire est capturé, soit par un ennemi armé en guerre, soit par des pirates courant les mers dans un but de pillage et de déprédation.

Il y a donc, comme nous l'avons fait observer, à propos du rachat (2), deux sortes de prises, celle qui se fait suivant les lois de la guerre et celle qui est contraire au droit des gens.

La prise peut s'étendre à la fois au navire et à la cargaison ou se borner au chargement et même à une partie du chargement. C'est ce qui a lieu, lorsque le capteur n'en veut qu'aux effets de l'ennemi

(1) Nemo casum præstat ff. de regulis juris, liv. 23.
(2) Liv. 1, chap. 1, p. 25.

ou aux marchandises de contrebande qui peuvent se trouver à bord.

Quelle que soit, du reste, la nature de la prise, juste ou injuste, totale ou partielle, comme elle constitue, par elle-même, un accident purement fortuit, le dommage qui en résulte rentre dans la classe des avaries particulières. Il n'y a que le rachat des objets capturés qui puisse donner lieu à l'avarie commune, lorsque le capitaine du navire, appréhendé par l'ennemi, entre en composition avec lui, pour racheter le navire et la cargaison.

Mais si les marchandises ou une partie seulement des marchandises ayant été saisies par le capteur, une composition partielle est faite avec lui pour racheter uniquement les effets dont il s'est emparé, le rachat n'ayant plus pour objet le salut commun du navire et de la cargaison, perd son caractère d'avarie commune pour reprendre celui d'avarie particulière.

Il est vrai que la somme donnée ou le prix des effets livrés à titre de composition, devra être réparti plus tard sur la totalité des objets qui avaient été pris par l'ennemi ; mais cette répartition, à laquelle le navire et les marchandises laissées en dehors de la capture ne prennent aucune part, n'a en réalité aucun rapport avec celle qui est la conséquence obligée de l'avarie commune.

§ 3. — DU NAUFRAGE.

Le naufrage est, à proprement parler, le bris du navire qui est poussé par la tempête contre le rivage.

Il vient de *naufragium*, mot latin, composé lui-même de deux autres mots : *navis* (en grec ναῦς (1)) et *fragium*, qui signifient bris ou fracture de navire.

On entend aussi, sous ce nom, la submersion entière du navire, lorsqu'il disparaît sous les flots, sans laisser aucun vestige de sa perte.

Il est évident que, dans ce dernier cas, il y a perte complète des marchandises aussi bien que du navire et non avarie. L'article 403 ne peut donc avoir eu en vue que le naufrage du navire au rivage, où il est poussé par les flots, ce qui expose infailliblement les marchandises à s'avarier par suite de l'eau qui pénètre à travers les membres de la coque disjoints et brisés.

Au moyen-âge, où le droit barbare de naufrage existait, en Europe, sur tout le littoral, aussitôt le navire jeté sur le sable ou sur un écueil, les populations riveraines s'empressaient de se saisir immédiatement des débris du navire et des marchandises

(1) Chez les latins, une partie des mots relatifs à l'art nautique avaient pour radical le mot grec ναῦς, comme dans *naufragium*, *nauta*, *nausum*, sorte de vaisseau gaulois, et dans l'adjectif, *nauticus*, qui a passé dans notre langue.

échappées au naufrage, comme d'une proie qui leur était destinée.

Il paraît qu'antérieurement et jusqu'à Constantin les objets naufragés étaient attribués au fisc, car on trouve, dans le Code Justinien (1), un édit du premier de ces empereurs qui restitue à ses propriétaires le navire que la tempête a jeté au rivage. Le motif donné par l'édit est que le fisc ne saurait profiter du malheur et de la ruine qu'occasionnent de pareils accidents.

On distingue deux sortes de bris : le bris absolu et le bris partiel.

Le bris absolu a lieu lorsque le navire se brise sur un écueil et devient la proie des flots. C'est le naufrage proprement dit. Il n'existe alors du navire que ses débris ; mais si, ce qui arrive quelquefois, on réussit, avant ou après le bris, à sauver tout ou partie des marchandises, le dommage qu'elles ont pu éprouver, soit au moment de l'accident, soit pendant le sauvetage, constitue des avaries particulières qui demeurent entièrement à leur charge.

Le bris partiel est celui qui n'affecte qu'une partie du navire, sans l'anéantir complètement. La voie d'eau qui se fait alors à l'intérieur, en altérant les marchandises qui composent le chargement, ne peut également donner lieu qu'à des avaries particulières.

(1) Cod. De Naufragiis, lib. 11. Tit. V, l. 1.

§ 4. — DE L'ÉCHOUEMENT.

L'échouement est le cas d'un navire qui se trouve arrêté sur un banc de sable ou de coraux, le fond sur lequel il a touché ne présentant pas assez d'eau pour lui permettre de demeurer à flot.

Le naufrage est presque toujours la suite du mauvais temps. L'échouement peut avoir lieu au contraire par les temps les plus calmes, lorsque le navire, en poursuivant sa route, passe par mégarde sur un bas-fond ou que, les vents venant à lui manquer, il est entraîné par les courants.

Il y a, comme nous l'avons déjà vu, deux sortes d'échouement, celui qui procède de la volonté de l'homme et celui qui a pour cause le cas fortuit. Il est inutile de dire que nous ne nous occupons ici que du dernier.

L'échouement d'un navire provenant de ce que le fond sur lequel il est engagé n'est pas en rapport avec son tirant d'eau, il suffit quelquefois, pour le remettre à flot, d'attendre la marée haute. Si ce moyen est insuffisant, on débarque, pour l'alléger, tout ou partie de la cargaison que l'on replace de nouveau à bord, après qu'on a réussi à dégager le navire, en lui faisant franchir l'obstacle sur lequel il était arrêté.

Il arrive aussi que le navire étant loin de tout secours et le danger devenant pressant, on soit réduit, pour l'alléger, à jeter à la mer une partie de son chargement.

Dans ce dernier cas, bien que l'échouement constitue, par lui-même, une avarie particulière, le sacrifice fait d'une partie des marchandises pour le salut commun du navire et de la cargaison, doit nécessairement entrer en avarie commune.

Hors de là, les frais faits pour renflouer le navire et ceux même qui ont été occasionnés par le débarquement sont réputés avaries particulières, avec cette différence que les frais des manœuvres nécessitées par la mise à flot restent à la charge du navire et que ceux du débarquement, lorsque le débarquement devient nécessaire, demeurent à celle de la marchandise.

Il en est de même des avaries qui peuvent survenir au chargement, soit pendant le débarquement, soit à bord et par suite de l'échouement; le motif en est tiré de la règle générale en vertu de laquelle les événements de force majeure n'entraînant aucune responsabilité, c'est à ceux qui en éprouvent du dommage à le supporter seul.

CHAPITRE II.

DES DÉTÉRIORATIONS MATÉRIELLES IMPUTABLES A D'AUTRES CAUSES QU'A UNE FORTUNE DE MER.

---

§ 1er. — DU VICE PROPRE.

On appelle vice propre un principe de fermentation ou d'altération inhérent à certaines substances qui, secondé par le temps ou par les circonstances, en amène plus ou moins promptement la détérioration.

Parmi les avaries qui sont réputées provenir du vice propre de la marchandise, on peut énumérer :

1° Le coulage, l'évaporation et l'altération des liquides ;

2° Le bris des choses fragiles ;

3° L'échauffement des grains ;

4° La fermentation des fruits ;

5° La décomposition des matières grasses et autres substances sujettes à dépérissement.

Ces avaries ne provenant pas d'un risque maritime, doivent, à plus forte raison que celles qui ont pour cause le cas fortuit, demeurer à la charge exclusive des propriétaires de la marchandise qui en est affectée.

Il peut pourtant se faire, ce qui ne déplacerait pas la responsabilité, qu'un séjour trop prolongé à bord, à la suite d'accidents et de retards survenus pendant la navigation, développe, dans certaines marchandises ; des avaries résultant du vice propre dont elles eussent été exemptes si le voyage ne se fût prolongé outre mesure ; que des accidents éprouvés par le navire, en laissant pénétrer l'eau dans la cale, y produisent, dans ceux des objets embarqués qui sont plus susceptibles de s'altérer, un principe de fermentation et de décomposition dû à l'action combinée de l'humidité et de la chaleur ; enfin que, par suite des mauvais temps et des fatigues éprouvées par le navire, les marchandises sujettes à coulage se trouvent tellement pressées, que les vases soient brisés par la rupture des caisses destinées à les protéger ou que les fûts, soit par les fonds, soit par le relâchement des cercles et des douelles, laissent échapper les liquides qui y sont contenus,

Dans chacun de ces cas, on voit les accidents de la navigation concourir, avec le vice propre, à l'altération de la marchandise, souvent même en être l'agent principal ou la cause unique. Mais il est clair, quelle que soit l'origine de l'avarie, risque de mer ou vice propre, que c'est au propriétaire de la marchandise avariée à en supporter seul les conséquences.

Il en serait autrement si un vice d'arrimage venait à être prouvé, s'il était établi que le capitaine a placé ou laissé placer des marchandises lourdes sur des marchandises légères, des substances sujettes à coulage sur des caisses contenant des tissus ou sur d'autres marchandises susceptibles d'être altérées par leur voisinage.

Le capitaine ne pourrait alors se prévaloir de la clause usitée aux connaissements, par laquelle il est dispensé de répondre du coulage des liquides et du bris des choses fragiles, car, dans ce cas, l'avarie proviendrait moins d'un vice propre que d'une faute d'arrimage imputable à sa négligence. Le propriétaire des objets avariés serait donc autorisé à agir contre lui par voie de recours.

On peut en dire autant de l'action récursoire que le propriétaire serait fondé à exercer contre l'expéditeur, même lorsqu'il s'agit de marchandises sujettes à s'altérer par leur vice propre, s'il venait à être prouvé que les emballages avaient été faits avec peu de soin, que les caisses ou enveloppes étaient insuffisantes ou que la marchandise expédiée avait été mal préparée ou était de mauvaise qualité.

L'avarie, dans ces divers cas, ne cesse pas d'être particulière, à la charge, par conséquent, de celui à qui les marchandises appartiennent, sauf son recours contre ceux dont la négligence ou la mauvaise foi a occasionné le dommage dont il est victime.

Au nombre des accidents qui peuvent être considérés comme résultant d'un vice propre, on peut citer les incendies qui se sont quelquefois déclarés à bord par l'échauffement de certaines marchandises, dans lesquelles l'action simultanée de l'humidité et de la chaleur a fini par produire, dans des cas heureusement assez rares, le phénomène d'une combustion spontanée.

Les exemples que l'on en pourrait donner se rapportent tous à des chargements composés, en majeure partie, de charbon de terre, de laine en suint, ou de cotons non encore manufacturés.

Emérigon (1) cite le cas de la barque *Marie-Magdeleine*, qu'en juin 1760 on fût forcé d'échouer à Malte, pour éteindre le feu pris aux laines dont ce bâtiment était chargé. Nous avons cité nous-mêmes celui du trois-mâts *la Ville-de-Saint-Denis* (2) à bord duquel un incendie se déclara en 1863, non loin du cap de Bonne-Espérance, par l'inflammation spontanée du charbon de terre qui constituait la partie inférieure du chargement.

Nous avons soutenu, il est vrai, et nous persistons à croire que les frais occasionnés par la relâche du navire incendié au cap de Bonne-Espérance devaient, ainsi que cela fût fait, être classés en avaries communes.

Mais si l'échouage volontaire d'un navire incendié, pour en éteindre le feu, ou la relâche effectuée dans un port, pour y chercher du secours contre l'incendie, constituent bien réellement des avaries communes, il ne saurait en être de même des dé-

(1) *Assurances*, chap. XII, sect. 7.
(2) Liv. 1, chap. XI, § 3, p. 123, à la note.

gâts occasionnés par le feu et par les suites de l'incendie, tant aux marchandises spontanément enflammées, qu'au reste du chargement.

Au nombre des dégâts qui doivent être considérés comme avaries particulières à la charge des objets qui les ont soufferts, il faut compter, non-seulement le dommage causé par le feu lui-même, mais encore celui résultant, soit des déplacements qu'il aura fallu faire dans la cale, soit de l'eau que l'on aura fait pénétrer dans le navire par le jeu des pompes ou autrement.

Il est pourtant un cas où les propriétaires des marchandises détruites ou endommagées par l'incendie, seraient en droit d'exercer une action en répétition contre le capitaine ; c'est celui où, au lieu de charger des laines, du coton et des charbons, sorte de marchandises qui, dans l'usage, n'ont jamais été pour les autres chargeurs une cause d'abstention ou de répugnance, le capitaine aurait placé, dans l'intérieur du navire, et sans en prévenir les intéressés au chargement, des acides ou autres produits chimiques susceptibles de s'enflammer par le bris des vases qui les contiennent et par leur contact avec le reste de la cargaison. Le danger résultant de la présence à bord de cette catégorie de marchandises et la responsabilité qui en peut résulter pour eux et pour leur armement, sont des choses tellement connues des capitaines que, d'habitude, ils ne consentent à les prendre que sur le pont, et à la condition d'en faire jet à la mer, dans le cas où elles viendraient à compromettre la sûreté du navire.

§ 2. — DES DOMMAGES CAUSÉS A LA MARCHANDISE PAR LA FAUTE DU CAPITAINE.

La loi a prévu le cas où les avaries survenues à la marchandise, au lieu de provenir d'un accident fortuit, auraient pour cause la faute du capitaine.

Après avoir indiqué, comme exemples, le tort qu'il aurait eu de n'avoir pas bien fermé les écoutilles, celui de n'avoir pas amarré le navire, ou de n'avoir pas fourni de bons guindages, l'article 405 du Code de Commerce finit par une disposition générale, qui met à sa charge tous les accidents provenant de sa négligence ou de celle de son équipage.

On appelle écoutilles, des ouvertures carrées pratiquées dans le pont du navire, par lesquelles on introduit dans la cale les marchandises qui composent le chargement. Les écoutilles sont fermées par des panneaux que l'on condamne, au moment du départ, en les recouvrant d'une toile goudronnée, appelée prélart, qu'on enlève à l'arrivée (1).

Dans les navires où il existe un entre-pont, comme les écoutilles pratiquées dans le pont intérieur n'ont pour but que d'ouvrir une communication avec la

(1) Il est pourtant des capitaines qui, lorsqu'il fait beau, prennent soin de faire ouvrir les écoutilles, afin de faire pénétrer dans la cale l'air extérieur et d'en laisser dégager les vapeurs chaudes et humides qui s'y sont amassées pendant que le pont était clos. Bien que cette précaution soit utile, surtout dans les voyages de long-cours, dans l'intérêt même de la marchandise, on a conservé dans les colonies, l'habitude de faire constater officiellement à l'arrivée, l'ouverture des panneaux, comme s'ils avaient été réellement condamnés durant toute la traversée.

cale et qu'il n'est pas à craindre qu'elles donnent accès à l'eau du dehors, il n'est pas nécessaire de les fermer avec des panneaux, comme celles du pont supérieur.

Un navire, s'il est dans le port, doit être amarré à quai. S'il est mouillé près du rivage, il faut qu'il soit tenu sur ses ancres, c'est-à-dire que le capitaine fasse mettre à la mer les chaînes et ancres nécessaires pour le maintenir dans la position qu'il occupe au mouillage. Les dommages qui arriveraient à la marchandise, à la suite de heurts, d'abordages ou de tous autres accidents pouvant résulter du défaut d'amarres ou de leur mauvaise qualité, resteraient nécessairement à la charge du capitaine.

Les guindages sont des cordages destinés à élever les marchandises le long du bord, pour les charger dans le navire ou à les tirer de la cale, pour les déposer à quai ou dans les chaloupes employées au débarquement.

Il est certain que, si les guindages sont insuffisants, usés, ou de mauvaise qualité, et que la marchandise, une fois élevée par le palan, tombe dans la mer ou sur le pont, le capitaine répond des dommages qu'elle aura soufferts et que la prudence la plus ordinaire eût suffi pour prévenir.

Le recours que la loi ouvre contre le capitaine dans ces divers cas et dans ceux auxquels sa négligence aura pu donner lieu est la conséquence de l'article 222, qui le déclare responsable des marchandises dont il se charge.

Quant à l'obligation qui lui est imposée par l'article 405 de répondre, non seulement de sa propre négligence, mais encore de celle de son équipage, elle dérive de l'article 223, qui lui accorde le choix de ceux qui doivent composer cet équipage, de l'autorité que la loi lui donne sur ses matelots et du devoir qu'il a de les surveiller et de les diriger.

Nous avons, dans le § qui précède, indiqué un autre genre de faute dont le capitaine peut être tenu, en parlant des avaries occassionnées à la marchandise par le vice d'arrimage. Les articles 225, 226, 227 et 229 du Code de Commerce fournissent d'autres exemples de la responsabilité qui pèse sur lui.

Ainsi le capitaine qui, avant de prendre charge, néglige de faire visiter son navire, devient responsable du dommage arrivé au chargement pendant la traversée, le navire étant présumé, par l'absence seule de cette formalité, n'avoir pas été en état de recevoir la marchandise, au moment où elle a été mise à bord. Ajoutons que l'obligation de fournir aux chargeurs un navire en bon état de navigabilité est tellement impérieuse que la preuve de ce défaut de condition est réservée à l'affréteur, même lorsqu'il y a eu visite et malgré les certificats que le capitaine a pu s'en faire délivrer avant le départ (1).

On comprend aussi pourquoi, sous peine de donner lieu à un recours contre lui, le capitaine est

(1) Art. 297 du Code de Commerce.

tenu d'avoir à son bord les pièces énumérées par l'article 226, leur absence pouvant avoir pour résultat de préjudicier à la marchandise, soit en occasionnant l'arrêt ou la saisie du navire, soit en motivant la confiscation des effets chargés qui ne peuvent voyager sans être accompagnés des acquits de paiement ou à caution délivrés par la douane.

La loi exige, par une raison de prudence, que le capitaine soit en personne à bord de son navire, à l'entrée ou à la sortie des ports, havres et rivières. Il s'en suit que si, en son absence, il arrive quelque accident de nature à affecter la marchandise, il en devient responsable, à moins qu'il ne prouve qu'il n'y a pas eu de faute commise à son bord et que, lui présent, l'accident n'eût pu être évité.

Enfin, comme nous l'avons vu dans la partie qui traite de la contribution (1), le capitaine qui voyage autrement qu'au petit cabotage est tenu des dommages arrivés aux marchandises qu'il aurait chargées sur le pont, sans y avoir été expressément autorisé par le chargeur.

Quelle que soit, du reste, la cause qui engage la responsabilité du capitaine, nous voyons, par les articles 221 et 222, qu'il est tenu en principe de ses fautes même légères et qu'il ne peut échapper aux réclamations dont il sera l'objet qu'en administrant lui-même la preuve de la force majeure.

(1) Liv. 2, chap. 1, 2me exception., p. 159.

L'article 224 et les articles 242 et suivants du Code de Commerce indiquent comment cette preuve doit être faite.

Il a été décidé, il est vrai, que le rapport exigé par l'un de ces articles n'ayant pour but qu'un intérêt de police et d'ordre public, la preuve des événements de force majeure pouvait être admise, alors qu'elle résultait d'autres circonstances, notamment des pièces du bord et du livre de navigation (1). Néanmoins, commme c'est là une formalité prescrite par la loi et qui est régulièrement observée dans la pratique, il y a toujours danger, pour les capitaines, à ne pas s'y soumettre (2).

Si certains arrêts favorables à l'assuré ont décidé qu'il peut, en l'absence de tout rapport, exercer son recours contre l'assureur, lorsque les juges sont convaincus de la réalité de la perte ou de l'avarie, c'est une question de savoir jusqu'à quel point ces décisions pourraient être invoquées par le capitaine lui-même à l'encontre du propriétaire non assuré de

(1) Cass., 1er septembre 1813. — Bordeaux, 11 juillet 1836.

(2) Le livre de bord, alors surtout qu'il a été visé par le juge dans les 24 heures de l'arrivée, peut être, à la rigueur, une justification pour le capitaine qui est en mesure de le produire, mais il ne saurait être utile au propriétaire de la marchandise, qui, assuré sur une autre place, serait dans la nécessité d'y faire parvenir la preuve des avaries dont il voudrait se faire rembourser. Outre que le livre de bord est exposé à périr et à emporter avec lui la preuve des faits qui y sont consignés, il n'y a qu'un rapport régulier fait devant l'autorité du lieu qui, en mettant à l'abri des événements extérieurs la preuve des accidents déclarés par le capitaine, puisse permettre aux parties intéressées d'en justifier, en tout temps, par les expéditions qu'elles peuvent s'en faire délivrer.

la marchandise? Il n'est pas douteux, dans tous les cas, que l'assuré qui serait évincé de sa demande par un motif de cette nature, ne fût fondé à réclamer du capitaine la réparation du préjudice que sa négligence, son oubli ou sa faute lui auraient fait éprouver.

CHAPITRE III.

DES DÉPENSES A LA CHARGE DE LA MARCHANDISE SEULE.

Ce chapitre comprend tous les frais extraordinaires dont la marchandise peut être tenue, tant en raison des avaries dont elle a été atteinte ou menacée, que des conséquences résultant, pour elle, des accidents fortuits survenus pendant le voyage.

§ 1er. — DES FRAIS FAITS POUR SAUVER LA MARCHANDISE.

La partie de l'article 403, qui traite de ce genre de dépenses, vient immédiatement après celle où la loi déclare avarie particulière aux marchandises, le dommage qui leur arrive par vice propre, par tempête, prise, naufrage ou échouement. Il a y donc une corrélation évidente entre les deux premiers numéros de cet article, dont le second se rapporte aux frais faits pour préserver la marchandise des divers accidents énumérés dans le premier.

Il est bien entendu qu'il ne sagit ici que des frais qui regardent la marchandise seule et non de ceux au moyen desquels on se proposerait de sauver à la fois le navire et la cargaison, car la dépense, à raison de sa généralité, revêtirait alors le caractère de l'avarie commune.

Lorsqu'il se produit une tempête, qu'il survient un naufrage ou un échouement, les marchandises sauvées supportent seules, à titre d'avaries particulières, les frais de sauvetage auxquels elles ont donné lieu.

Il en est de même, comme nous l'avons vu plus haut (1), des compositions partielles consenties par le capitaine en cas de prise, lorsque l'ennemi, sans en vouloir au navire, ne s'est emparé que de la cargaison ou d'une partie de la cargaison.

Restent les frais faits pour préserver les marchandises de la destruction dont elles seraient menacées à la suite d'avaries résultant soit d'un cas fortuit, soit d'un vice propre qui se serait manifesté pendant la traversée.

Si, effrayé des progrès du mal, le capitaine, dans le but de le réparer ou seulement d'empêcher qu'il ne s'aggrave, prend le parti de s'arrêter dans un port, il est évident que les frais d'entrée, de sortie et de séjour, devront demeurer à la charge de la marchandise dans l'intérêt de laquelle la résolution de relâcher aura été prise. Mais il faut pour cela

(1) Liv, 3, chap. I, § 2, p. 293.

que la sûreté du navire n'ait pas été en question et que le danger n'ait existé que pour la marchandise, de façon qu'il n'y ait ni doute ni équivoque sur la cause de la relâche.

Dans l'hypothèse qui nous occupe, le navire une fois rendu dans le port, le premier soin du capitaine doit être de débarquer la marchandise et d'appeler des experts pour reconnaître si elle est susceptible de bonification, ou si, tout amendement étant impossible, il n'est pas plus convenable, dans l'intérêt de son propriétaire, de procéder à une vente immédiate.

Si les experts décident qu'une bonification est impossible et qu'il y a danger évident à ce que la marchandise continue le voyage, le capitaine se fait autoriser à la vendre aux enchères publiques et rapporte avec lui, pour la remettre au porteur du connaissement qui se présentera au lieu de destination, la portion du prix restée entre ses mains, après prélèvement des frais de relâche, de débarquement, d'expertise et des autres frais qu'il aura fallu faire pour parvenir à la vente.

Si les experts reconnaisssent, au contraire, que l'avarie est susceptible d'être corrigée et amendée, le capitaine devra surveiller lui-même et diriger les opérations qui auront été jugées nécessaires pour remettre la marchandise dans son premier état. Dans ce cas, tous les frais qui auront été faits pour l'exposer à l'air ou au soleil, pour l'achat de nouveaux emballages, pour loyers de hangars ou de magasins, devront, ainsi que les frais d'expertise, de débarquement, de rembarquement, et tous ceux de la relâche, demeurer comme avaries particulières, à la charge de la marchandise bonifiée.

Le capitaine, n'étant pas obligé de faire les avances nécessaires pour acquitter ces diverses dépenses et n'ayant pas, le plus souvent, les moyens d'y pourvoir, aura alors deux partis à prendre, ou emprunter à la grosse sur la marchandise objet de la dépense, ou en vendre une partie, jusqu'à concurrence des besoins auxquels il aura à faire face.

Les frais de l'emprunt à la grosse et l'intérêt maritime stipulé, ou le remboursement qui devra être fait, à l'arrivée, au propriétaire des marchandises vendues, constitueront de nouveaux frais qui, ne concernant que la marchandise dans l'intérêt de laquelle ils auront été faits, suivront le sort des précédents et entreront, comme eux, en avaries particulières à sa charge.

Ici, une difficulté se présente, celle de savoir si le capitaine a le droit de réclamer, à l'arrivée, le fret des marchandises qu'il aura été obligé de vendre dans les circonstances que nous venons d'indiquer ?

Nous n'entendons pas parler de celles qui, une fois la bonification du chargement ou de partie du chargement opérée, n'auraient été vendues que pour payer les frais de cette bonification. La situation serait alors la-même que s'il s'était agi d'acquitter des dépenses destinées à entrer en avaries communes ; le propriétaire étant remboursé de sa marchandise sur le pied de sa valeur à l'arrivée, le fret est dû comme conséquence de la restitution qui lui est faite. Il n'y a qu'une seule différence dans le cas qui nous occupe, c'est que cette restitution, au lieu de se faire au moyen d'une contribution générale, comme dans le cas de l'avarie commune, n'a lieu qu'aux dépens de la partie du chargement dans l'intérêt de laquelle la vente a été faite.

La question est plus sérieuse, lorsque la conservation des marchandises ayant été reconnue impossible, il a fallu procéder à une vente immédiate, car au lieu de recevoir le prix de la chose sur le pied de ce qu'elle eût valu à l'arrivée, le destinataire ne touche, dans ce cas, que ce qui en a été retiré, après déduction des frais faits pour arriver à sa réalisation.

Consulté plusieurs fois à ce sujet, nous n'avions pas hésité à nous décider en faveur du capitaine. Nous y avions été déterminé par l'article 310 du Code de Commerce, qui ne permet pas au chargeur d'abandonner pour le fret les marchandises diminuées de prix ou détériorées par leur vice propre ou par cas fortuit. Il nous semble que si le fret ne peut être refusé au capitaine qui livre la marchandise entièrement avariée, il peut l'être encore moins à celui qui, dans l'intérêt du chargeur ou du propriétaire à qui elle est destinée, en a retiré la valeur, lorsque la conservation en devenait impossible.

Il est vrai que le frêt est le prix du transport; mais transporter l'objet lui même ou le produit qui en est la représentation, c'est faire absolument la même chose, avec cette considération de plus que celui-là surtout a mérité de toucher le fret qui s'est montré le plus soigneux des intérêts qui lui étaient confiés.

C'est donc avec une vive satisfaction que nous avons vu la Cour d'Aix adopter cette solution par un arrêt du 11 août 1859, entre le capitaine Topsent, commandant le trois mâts le *Lafayette*, et les consignataires de sa cargaison (1).

Ce capitaine, qui à Saint-Denis (Ile de la Réunion), avait chargé pour Marseille, à la consignation de divers, 8133 balles de sucre, avait été forcé de relâcher à l'île Maurice, à la suite d'une tempête, et y avait fait vendre, pour cause d'avaries, la quantité de 3403 balles. Rendu à Marseille, il réclamait le fret aussi bien des marchandises vendues à l'île Maurice, que de celles qu'il avait rendues à destination.

Cet arrêt, aux raisons qui nous avaient déterminé, en ajoute une nouvelle tirée de ce que l'article 293 du Code de Commerce soumet au paiement du fret entier le chargeur qui retire ses marchandises pendant le voyage.

(1) Nous avons en mains une copie de cet arrêt imprimé à Marseille sur une feuille volante, sans doute par les soins du capitaine Topsent.

Nous ne contestons pas que le capitaine ne soit, en cours de voyage, le mandataire des chargeurs et que ce qu'il a pu faire dans l'intérêt de la marchandise ne soit réputé, dans un certain sens, avoir été fait par le chargeur lui-même ; mais nous avons de la peine à admettre que le cas sur lequel la Cour d'Aix avait à se prononcer ait de l'analogie avec celui où il plairait au propriétaire de la marchandise de la retirer pendant le voyage. C'est là, il nous semble, une subtilité regrettable et dont la thèse admise par cet arrêt n'avait pas besoin.

Les capitaines qui ne sont pas tout-à-fait convaincus, que revenant avec le prix de la marchandise au lieu de la marchandise elle-même, ils aient le même droit au fret que si le navire avait conservé son plein chargement, doivent naturellement songer, dans les circonstances de cette nature, à se procurer un nouveau fret en remplacement de celui qu'ils craignent de se voir disputer.

Cet excès de précaution sera sans inconvénient, toutes les fois qu'il sera permis au capitaine de charger les marchandises qu'il se sera procurées, pendant le temps nécessaire pour la vente et la réalisation de celles qui auront été reconnues avariées. Il n'en serait pas de même, s'il devait en résulter un retard pour l'opération, comme la chose eût pu arriver dans le cas du capitaine Topsent, si au lieu de se passer à l'île Maurice, l'accident et la vente qui en a été la suite fussent advenus à la Réunion, où l'usage étant de charger sur plusieurs rades, ce qui entraîne une augmentation de risques et une plus grande perte de temps, ce capitaine se fût avisé de compléter son fret dans ces dernières conditions.

Il ne faut pas, en effet, qu'en dehors des retards nécessités par la conservation du chargement, qui n'est pas de moindre considération que celle du navire lui-même, le capitaine, dans un autre intérêt que l'intérêt commun et général, puisse faire subir aux autres parties, dont il est également le représentant, de nouveaux retards et des risques dont il aurait seul à profiter.

Nous pensons, dans tous les cas, que, si le capitaine avait utilisé la place devenue vacante à son bord, il ne pourrait s'approprier l'excédant de fret qui en serait résulté.

La question a déjà été examinée, en ce qui concerne les marchandises vendues pour cause d'avaries communes. Nous avons reconnu que le fret de celles qui sont embarquées en leur lieu et place devait profiter à l'avarie (1).

Il y a ici la même raison de décider, avec cette seule différence que l'avarie particulière devenant, dans l'hypothèse actuelle, la cause de ce surcroît de fret, le bénéfice en résultant ne peut et ne doit profiter qu'aux propriétaires des marchandises, dont la vente a permis d'utiliser la place qu'elles avaient laissée vide dans le navire.

(1) Liv. 2 *Contrib.*, chap. II, 1re partie, § 3, p. 210 et 211.

§ 2. — DE LA VENTE DES MARCHANDISES FAITE EN COURS DE VOYAGE, POUR PAYER LES DÉPENSES PARTICULIÈRES DU NAVIRE.

Nous allons rencontrer dans ce § et dans les § suivants, l'exemple d'avaries qui, de leur nature, particulières au navire, peuvent, à un moment donné retomber à la charge de la marchandise, non par une fortune de mer, mais par l'insolvabilité des armateurs ou par le simple refus qu'ils feraient de s'acquitter.

L'article 234 du Code de Commerce, lorsqu'il y a, en cours de voyage, nécessité de radoub ou d'achat de victuailles, toutes choses qui rentrent évidemment dans la classe des dépenses particulières à la charge du navire, autorise le capitaine, non-seulement à emprunter à la grosse sur corps et quille du vaisseau, ce qui paraît parfaitement logique et légitime, mais encore à mettre en gage, ou à vendre des marchandises jusqu'à concurrence de ses besoins.

Il est difficile de se rendre compte de ce que la loi a voulu dire par ces mots « mettre en gage » qui, pris à la lettre, autoriseraient le capitaine à continuer le voyage sans son chargement.

L'Ordonnance de 1681, qui a tout naturellement fourni le texte de cet article (1), parle bien, outre l'emprunt à la grosse à faire sur le navire, de mettre

(1) Ordonnance de 1681. Titre du *Capitaine*, art. 19.

en gage des apparaux, probablement ceux qui devaient être inutiles pour la continuation du voyage ; mais quand il arrive aux marchandises, il laisse aux capitaines une seule faculté, celle de les vendre.

La comparaison du Code et de l'Ordonnance a donc fait penser que, par ces mots « mettre en gage », l'article 234 avait entendu leur accorder le droit d'emprunter également sur la marchandise. Le fait est que, du moment où la loi permettait de la vendre et d'en priver ainsi le propriétaire d'une manière absolue, il n'y avait pas de raisons pour disputer aux capitaines le droit, beaucoup moindre en apparence, de l'affecter, par un emprunt à la grosse, à la garantie des dettes contractées par le navire.

Dans l'un comme dans l'autre cas, que la marchandise soit vendue ou qu'elle fasse l'objet d'un contrat à la grosse, il n'est pas douteux que l'obligation de la rembourser ou de la dégager à l'arrivée, n'incombe au capitaine ou aux armateurs qu'il représente et dont il a servi les intérêts.

Rien ne serait donc mieux assuré que le recours des propriétaires dont la marchandise a été vendue ou affectée à un emprunt, si l'article 216 du Code de Commerce n'ouvrait aux armateurs le droit d'échapper, par l'abandon du navire et du fret, aux engagements contractés par leurs capitaines.

Cet article 216, dont la rédaction primitive avait donné lieu à de nombreuses discussions, ne présente plus aujourd'hui aucun doute sur la faculté laissée aux propriétaires de navires de s'exonérer de toute responsabilité, en ce qui concerne aussi bien les obligations contractées par les capitaines, que les faits et délits qui peuvent leur être reprochés.

Il résulte de cette disposition, que justifie, du reste, le désir de rassurer le commerce maritime et de favoriser, par là, son plus haut développement, que lorsque l'armateur a déclaré abandonner le navire et le fret, le propriétaire dont la marchandise a été vendue n'a d'autre garantie en perspective que la valeur des objets dont il lui est fait abandon ; garantie illusoire, si le navire vient à périr avec son fret ; garantie insuffisante si, la valeur du navire, jointe à celle du fret, ne représente pas de quoi satisfaire les premiers privilégiés !

Il arrive alors que le chargeur ou le maître de la marchandise, ne pouvant être remboursé, supporte ainsi, jusqu'à due concurrence, une dépense qui, dans l'origine, lui était étrangère et qui finit par devenir, à son égard, une sorte d'avarie particulière.

Nous avons déjà présenté, à propos des relâches forcées en cours de voyage (1), des observations critiques sur la modification apportée à l'ancien article 298 du Code de commerce, par la loi du 14 juin 1841, modification par suite de laquelle, celui dont la marchandise a été vendue pour les besoins du navire, et qui ne peut s'en faire payer par le navire ou par les armateurs, est en droit d'appeler

(1) Liv. 1, chap. XI, § 3, p. 136 et suivantes.

ceux à qui appartient le reste du chargement à contribution.

Nous avons fait remarquer, à ce sujet, la différence qui existe entre ce genre de répartition et celle qui naît de l'avarie commune.

D'un autre côté, on ne trouve rien, dans l'économie de l'article 403, qui autorise à transformer une dépense particulière au navire en une dépense à la charge de la marchandise, par le seul refus que ferait l'armateur de l'acquitter.

Le genre d'avarie qui nous occupe en ce moment est donc complètement en dehors des énonciations de l'article 403, aussi bien que de l'article 400. C'est une avarie *sui generis* dont la création appartient tout entière à l'article 298, mais qui, prenant sa source dans la part de responsabilité imposée à la marchandise, à l'occasion des risques et des avaries du navire, doit naturellement trouver sa place dans la matière qui fait l'objet de ce chapitre.

§ 3. — DES EMPRUNTS A LA GROSSE CONTRACTÉS SUR LA MARCHANDISE, POUR LES BESOINS DU NAVIRE.

Sous le Consulat de la mer (1), le maître ne pouvait vendre des marchandises, pour les besoins de son navire, que s'il ne trouvait pas à emprunter à la grosse.

(1) *Consul. de mer*, chap. CVII.

C'était aussi la disposition de l'article 19 du Règlement d'Anvers (1), qui ne lui permettait pas de vendre ou d'*engager* la marchandise « tant qu'il pouvait trouver de l'argent à la grosse aventure. »

Le mot *engager* n'était donc pas alors synonyme d'emprunter à la grosse ; ce n'est que plus tard, lorsqu'il a pris place dans l'article 234 du Code de Commerce, qu'on s'est avisé d'en étendre ainsi le sens.

Quoi qu'il en soit, la faculté d'emprunter à la grosse sur le chargement, même pour les besoins du navire, n'étant plus contestée aux capitaines, il semble que, le cas se présentant, ils doivent chercher, avant tout, à faire leur emprunt sur le navire et que, s'ils n'y réussisent pas, ce n'est qu'après avoir tenté d'emprunter aussi sur la marchandise, qu'ils peuvent recourir au moyen extrême de la mettre en vente publique.

Dans l'ordre ordinaire des choses, c'est déjà beaucoup de grever la marchandise d'un emprunt pour des dettes qui ne la regardent pas ; c'est encore pis de l'enlever irrévocablement à son propriétaire même à la charge de lui en payer le prix.

Cependant, si l'on réfléchit aux embarras que l'une ou l'autre de ces deux situations peut, à l'arrivée, créer au destinataire de la marchandise, il faut reconnaître que, tout considéré, il vaut encore mieux pour lui se trouver en face d'une

(1) Voir Emérigon, *Contrat à la grosse*, chap. IV, sect. 9.

vente que d'un emprunt qui ne lui permet de disposer de sa chose que lorsque le porteur de l'acte de grosse a été satisfait.

Quand l'emprunt a été contracté dans le voyage de retour, le navire se rendant à son port d'armement ou dans un port voisin, il est rare qu'à moins de circonstances compliquées, les armateurs ne s'empressent de dégager la cargaison et de la faire livrer immédiatement aux destinataires en acquittant eux-mêmes le montant de l'acte de grosse.

Mais si c'est pendant le voyage d'aller que l'emprunt a été fait, le capitaine arrivant dans un port où il n'a souvent d'autre ressource, pour faire face à son emprunt, que d'en contracter un second, le fret se trouvant insuffisant et ne pouvant d'ailleurs être touché qu'après la remise de la marchandise, et la marchandise elle-même étant arrêtée par le prêteur, on comprend les embarras sans nombre auxquels le propriétaire du connaissement se trouve exposé, à moins que, dans son empressement à jouir de la chose qui lui est destinée, il ne prenne le parti périlleux de payer lui-même le contrat de grosse, sauf à s'en faire rembourser plus tard, en exerçant ses droits sur le navire.

Aussi est-il arrivé plus d'une fois que le destinataire ne voulant ou ne pouvant pas faire d'avances au navire et le capitaine ne trouvant pas à contracter un nouvel emprunt, la marchandise a été saisie et vendue à la requête du porteur de l'acte de grosse.

De là mille difficultés pour le propriétaire des objets vendus qui, voulant recourir à ses assureurs, s'est vu objecter par eux que la marchandise étant parvenue saine et sauve au lieu de destination et les risques étant finis, ils n'avaient pas à répondre des poursuites dont elle avait été l'objet à terre, pour des emprunts contractés dans un intérêt qui leur était étranger.

Ce n'est pas que, malgré des décisions rendues dans ce sens (1), l'objection paraisse absolument invincible. Mais il suffit qu'elle ait été produite et surtout qu'elle ait triomphé, pour que, si le choix lui était donné, le propriétaire de la marchandise n'aimât mieux la savoir vendue en cours de voyage, que de la voir arriver avec un emprunt.

En résumé, l'affectation de la marchandise sera toujours préférable à la vente qui aurait pu en être faite pendant la traversée, toutes les fois que, par un nouvel emprunt ou à l'aide d'autres ressources,

(1) Voir, dans ce sens, un arrêt de la Cour de Paris, du 27 mars 1838. (*Journal du Palais*, tom. I 1838, p. 536.) Où il s'agissait d'une marchandise vendue judiciairement à l'arrivée pour faire face au paiement d'un contrat de grosse souscrit pendant le voyage. Cet arrêt nous paraît contraire aux principes de l'assurance. L'assureur prenant l'obligation de garantir la marchandise contre toutes les pertes et les accidents qui peuvent l'atteindre pendant le cours et à l'occasion de la navigation, il nous semble que c'est à lui à supporter les conséquences des emprunts auxquels le capitaine a pu la soumettre pendant le voyage; peu importe que la perte ou le dommage ne se réalisent qu'après l'arrivée, s'ils ont pour cause une circonstance antérieure et qui rentre dans la classe des chances et les hasards que, par la nature du contrat, l'assureur a entendu prendre à sa charge.

le capitaine aura pu satisfaire le porteur de l'acte de grosse et libérer la marchandise.

Il n'en est pas de même, surtout au point de vue de l'assuré, si le contrat demeurant impayé, le porteur de l'acte de grosse laisse de côté le navire, qui peut avoir sensiblement diminué de valeur et qui, dans tous les cas, est d'une réalisation moins facile, pour s'adresser directement à la marchandise.

Il peut alors se faire :

Ou que les intéressés à la cargaison s'entendent entr'eux pour la dégager et exercer ensuite leurs recours contre le navire,

Ou que, s'ils ne s'entendent pas, un seul ou plusieurs d'entr'eux paient l'acte de grosse, auquel cas ils se trouvent subrogés de plein droit aux actions du porteur contre le navire et contre le reste du chargement ;

Ou enfin, qu'aucun des consignataires ne pouvant ou ne voulant dégager la marchandise, le prêteur, ou le porteur qui le représente, la fasse vendre, après saisie.

Chacun de ces cas devrait amener une solution différente, si les modifications apportées par la loi du 14 juin 1841 à l'article 298 du Code de Commerce ne s'étendaient aussi bien à la marchandise mise en gage, c'est-à-dire affectée à un emprunt, qu'à celle qui aurait été vendue en cours de voyage.

D'après les dernières dispositions de cet article, si le navire et le fret étant épuisés, les armateurs excipent de l'article 216 et refusent d'indemniser les perdants, une contribution doit être établie, au marc le franc, entre tous les propriétaires de la cargaison, à raison de la perte que l'emprunt à la grosse aura causé à tous ou à quelques uns.

C'est ici le cas de répéter ce qui a été dit dans le § précédent, que cette contribution n'ayant rien de commun avec celle qui naît de l'avarie commune, la part contributive qui demeurera à la charge de chacun des consignataires, bien que constituant une avarie d'un genre tout spécial, rentre si non directement, du moins d'une manière indirecte, dans la classe des avaries particulières dont la marchandise peut être affectée.

Pour donner une idée des complications qui peuvent naître de l'affectation de la cargaison aux emprunts à la grosse contractés pour les besoins du navire, nous terminerons ce § par le récit des difficultés qui, à la suite d'un emprunt de ce genre, se sont élevées, à l'île de la Réunion, entre le capitaine du navire l'*Amiral Casy*, les destinataires de sa cargaison et le porteur de l'acte de grosse qui avait été souscrit, en cours de voyage, par le capitaine.

Parti de Calcutta pour l'île de la Réunion dans les premiers mois de 1861, avec un chargement de riz et de saindoux, à la consignation de divers, l'*Amiral Casy*, commandé par le capitaine *Pignon-Blanc*, eut le malheur d'échouer dans le Gange, par la faute, à ce qu'il paraît, du bateau à vapeur qui avait été chargé de la remorque. Obligé, par suite de cet accident, de remonter à Calcutta, il y subit, dans sa carène, des réparations importantes, au paiement desquelles le capitaine pourvut en empruntant à la grosse, sur son navire et sur sa cargaison, la somme de fr. 99,608 fr. 75.

Arrivé à la Réunion, sur la rade de Saint-Denis, le capitaine Pignon-Blanc reçut l'ordre de se rendre dans les quartiers de l'île où, conformément à sa charte-partie, il devait débarquer son chargement ; mais le porteur de l'acte de grosse, excipant de ce que ce surcroît de risques n'avait pas été indiqué au contrat, s'opposa à ce que le navire quittât la rade sur laquelle il était mouillé, avant le paiement du capital et de l'intérêt maritime qui lui étaient dus.

Un procès s'éleva alors entre le porteur de l'acte de grosse, les consignataires de la cargaison et le capitaine Pignon-Blanc, les consignataires soutenant que l'emprunt ayant été fait pour les besoins du navire, le capitaine n'avait pas eu le droit d'y affecter la cargaison, que, dans tous les cas, le prêteur ou celui qui le représentait ne pouvait pas s'opposer à ce que l'*Amiral Casy* achevât son voyage, en se rendant dans les quartiers, pour y déposer son chargement, ainsi qu'il y était obligé par sa charte-partie.

Ce système ne fut pas accueilli. Un jugement du 31 juillet 1861, confirmé par un arrêt de la Cour de la Réunion, rendu le 7 août suivant, déclara valable l'affectation de la cargaison au paiement de l'acte de grosse, en ordonna le débarquement à Saint-Denis et le dépôt dans un magasin public, sous la surveillance d'un expert à ce désigné. Il reconnût, toutefois, le droit pour les destinataires de se faire garantir et indemniser, par le capitaine et par l'armement de l'*Amiral Casy*, des conséquences du dépôt qui venait d'être ordonné et des poursuites dont la marchandise pourrait devenir l'objet.

Le porteur de l'acte de grosse fit, en vertu de ces deux décisions, procéder tout à la fois à la saisie du navire et à celle de la cargaison ; mais à raison des lenteurs judiciaires que devait entraîner la réalisation du navire, celle de la marchandise étant plus facile et plus prompte, l'huissier chargé de l'opération, vendit, aux enchères publiques, une partie des marchandises composant le chargement et s'arrêta, dès que le produit des enchères eût atteint le montant présumé de l'acte de grosse, de l'intérêt maritime et des frais.

Les marchandises vendues par lui, sans indication des marques ni des numéros, furent prises un peu sur toutes les marques, Elles consistaient dans 6500 balles de riz et 400 caisses de saindoux, qui produisirent ensemble fr. 148,485. 50 c.

Ainsi privés d'une partie de leurs marchandises, les consignataires de la cargaison refusèrent de prendre livraison du solde qui était demeuré en magasin et le firent vendre en justice, pour compte de qui il appatiendrait. Cette deuxième vente, qui fut faite par le greffier du Tribunal, s'éleva à fr. 100,930.

Ces mêmes consignataires s'étaient déjà fait subroger dans les poursuites commencées contre le navire par le porteur de l'acte de grosse ; ils en firent ordonner la vente qui fut tranchée, au profit du dernier enchérisseur, au prix de fr. 80,000, outre les charges.

Il ne restait donc plus qu'à établir, après les dépenses et les frais prélevés, le chiffre pour lequel chacun des destinataires dont la marchandise avait été sacrifiée aux besoins du navire, serait colloqué sur le prix de vente de l'*Amiral-Casy*.

Cette collocation ne devant avoir lieu qu'à raison du préjudice souffert par chacun, il s'agissait de rechercher le chiffre afférant à chaque marque en particulier dans le produit des ventes successives faites par l'huissier et par le greffier du Tribunal, en déduisant, pour chacune d'elles, la part lui incombant dans la totalité des frais acquittés avec le prix des dites ventes, tels que le montant en capital de l'acte de grosse, l'intérêt maritime, les frais de justice, d'entrée, de débarquement, de magasinage et autres frais dont la marchandise s'était trouvée grevée.

Ce premier travail présentait quelque difficulté, à raison de la négligence que l'huissier avait mise à tenir compte des marques; Mais en comparant son procès-verbal avec celui du greffier où les marques avaient été relevées avec soin, il fut possible de reconnatre le contingent de chacune d'elles dans la première des deux ventes, celle qui avait suivi la saisie.

La confusion des marques ayant amené celle des prix, l'expert chargé du travail fut obligé, pour les riz et les saindoux compris dans cette première vente, d'établir une moyenne sur l'ensemble des lots vendus.

Cette opération terminée, il additionna les diverses dépenses acquittées avec le produit de la marchandise et établit, par la comparaison du montant de cette addition avec celui des ventes réalisées, le dividende à la charge de chacun des destinataires.

De ce dividende, qui constituait le déficit à supporter par les différents intéressés, puisqu'ils avaient à le toucher en moins sur le produit de leurs marchandises, fut défalqué le fret qu'ils auraient eu à payer et qui, retenu par chacun d'eux, à titre de compensation de sa perte, en diminuait nécessairement la quotité.

Pour rendre ces diverses opérations sensibles, il n'y a qu'à prendre pour exemple la marque L P F, l'une de celles figurant dans le travail de l'expert chargé du règlement et qui comprenait 6,000 balles de riz.

Le montant des sommes diverses acquittées avec le produit des marchandises s'étant élevé à f. 169,708 20 c., et celui des ventes ayant atteint le chiffre total de fr. 249,415 50 c. ces deux chiffres, répartis l'un sur l'autre, donnaient, pour la marchandise, un dividende de fr. 68 04 c. p. %.

Les 6,000 balles de riz LPF, ayant produit, par le résultat des deux ventes dont elles avaient été l'objet........................ F. 85,742 31
devaient donc contribuer à la dépense s'élevant à fr. 169,708 29 c., à raison de fr. 68 04 p. % sur le chiffre de fr. 85,742 31, soit pour. F. 58,340 06

Ce qui réduirait la somme à recevoir pour la marque LPF, à...... F. 27,402 25

La perte éprouvée par cette marque, était ainsi de.............. F. 58,340 06
d'où, déduisant, par compensation, le fret dû, suivant connaissement, pour les 6,000 balles de riz LPF.. F. 32,307 66

le déficit, à leur préjudice, se trouvait réduit à................... F. 26,032 40

C'est donc à raison de cette somme de fr. 26,032 40 que les 6,000 balles de riz en question devaient être admises à prendre part à la distribution du prix du navire.

L'Amiral Casy avait été vendu, comme il a été dit plus haut, pour le prix de fr. 80,000; mais après avoir déduit de cette somme les frais de justice, la solde de l'équipage et les autres dépenses privilégiées, classées, par l'article 191 du Code de Commerce, avant le remboursement du prix des marchandises, il ne restait plus à distribuer entre les dernières que fr. 31,966 18.

La totalité des pertes éprouvées par chacun des consignataires, déduction faite du fret retenu à titre de compensation, s'élevant à 91,695 47, ce chiffre de fr. 31,966 18, réparti sur 91,695 fr. 47 donnait un dividende de 34 fr. 86 p. 0/0; d'où il suit que les 6,000 balles de riz LPF, qui ne devaient prendre part à cette distribution que pour fr. 26,032 40, avaient à toucher sur le produit du navire à raison de 34 fr. 86 p. 0/0..... 9,075 93

Après avoir ainsi établi la part revenant à chaque marchandise dans la distribution du prix du navire, l'expert, pour achever sa mission, avait encore à déterminer la quotité de la perte définitive éprouvée par chacun des intéressés au chargement.

Pour donner une idée de cette partie de son travail, il suffit d'indiquer l'opération qui fut faite pour déterminer la perte incombant aux 6,000 balles de riz LPF., qui ont été prises pour exemple.

Après avoir recherché le cours de la marchandise à l'époque de l'arrivée de *l'Amiral Casy*, l'expert reconnut que les 6,000 balles de riz eussent donné, au prix de 20 fr. 50 la balle, sous l'escompte du 4 p. 0/0 en usage à la

Réunion........................		F. 118,080 »
Mais de ce chiffre, il déduisit les frais nécessaires à la charge de la marchandise savoir:		
1º Le montant du fret qui avait été retenu par compensation ci.......	F. 32,307 66	
2º Les frais à la charge de la marchandise, qui avaient été acquittés avec le produit de la cargaison, savoir:		
1º Coût du débarquement	F. 3,461 53	
2º Droit d'entrée...	675 »	36,444 19
Ce qui réduisit le prix net que ces 6,000 balles de riz eussent permis de réaliser à l'arrivée, à...		F. 81,635 81
Or leur propriétaire ayant touché:		
1º Sur le produit des deux ventes dont les marchandises avaient été l'objet.........	F. 27,402 25	
2º Sur la distribution du prix du navire	9,075 93	36,478 18
Il s'ensuit que la perte réelle éprouvée par le propriétaire des 6,000 balles de riz LPF était de..		F. 45,157 63

La cargaison de *l'Amiral Casy* ayant été assurée sur trois places de commerce : Paris, Bordeaux, et Marseille, c'est sur cette dernière base que les intéressés au chargement furent remboursés par leurs assureurs (1).

§ 4. — DES FRAIS FAITS POUR LA MARCHANDISE ET DES EXCÉDANTS DE FRET, DANS LE CAS PRÉVU PAR L'ARTICLE 393 DU CODE DE COMMERCE.

Lorsqu'en cours de voyage, un navire est déclaré innavigable, le capitaine est tenu d'en louer un autre pour le transport des marchandises au lieu de leur destination.

Le Code de Commerce reproduit deux fois cette prescription, au titre du fret et à celui des assurances (2). Il ajoute, dans ce dernier titre, deux dispositions qu'il n'a point empruntées à l'Ordonnance de 1681 ; la première, par laquelle l'assureur continue à courir les risques des marchandises sur le nouveau navire où elle se trouvent placées ; la seconde, qui met à la charge du même assureur les frais de chargement, magasinage, rembarque-

(1) La perte éprouvée avait, en effet, pour cause l'emprunt fait, en cours de voyage, sur la cargaison et l'obstacle apporté par le prêteur à ce que le navire continuât sa route pour les quartiers où il devait opérer son débarquement, deux circonstances également préjudiciables à la marchandise et résultant des chances et des hasards de la navigation.

(2) Art. 296 et 391.

ment, l'excédant de fret et tous autres frais qui ont pu être faits pour le conservation des marchandises (1).

En effet, sauf les excédants de fret à l'occasion desquels nous croyons devoir faire une réserve, ces divers frais, étant des dépenses faites dans l'intérêt de la cargaison, nous paraissent constituer, aux termes de l'article 403, des avaries dont l'assureur des marchandises doit être tenu.

Il est vrai que ces avaries ou ces dépenses, car c'est tout un, ont pour cause première l'innavigabilité du navire; mais cette innavigabilité procédant elle-même d'un accident fortuit, c'est le cas de rappeler le principe en vertu duquel les événements de force majeure n'entraînant aucune responsabilité (2), c'est à ceux qui en éprouvent du dommage à le supporter seuls.

Nous venons toutefois, et ce n'est pas sans raison, de faire une réserve pour les excédants de fret. En effet, l'obligation d'affréter un nouveau navire pour le transport des marchandises est imposée, par la loi, au capitaine, comme conséquence de l'article 238 qui lui prescrit, lorsqu'il a été affrété pour un voyage, de l'achever à peine de tous dépens et dommages intérêts.

Cette obligation ne cesse pour lui, même lorsque son navire devient hors d'état de naviguer, que s'il

(1) Art. 392 et 393.
(2) Nemo casum præstat, ff. de Regulis juris., l. 23.

lui est impossible de le remplacer par un autre (1). Dans ce cas, il n'est payé de son fret qu'à proportion de la distance parcourue.

Si, au contraire, il trouve à louer un autre navire à la place du sien, le voyage continue, pour la marchandise, sur ce nouveau navire, ainsi qu'elle l'eût fait sur l'ancien, et le capitaine affréteur touche, à l'arrivée, le montant intégral de son fret, comme si c'était son propre navire qui eût conduit la marchandise au port de destination.

Peu importe le prix auquel il aura réussi à conclure l'affrétement. Si ce prix est proportionnellement inférieur à celui qu'il a lui même à recevoir, c'est un bénéfice qui lui appartient et dont personne n'a à lui demander compte. Tout le monde est d'accord sur ce point, mais les avis sont partagés, si au lieu d'un bénéfice à recueillir, le capitaine se trouve en présence d'un excédant de fret à payer.

Il en est qui, fidèles à la logique, veulent que s'il profite de la différence, lorsqu'elle est en sa faveur, il soit tenu, lorsqu'elle est contre lui, d'en supporter les conséquences. Ils font observer que s'étant obligé, envers le chargeur, à transporter sa marchandise moyennant un prix déterminé et la loi voulant que si le navire ne peut être radoubé, le voyage continue sur un autre, le capitaine, en considération du prix qu'il aura à payer, ne peut pas plus demander une augmentation du fret convenu,

(1) Art. 296.

que le chargeur ne serait fondé à en réclamer la diminution, par le motif que le fret du navire pris en remplacement, serait proportionnellement moins élevé que celui qu'il s'est soumis à payer.

D'autres, cependant, ont cru devoir embrasser l'opinion contraire. Ils se fondent principalement sur ce que, l'excédant de fret provenant d'une fortune de mer, se serait rendre le capitaine responsable des accidents de la navigation, que de lui faire payer cet excédant.

C'est par cette raison que la cour d'Aix, dans un arrêt déjà cité, rendu le 11 août 1859, dans l'affaire du *Lafayette*, capitaine Topsent (1), a décidé en principe que, bien que le capitaine soit admis à jouir du bénéfice résultant des différences de fret, l'excédant, s'il en existe, doit être mis, non à sa charge, mais à celle du propriétaire de la marchandise.

Cette doctrine nous paraît peu en rapport avec les dispositions du Code de Commerce qui, en cas d'innavigabilité, déterminent les obligations du capitaine qui s'est chargé du transport.

On a supposé à tort qu'en affrétant le navire qui doit remplacer le sien, le capitaine stipulait comme mandataire des chargeurs; c'est là une erreur: l'obligation dont il s'agit est étrangère à la marchandise. C'est ce qui ressort clairement des articles 296 et 391, dont le premier dit que le capitaine

(1) Voir § 1 du présent chapitre, p. 313.

est *tenu* de louer un autre navire, et le second lui impose l'obligation de faire toutes les diligences, *pour s'en procurer un autre.*

Ces mots « *s'en procurer un autre* » sont caractéristiques. Ils ne permettent pas de douter qu'en affrétant un autre navire, le capitaine n'accomplisse une obligation à la charge de son armement.

Mais, dit-on, l'article 393 oblige l'assureur de la marchandise à supporter les excédants de fret; donc la loi considère ces excédants comme constituant une avarie particulière à la marchandise.

Cet argument n'est pas aussi décisif qu'on semble le croire. En effet, la vente de la marchandise en cours de voyage pour les besoins du navire et les emprunts à la grosse conctractés, pour le même objet, sur la cargaison, ont évidemment pour cause des dépenses à la charge du navire et dont le capitaine ou ceux qu'il représente doivent indemniser le propriétaire des marchandises vendues ou affectées. Mais comme nous l'avons fait remarquer, il peut se faire que, le navire étant insuffisant pour leur permettre de se rembourser et les armateurs ayant excipé du bénéfice de l'article 216, la perte ou le dommage retombe en entier sur la marchandise, auquel cas la charge de la dépense passant du navire à cette dernière, constitue pour elle, une avarie particulière à raison de laquelle l'assuré a le droit de recourir contre son assureur.

Il en est évidemment de même lorsqu'il s'agit des excédants de fret. Nous n'admettons pas que le capitaine qui est tenu de *se procurer* un autre navire pour continuer le voyage et qui touche en entier le prix du fret convenu avec le chargeur puisse, si l'affrétement qu'il est tenu de faire est avantageux, en recueillir le bénéfice et, s'il est désavantageux, en faire supporter les conséquences à la marchandise. Pour nous, l'obligation d'affréter un autre navire à ses frais, est, pour le capitaine, la condition du transport dont il est appelé à toucher le prix.

Mais bien que cette obligation concerne le navire seul, si le destinataire, pour obtenir sa marchandise à l'arrivée, a été obligé d'acquitter un fret supérieur à celui qui avait été convenu avec le chargeur au lieu du départ, si le prix du navire devenu innavigable et vendu en cours de voyage s'est trouvé insuffisant pour le rembourser, si, enfin, s'étant adressé aux propriétaires du navire, il s'est vu repoussé par l'exception de l'article 216, il arrivera comme pour la marchandise qui, pour les besoins du navire, est vendue pendant le voyage ou affectée à un emprunt à la grosse; c'est-à-dire que l'obligation de supporter l'excédant de fret qui aurait dû être à la charge du navire ou de ses armateurs, retombant, par la force des circonstances, sur la marchandise elle-même, il en résulte, pour cette dernière, une dépense forcée, suite d'une fortune de mer, et dont ses assureurs doivent l'indemniser. C'est, il nous semble, dans ce sens que, pour ce qui concerne les excédants de fret, il faut entendre les dispositions de l'article 393 du Code de Commerce.

DEUXIÈME PARTIE.

DES AVARIES PARTICULIÈRES AU NAVIRE.

L'existence d'une détérioration matérielle dans la marchandise est, sauf le cas, du reste fort rare, où elle a été endommagée par le jet, l'indice infaillible d'une avarie particulière. Il n'en est pas de même des objets appartenant au navire, tels que les mâts, voiles, cordages qui peuvent avoir été aussi bien brisés, déchirés ou emportés par le vent, que coupés et sacrifiés, pendant la tourmente, pour le bien et le salut commun du navire et de la cargaison. L'examen de l'objet avarié ne pouvant déceler, dans ce cas, la nature de l'avarie, ce sont les circonstances relatées dans le livre de bord et dans le rapport du capitaine qui peuvent seules la faire reconnaître.

Il va sans dire que le cas fortuit, étant la cause la plus ordinaire des accidents qui peuvent survenir pendant le voyage, il faut, pour que le fait de l'homme soit reconnu constant, que la chose paraisse vraisemblable et qu'elle résulte clairement des faits énoncés par le capitaine. Dans le doute, toute avarie doit être réputée particulière.

Il en est du navire comme de la marchandise, c'est-à-dire que si l'avarie résulte le plus souvent d'un dommage matériel dans l'une ou l'autre des parties du bâtiment, elle peut consister également dans les dépenses destinées à la réparer ou à la prévenir, d'où la nécessité de diviser encore cette partie en deux chapitres : le 1er, relatif aux dommages matériels éprouvés par le navire ; le 2me, aux dépenses extraordinaires faites, à son occasion, en cours de voyage.

CHAPITRE IV.

DES DOMMAGES MATÉRIELS ÉPROUVÉS PAR LE NAVIRE.

L'avarie particulière du navire et de ses apparaux peut, aussi bien que celle de la marchandise, avoir pour cause, outre le cas fortuit, le vice propre ou la faute du capitaine.

§ 1. — DU VICE PROPRE.

Le vice propre du navire résulte, ou de la mauvaise qualité des matériaux employés à sa construction ou de leur état de vétusté, lorsque, malgré l'âge avancé du bâtiment et l'usure de sa coque ou de ses autres parties, les armateurs persistent à le faire naviguer.

Il en serait de même si, le navire n'étant ni vieux ni usé, mais ayant éprouvé des avaries essentielles, la parcimonie du capitaine ou des armateurs lui faisait entreprendre la mer, sans qu'il eût subi les réparations nécessaires.

C'est pour prévenir ces inconvénients, qui sont de nature à compromettre non-seulement la marchandise, mais encore la sûreté des équipages, que la loi exige du capitaine qu'il fasse visiter son navire avant le départ, afin qu'il soit bien établi qu'au moment de prendre la mer, il était dans les conditions de solidité désirables et muni de tout ce qui est nécessaire pour une bonne navigation.

Comme nous l'avons fait observer (1), la preuve même de cette visite ne met pas le capitaine à l'abri, s'il est prouvé que le navire n'était pas en état au moment du départ.

C'est qu'en effet il est des vices cachés qui, quoique connus du capitaine, peuvent être ignorés des officiers visiteurs.

Ainsi il arrive quelquefois qu'un navire étant parti après la visite d'usage et ayant subi des avaries en mer, on vienne à reconnaître, au moment des réparations, que la carène était usée ou que les fonds étaient vieux ou pourris.

Ces constatations, qui ont pour résultat de dégager l'assureur, en mettant en relief le vice propre du navire, signalent une espèce particulière d'avarie,

(1) 3me liv., chap. II, § 2, p. 305.

qui ne procède pas d'une fortune de mer et qui, pour cette raison, doit demeurer à la charge des propriétaires du navire, qu'il aient eu ou non la précaution de se faire assurer.

§ 2. — DE LA FAUTE DU CAPITAINE.

Nous avons vu, au § 2, du chapitre précédent, comment le capitaine répond, dans certains cas, du dommage causé par sa faute aux marchandises. Il en estde même des accidents que sa négligence ou son impéritie viendraient à occasionner au navire.

Parmi les fautes qui peuvent être reprochées aux capitaines, il en est qui ne sont dommageables qu'à la marchandise, d'autres qui intéressent à la fois la marchandise et le navire, d'autres enfin qui n'atteignent que le navire.

Ainsi le chargement sur le tillac, le vice d'arrimage, la négligence à fermer les écoutilles et à se procurer de bons guindages ne compromettent que la marchandise.

L'omission des papiers nécessaires à la navigation, le défaut d'amarrage, l'insuffisance ou le mauvais choix de l'équipage, l'excès du chargement, le mauvais état du navire au départ, l'absence du capitaine à l'entrée et à la sortie des ports, havres et rivières sont tout autant de fautes qui peuvent nuire aussi bien aux marchandises qu'au navire lui-même.

Enfin, il peut se faire que le navire soit atteint extérieurement par l'imprudence ou la faute du capitaine, sans que le chargement ait à souffrir, ou que, le navire naviguant sur son lest, les fautes commises par le capitaine ne soient, à raison de l'absence de la marchandise, dommageables qu'au navire seul.

Le Code donne, dans divers articles (1), plusieurs exemples des fautes dont le capitaine est appelé à répondre.

Ces exemples ne sont pas limitatifs. La faute peut varier suivant les circonstances, mais il ne faut pas qu'elle soit admise légèrement. La présomption est en faveur du capitaine et ne doit céder que devant la preuve évidente que sans son impéritie, sa négligence ou sa mauvaise volonté, l'accident n'aurait pas eu lieu.

§ 3. — DES DOMMAGES OCCASIONNÉS AU NAVIRE PAR CAS FORTUITS.

Les accidents fortuits ne peuvent être autres pour le navire et pour la marchandise. Ce sont les mêmes que nous avons déjà passés en revue, à propos des avaries sur marchandises, la tempête, la prise, le naufrage et l'échouement.

Les pertes ou les dommages qui en résultent peuvent atteindre non seulement les câbles, ancres,

(1) Voir Cod. de Comm., art. 405 et 221 à 230.

voiles, mâts, cordages dont parle l'article 403, mais encore la coque dont cet article ne parle pas. Ces divers objets peuvent être atteints ensemble ou séparément; séparément, quand un seul s'est trouvé avarié par l'accident; ensemble, quand l'événement s'est étendu à plusieurs ou que, devenu plus général, il a affecté à la fois la coque, les mâts, les agrès, la voilure et tout ce qui en dépend.

Les rapports de mer que font les capitaines à l'arrivée, en exécution de l'article 242 du Code de Commerce, offrent journellement des exemples de ces sortes d'avaries.

Ce ne sont quelquefois que des voiles déchirées ou emportées par le vent, d'autres fois, ce qui est plus grave, des mâts craqués ou tombant le long du bord avec les débris de leur gréement, d'autres fois encore, ce qui est le comble de l'avarie particulière, des avaries à la coque et des voies d'eau coïncidant avec la perte partielle des mâts, de la voilure ou du gréement.

Il n'est pas rare, comme nous l'avons déjà fait observer dans la première partie de ce travail, que l'avarie commune, c'est-à-dire la volonté de l'homme concoure avec le cas fortuit, comme lorsqu'on sacrifie des objets déjà avariés et dont il importe de se débarrasser dans l'intérêt de la sûreté générale.

La loi a tracé, dans les articles 400 et 403, une distinction essentielle et qu'il ne faut pas perdre de vue.

Si elle parle, dans le premier de ces articles, *des câbles ou mâts rompus ou coupés, des ancres et autres effets abandonnés pour le salut commun*, elle met en regard, dans le second, *la perte des câbles, ancres, voiles, mâts, cordages, causée par la tempête ou autre accident de mer.*

Dans l'un, c'est la volonté de l'homme qui consomme le sacrifice et donne naissance à l'avarie ; dans l'autre, c'est la fortune de mer qui se déclare et cause seule le dommage.

Ces observations sont les seules que doive nous suggérer le genre d'avaries dont nous nous occupons en ce moment. Demeurant à la charge exclusive des propriétaires du navire, sans recours possible contre les marchandises qui se trouvaient à bord lors de l'événement, elles ne peuvent donner lieu à des questions sérieuses que lorsque, le navire ayant été assuré, il s'agit, ce qui n'est pas du ressort de ce livre, de procéder à leur règlement entre l'assureur et l'armateur qui a pris la précaution de faire couvrir ses risques par une assurance.

CHAPITRE V.

DES DÉPENSES EXTRAORDINAIRES A LA CHARGE DU NAVIRE.

L'article 403 énumère, parmi les dépenses qui doivent demeurer au compte du navire :

1° Les frais des relâches occasionnées, en cours

de voyage, par la nécessité de réparer des avaries particulières ou par le besoin d'avitaillement ;

2° La nourriture et les loyers des matelots, pendant la détention par ordre d'une puissance et pendant la durée des réparations, lorsque le navire a été affrété au voyage ;

3° La nourriture et les loyers des matelots, pendant la quarantaine, que le navire ait été affrété au mois ou au voyage.

Procédant ensuite d'une façon générale et par voie de définition, le même article range dans la classe des avaries particulières, toutes les dépenses qui sont faites, *pour le navire seul*, depuis son départ jusqu'à son retour au lieu d'armement.

Ces mots, *pour le navire seul*, ont pour objet de distinguer les dépenses particulières du navire, des dépenses générales qui, faites à la fois dans l'intérêt du navire et dans celui de la cargaison, constituent l'avarie commune dont nous avons fait le sujet de notre premier livre.

Cette définition comparée à celle qui termine l'article 400 étant suffisante pour déterminer, en général, le caractère des diverses dépenses qui peuvent être faites pendant le voyage, nous nous bornerons à l'examen de celles dont l'article 403 a jugé à propos de faire une mention spéciale.

§ 1. — DES DÉPENSES RÉSULTANT DES RELACHES.

Tro[illegible]s de relâche sont indiquées dans l'article 403 :

1° Le remplacement ou la réparation des objets enlevés ou endommagés par le cas fortuit ;

2° Les voies d'eau à réparer ;

3° Le besoin d'avitaillement.

Les dépenses des relâches sont considérées, dans chacun de ces cas, comme avaries particulières et mises à la charge du navire seul.

L'Ordonnance de 1681 ne faisait aucune mention de cette sorte de dépenses ; elles tombaient, quel que fût le motif qui avait déterminé la mesure, sous l'application des règles générales servant à distinguer la nature et le caractère des avaries. Ainsi, qu'un navire vînt à relâcher quelque part, pour rétablir sa mâture enlevée par un coup de vent, ou pour réparer une voie d'eau qui menaçait aussi bien la cargaison que le navire lui-même, il était permis aux juges, en restant fidèles aux principes et sans contrarier aucun texte, d'apprécier, suivant les circonstances, si la relâche, ayant été ou non motivée par l'intérêt commun, il y avait lieu de l'admettre comme avarie commune ou de la rejeter dans la classe des avaries particulières.

Le Code est sorti de cette prudente réserve. Il a introduit, dans l'article 403, une disposition absolument nouvelle par laquelle il semble que, sans tenir compte de l'importance des voies d'eau ou des avaries survenues au bâtiment pendant le cours du voyage, il ait voulu ranger désormais, dans la classe des avaries particulières au navire, les dépenses de *toutes* relâches qui seraient motivées par des avaries de cette nature.

Les rédacteurs ont été, sans doute, déterminés par le désir d'enlever aux capitaines la facilité de faire dégénérer en avaries communes, des avaries particulières. Ils n'ont pas pris garde que les frais seuls de la relâche entrant en avaries communes et le coût des réparations demeurant au compte du navire, ces capitaines, à moins d'un intérêt pressant et général, ne pouvaient se laisser entraîner à des relâches dont le résultat certain était d'élever le prix des réparations au-dessus de celui qu'ils auraient eu à payer au lieu du reste.

Ils n'ont pas réfléchi que le seul moyen pour eux de bénéficier aux dépens des chargeurs, était de simuler la nature de l'avarie, en présentant comme ayant été perdu ou détérioré par un sacrifice volontaire, ce qui aurait été enlevé ou endommagé par un événement fortuit, auquel cas ils devaient réussir à faire admettre en avaries communes, non-seulement les frais de la relâche, mais le coût même des réparations.

Or, outre qu'une pareille fraude, si elle était à supposer, ne pourrait être pratiquée qu'avec le concours de tout l'équipage, il est certain qu'elle ne trouverait pas un frein dans les dispositions de l'article 403, puisque le point de départ étant une avarie commune simulée, le texte lui-même favoriserait l'admission en avaries communes, de toutes les conséquences y relatives.

C'est donc avec raison, qu'après quelques hésitations, que le texte de l'article 403 était bien fait pour justifier, la jurisprudence suivie sur les places de commerce a fini, comme nous l'avons vu (1), par concilier avec les dispositions trop absolues de cet article, les dispositions générales qui terminent l'article 400 du même Code.

Il est reconnu aujourd'hui que, si l'avarie provenant du cas fortuit est d'une telle gravité qu'elle compromette à la fois la sûreté du navire et celle de la cargaison, la relâche faite pour réparer cette avarie doit être considérée comme rentrant dans les termes généraux de l'art. 400 et que les dépenses en résultant, moins le coût des réparations, doivent êtreadmises dans la classe des avaries communes.

L'article 403 n'est plus applicable, dès lors, qu'au cas où les avaries éprouvées n'étant pas de nature à compromettre la sûreté générale, la relâche serait réputée avoir eu lieu dans l'intérêt seul du navire et pour son avantage particulier.

Ainsi réduite dans son application, cette partie de l'article 403 devient d'une utilité fort contestable. Quel est, en effet, le capitaine qui, pouvant continuer à naviguer sans péril, se déciderait à subir les retards et la dépense d'une relâche que ne nécessiterait pas la sûreté de son navire et partant celle de sa cargaison ?

(1) Liv. 1, chap. XI, § 3, p. 132.

Il n'est pas une voie d'eau d'une certaine importance qui, avant de menacer le navire, ne soit une menace plus directe et plus sûre pour le chargement. Quant aux objets perdus ou avariés par fortune de mer, ou l'avarie étant de peu d'importance, le capitaine n'hésitera pas à poursuivre sa route en y suppléant par les ressources du bord, ou l'avarie sera assez grave pour ne pouvoir continuer le voyage sans exposer le navire et la cargaison, et, dans ce cas, il est de toute justice que, la relâche étant commandée par l'intérêt commun, les frais qui en seront la conséquence soient admis en avaries communes.

Ce que nous venons de dire est relatif aux relâches qui ont pour cause des avaries ou des voies d'eau à réparer. Il nous semble qu'il y a même raison de décider pour celles qui seraient motivées par le besoin d'avitaillement.

Nous avons, dans le livre Ier, qui traite des avaries communes (1), distingué le cas où le capitaine ne se serait pas suffisamment approvisionné au départ ou se serait pourvu de vivres d'une conservation douteuse, de celui où une fortune de mer, en altérant ceux qui se trouvaient à bord, en aurait rendu le remplacement nécessaire.

Nous avons soutenu que tout ce qui tient à la conservation des équipages intéressant la sûreté générale, les frais de la relâche qui serait faite pour se procurer de nouveaux vivres, devaient, dans le

(1) Liv. Ier, chap. XI, § 1, p. 114 et 115.

dernier cas, être classés en avaries communes. Dans le premier cas, au contraire, la nécessité d'un nouvel avitaillement, dépendant de circonstances que la prudence du capitaine ou des armateurs eût pu prévenir, nous avons pensé qu'il y avait lieu d'appliquer l'article 403, en mettant les frais de la relâche au nombre des avaries particulières à la charge du navire.

Nous ne voyons pas de motif pour revenir sur cette double opinion.

§ 2. — DES LOYERS ET DE LA NOURRITURE DES MATELOTS PENDANT LA DURÉE DES RÉPARATIONS OU PENDANT LA DÉTENTION, PAR ORDRE D'UNE PUISSANCE, LORSQUE LE NAVIRE A ÉTÉ AFFRÉTÉ AU VOYAGE.

Cette partie de l'article 403 donne lieu à deux observations :

La première, que nous avaient déjà suggérée les dispositions inverses qui se trouvent dans l'article 400, a pour objet de relever la confusion faite, par ces deux articles, entre l'affrètement du navire et le louage des matelots.

Les retards provenant des réparations à faire ou de la détention du navire ne constituent pas, au point de vue des loyers, une perte pour l'armateur, lorsque les matelots ont été loués au voyage; ils deviennent, au contraire, pour lui, un surcroît de dépenses, lorsque, les matelots ayant été loués au mois, la prolongation du voyage a pour résultat d'accroître la somme des loyers.

C'est là, sans doute, le motif qui a porté les rédacteurs du Code à admettre les loyers et la nourriture des matelots tantôt en avaries communes et tantôt en avaries particulières ; mais ils n'auraient pas dû, au lieu des conditions du louage des matelots, prendre pour base celle de l'affrètement, car il peut se faire que, dans un affrètement au mois, les matelots soient loués au voyage et réciproquement que, dans un affrètement au voyage, les matelots soient loués au mois.

La seconde observation consiste dans le défaut de logique qui se fait remarquer dans l'article 403.

Cet article, en ne mettant les loyers et la nourriture des matelots en avaries particulières que lorsqu'il y a affrètement au voyage, a pour effet, lorsque l'affrètement a eu lieu au mois, de les faire sortir de la classe des avaries particulières pour en faire, dans tous les cas, des avaries communes, sans distinguer la nature des réparations et la cause de la relâche.

Or, si lorsque le navire étant retardé par des réparations entreprises à la suite d'un cas fortuit, la nourriture et les loyers des matelots occasionnent à l'armateur un surcroît de dépenses, ce surcroît de dépenses étant, quel que soit le mode d'affrètement, la conséquence immédiate et nécessaire de la relâche, il n'y avait pas lieu de l'excepter de la règle générale, en en faisant une avarie commune, alors que toutes les autres dépenses résultant de la même relâche sont rangées par le même article dans la classe des avaries particulières.

Quelle que soit la justesse de ces observations, que chacun a pu faire comme nous, ces articles 400 et 403 sont tellement précis que, malgré une ou deux décisions isolées, on a toujours pris garde, en ce qui concerne les loyers et la nourriture des matelots, de négliger dans les règlements, la nature de l'avarie, pour ne tenir compte que du mode d'affrétement.

§ 3. — DES LOYERS ET DE LA NOURRITURE DES ÉQUIPAGES PENDANT LA QUARANTAINE.

Les frais de quarantaine ne sont pas, à proprement parler, des avaries. Ils rentrent plutôt dans la catégorie des frais de navigation qui font l'objet de l'article 406.

Il suit de là, qu'à part le cas où la quarantaine serait la conséquence d'une relâche motivée par l'intérêt commun du navire et de la cargaison (1), les frais qui en résultent et partant les loyers et la nourriture des matelots, pendant sa durée, ne peuvent jamais, quel que soit le mode d'affrétement, devenir le sujet d'une contribution.

(1) Liv. I, chap. XI, § 2, p. 121.

C'est là, nous le pensons, la portée qu'il faut donner à cette partie de l'article 403, en considérant cette sorte de dépense, moins comme une avarie particulière que comme l'un de ces frais qui, dans les conditions ordinaires, doivent demeurer, à la charge exclusive du navire.

TROISIÈME PARTIE.

DES ABORDAGES.

On entend par abordage le choc de deux navires l'un contre l'autre.

Ces sortes d'accidents, qui ne se répètent que trop souvent, peuvent avoir lieu ou en pleine mer, ou sur les rades, même dans les ports, mais principalement à leur entrée et à leur sortie.

Les abordages en mer, qui étaient fort rares autrefois (1), à cause du petit nombre des navires employés à la navigation, sont devenus malheureusement plus fréquents depuis que, par l'extension des relations commerciales, les navires qui sillonnent les mers de toutes parts, sont journellement exposés à se rencontrer et à se croiser dans tous les sens.

Celui qui a lieu en pleine mer est de tous le plus

(1) Valin, dans son *Comment. sur les avaries*, art. 10, fait la réflexion qu'il y a rarement des abordages en pleine mer.

dangereux, parce qu'outre la difficulté de leur porter secours, les navires qui s'abordent allant en sens contraire, la violence du choc est augmentée par la vitesse acquise de part et d'autre. Depuis l'invention de la marine à vapeur, le danger s'est encore aggravé par l'accroissement de la vitesse. C'est surtout pendant la nuit que, malgré les précautions exigées et les feux que chaque navire doit avoir à son bord, les rencontres sont à craindre et qu'elles peuvent avoir les plus funestes effets.

Les journaux contiennent, de temps à autre, quelques uns de ces récits lamentables où l'on voit celui des deux vaisseaux qui a eu le bonheur de résister sauver à grand peine, quand il n'est pas condamné à les laisser périr, l'équipage et les passagers de l'autre navire qui, peu d'instants après le choc, a disparu sous les flots.

Combien d'accident de cette sorte ont dû arriver pendant les tempêtes et les ouragans ! combien ont dû périr en se heurtant dans l'obscurité, sans qu'aucun survivant soit venu faire connaître les causes de leur disparition !

Sur les rades, les abordages sont moins dangereux, parce que les navires étant près de terre sont plus à portée d'être secourus ; que d'ailleurs les circonstances dans lesquelles ils se rencontrent rendent les chocs beaucoup moins violents.

En effet, les causes les plus fréquentes d'abordage sur la rades sont, outre le heurt d'un navire mouillé en sa place par un autre navire qui chasse sur ses ancres, l'entrée ou la sortie de celui qui, en arrivant au mouillage ou en le quittant, se trouve poussé, par des circonstances imprévues ou par des manœuvres imprudentes, contre les navires qui sont à l'ancre sur la même rade.

Dans chacun de ces cas, un des navires étant immobile, la vitesse n'existe que d'un côté. Cette vitesse est d'ailleurs peu de chose, le navire qui appareille pour sortir n'ayant pas encore beaucoup de vent dans ses voiles, celui qui entre ne venant au mouillage que ses voiles en partie carguées et en partie amenées, enfin celui qui chasse étant arrêté dans sa course qui, n'est jamais bien rapide, par la résistance de l'ancre qu'il traîne après lui.

Dans les ports, où les eaux sont ordinairement plus tranquilles, les abordages présentent encore moins de gravité. Ils sont plus fréquents à l'entrée et à la sortie, à raison de la quantité de navires qui peuvent se présenter en même temps ; mais ils sont rendus moins dangereux par le voisinage de la terre et par la précaution que prennent ceux qui entrent ou qui sortent de se faire remorquer.

En dehors des malheurs que l'humanité peut avoir à déplorer, les pertes et dommages occasionnés par les abordages ne sont, au point de vue du droit, qu'une question d'avaries pour celui qui les a soufferts et une question d'argent pour celui qui est tenu de les réparer.

La responsabilité de l'abordeur est subordonnée à la cause et aux circonstances de l'abordage ; il est donc nécessaire de se rendre compte des distinctions que la loi a établies à cet égard.

L'article 407 du Code de Commerce, qui est le siége unique de la matière, range les abordages en trois classes différentes, suivant les causes qui ont amené l'événement.

Ces causes sont :

1° Le cas purement fortuit ;

2° La faute de l'un des capitaines, l'abordeur ou l'abordé ;

3° Le cas mixte ou douteux, celui où il est impossible d'assigner à l'abordage ses véritables causes.

CHAPITRE VI.

DES DIFFÉRENTES ESPÈCES D'ABORDAGE.

§ I. — DE L'ABORDAGE FORTUIT.

Le cas fortuit a lieu lorsque, les précautions commandées par la prudence ayant été observées, les vents, les flots ou les courants, s'emparent d'un navire et, malgré ses manœuvres devenues inutiles, le poussent, sans qu'il puisse s'en défendre, contre un autre navire placé près de lui ou naviguant sur la même ligne, soit dans le même sens, soit à contre bord.

Cette définition embrasse tous les cas qui peuvent se présenter en pleine mer et à l'entrée ou à la sortie des ports et rades, lorsque le temps plus fort que la volonté de l'homme contrarie les manœuvres que l'on fait pour éviter les navires que l'on rencontre sur sa route.

Elle comprend aussi le cas des navires qui, étant mouillés dans une place convenable, chassent fortuitement sur leurs ancres et sont poussés, sans pouvoir les éviter, contre ceux qui se trouvent mouillés sous le vent par rapport à eux.

Dans le premier cas, le navire abordeur est sous voiles ; dans le second, il est ancré; mais les circonstances sont les mêmes en ce sens qu'il est poussé malgré lui et sans pouvoir résister.

Supposons, à titre d'exemple, qu'un navire arrive au mouillage, ses voiles amenées, et qu'après avoir jeté l'ancre, sa chaîne vienne à casser au moment où, la quantité de chaîne nécessaire ayant été filée au dehors, la tension s'opère par la résistance de l'ancre et l'écartement du navire. Si le bâtiment placé derrière lui est trop près pour qu'il puisse mouiller une seconde ancre et que l'abordage ait lieu, la rupture de la chaîne qui l'aura occasionné étant un cas fortuit, l'abordage sera également fortuit.

Il en sera de même si un navire appareillant d'une rade sur laquelle il y a plusieurs autres navires, l'amarre à l'aide de laquelle il cherchait à s'élever venant à se rompre, il tombe sur un de ceux qui étaient placés près de lui.

Il en sera encore de même si, ayant appareillé par une brise convenable et qui le poussait en dehors de la ligne des navires, le calme survient ou le vent change de direction avant qu'il ait eu le temps de les franchir tous et que, sans pouvoir l'éviter, il soit poussé sur l'un de ceux qu'il cherchait à doubler.

On se fatiguerait inutilement à prévoir tous les cas qui peuvent se présenter, car ils sont infinis. Ils varient avec les lieux et les circonstances. Il suffit d'appliquer à tous une règle commune qui peut se résumer de la manière suivante : Tout abordage est fortuit s'il a eu pour cause un accident de force majeure qui ne pouvait être évité.

La faute ne se présumant jamais, l'abordage doit toujours être réputé fortuit, à moins que celui qui allègue la faute ne réussisse à la prouver (1). Il existe cependant certaines règles confirmées par l'usage dont l'infraction établit, contre les capitaines, une présomption de faute qui, en intervertissant les rôles, les oblige à prouver que l'accident ne saurait leur être imputé. On trouvera, dans le § suivant, l'énumération de ces diverses règles, que l'on rencontre, du reste, dans tous les auteurs qui ont eu à traiter de l'abordage.

§ 2. — DE L'ABORDAGE CAUSÉ PAR LA FAUTE DE L'UN DES DEUX CAPITAINES.

Il peut y avoir faute aussi bien quand le navire est à l'ancre et au repos que lorsqu'il est sous voiles ou en mouvement.

(1) Pardessus, n° 652.

Le capitaine dont le navire est dans le port ou au mouillage est présumé en faute, s'il n'a pas observé, par rapport aux autres navires, la distance prescrite par les règlements, si son navire n'est pas convenablement amarré, ou s'il a été laissé sans gardien, si ses chaînes ou amarres sont insuffisantes, si ses ancres sont mal mouillées ou, si elles ne sont pas signalées par des bouées.

Il est également en faute, si un navire, venant à chasser sur lui, il néglige, quand il en est averti à temps, de filer sa chaîne pour éviter l'abordage (1).

Enfin, il est encore en faute si, se trouvant mouillé au milieu d'un certain nombre de navires, il n'a pas pris la précaution de s'affourcher (2).

Ce sont là tout autant de reproches qui peuvent lui être adressés, de présomptions qui s'élèvent contre lui et qu'il sera tenu de détruire, s'il veut, en cas d'abordage, s'exonérer de la responsabilité qu'il a encourue.

Il en est de même, lorsque le navire étant sous voiles ou seulement en mouvement, le capitaine

(1) Le règlement des ports et rades de l'île de la Réunion exige (Art. 25) que lorsqu'un navire chasse, celui qui se trouve sous le vent file de la chaîne, pour éviter d'être abordé et que, s'il ne peut le faire autrement, il la file par le bout, en prévenant celui qui est derrière lui de se tenir sur ses gardes.

(2) Le même règlement prescrit, aux navires mouillés sur la rade de Saint-Denis, d'être affourchés, en toute saison, c'est-à-dire que le navire qui est entré sur la rade avec la brise ordinaire, et dont l'ancre principale est mouillée à l'Est, est tenu de mouiller, dans l'Ouest, une seconde ancre, afin que, quelle que soit la direction de la brise, il soit constamment maintenu par ses deux ancres, de manière à ne pas tomber, en évoluant à la brise et aux courants, sur les navires mouillés en avant ou en arrière de lui.

néglige les précautions et les manœuvres nécessaires pour éviter de tomber sur d'autres navires.

Ainsi, la règle veut que, lorsqu'il y a concours de deux navires, le plus petit cède au plus gros; que celui qui sort du port fasse place à celui qui entre; que si deux navires se rencontrent en sens contraire, l'un naviguant au plus près et l'autre vent arrière, soit ce dernier qui, étant maître du vent, fasse les manœuvres nécessaires pour éviter d'aborder celui qui est au plus près (1). Si la rencontre a lieu entre un navire à voiles et un navire à vapeur, c'est au vapeu à manœuvrer pour éviter l'abordage. Le tribunal du Havre a jugé, le 12 janvier 1857, qu'un ateau à vapeur doit être assimilé à un navire à voiles qui aurait le vent arrière (2).

Lorsque deux navires sortent en même temps, c'est le second qui est censé avoir abordé le premier. La présomption est également contre le navire qui, naviguant à voiles déployées, aborde celui qui est à la cape et contre celui qui, en entrant ou en sortant, vient se jeter contre ceux qui sont amarrés ou mouillés sur leurs ancres.

L'article 4 de l'Ordonnance de 1681, au titre des Rades, prescrit à celui qui se trouve le plus avancé vers l'eau, d'avoir, pendant la nuit, le feu au fanal, pour avertir les vaisseaux venant de la mer.

La police des rades de l'île de la Réunion est plus exigeante; elle veut (art. 20) que tout navire mouillé

(1) Rennes, le 6 juin 1833. — R. Cass., 7 juillet 1833.
(2) *J. de Comm.*, tom. CCCLII, p. 50.

sur les rades de la colonie ait, pendant toute la nuit, un feu clair et continu, visible à la distance d'un mille et placé à la hauteur de six mètres au-dessus du plat bord.

L'article 5 de l'Ordonnance de 1681, toujours au titre des Rades, enjoint encore aux capitaines qui veulent faire route pendant la nuit, de se mettre, dès le jour précédent, en lieu propre pour sortir, sans aborder ou faire dommage à aucun des bâtiments qui sont sur la même rade.

Il est des auteurs qui vont plus loin que l'Ordonnance et qui rangent, dans le nombre des présomptions défavorables aux capitaines, le fait d'avoir seulement appareillé pendant la nuit (1).

Cette présomption ne saurait atteindre ceux qui se trouvent sur des rades d'où il est d'usage d'appareiller la nuit et où la prescription de l'Ordonnance n'est pas observée, à raison des inconvénients qu'il y aurait la plupart du temps à changer de mouillage, le jour. Ainsi, sur les rades de l'île de la Réunion, où les vents règnent, pendant la journée, dans une direction parallèle au rivage, ce qui expose les navires qui appareillent à se heurter, surtout quand la brise est forte, sur ceux qui sont placés sous le vent à eux, les capitaines sont dans l'habitude d'attendre les heures de nuit où la brise, en s'élevant de terre, pousse les navires au large et leur permet d'appareiller, sans courir le risque de

(1) Pardessus, n° 653.

tomber sur ceux qui se trouvent mouillés à droite ou à gauche.

Il faut donc, lorsqu'il s'agit d'appliquer aux capitaines les présomptions que l'usage nous a transmises, voir si les règles sur lesquelles elles sont fondées sont d'accord avec les règlements et l'exigence des lieux où l'accident est arrivé.

Les Tribunaux sont souverains appréciateurs des causes de l'abordage ; c'est à eux à décider, d'après les circonstances, s'il a eu lieu fortuitement ou par la faute de l'un ou de l'autre des deux capitaines qui se sont abordés.

Une considération doit, ce nous semble, être toujours présente à l'esprit de ceux qui sont appelés à juger ces sortes d'affaires ; c'est que les mouvements des navires à la mer étant commandés par des forces variables qui souvent se combattent et se contrarient, sans qu'il soit possible de mesurer leur action ou leur durée, ce n'est qu'avec une extrême circonspection et lorsqu'il y a évidence manifeste, que l'on peut condamner des manœuvres dont il est souvent difficile et quelquefois même impossible de se rendre un compte exact.

Aussi, le Tribunal de Marseille a pu juger qu'un ordre donné à temps et à distance convenable ayant été mal entendu et exécuté en sens contraire par le timonier, il y avait lieu d'exonérer le capitaine de toute faute et de déclarer l'abordage fortuit (1).

(1) 22 décembre 1824. *J. de Comm.*, 15. 24.

Une dernière observation est nécessaire : c'est que, quand il y a eu infraction à l'une des règles ci-dessus ou au règlement particulier des lieux où l'accident arrive, il faut que ce soit précisément cette infraction qui ait causé l'abordage ; car s'il est établi qu'elle a été sans influence sur l'événement, il ne serait pas juste d'en faire naître un prétexte pour mettre l'abordage à la charge de celui qui l'aurait commise.

§ 3. — DES ABORDAGES MIXTES OU DOUTEUX.

Si le Code de Commerce a créé une troisième sorte d'abordage inconnue à l'Ordonnance, ce n'est pas qu'entre la faute et le cas fortuit il puisse exister un agent d'un ordre différent ; mais il peut se faire que les circonstances qui ont précédé et accompagné l'abordage soient tellement obscures que les juges hésitent à décider si c'est la faute de l'un des deux capitaines ou le cas fortuit qui en a été la véritable cause.

Il se peut aussi que, les torts étant réciproques, il soit difficile de reconnaître quel est celui des deux qui doit être considéré comme ayant réellement occasionné l'accident.

Dans ces sortes de cas, que viennent compliquer d'ordinaire les énonciations contradictoires des rapports fournis de part et d'autre, l'incertitude résultant des enquêtes au moyen desquelles les juges ont cherché à s'éclairer et la difficulté de se rendre compte après coup de l'utilité et de la portée des manœuvres que le temps et les circonstances ont pu exiger, la loi a voulu laisser aux Tribunaux la possibilité d'échapper, par un moyen terme, à la nécessité d'une solution affirmative qui eût répugné à leur conviction.

Les conséquences de l'abordage devant varier suivant son caractère reconnu, il était juste, entre deux solutions extrêmes, de créer un tempérament de nature à concilier les intérêts lésés, avec l'incertitude des preuves et les règles de l'équité.

CHAPITRE VII.

DES DOMMAGES RÉSULTANT DES ABORDAGES ET DE CEUX QUI SONT TENUS DE LES RÉPARER.

L'Ordonnance de 1681, qui ne reconnaissait que deux espèces d'abordages, voulait, si l'accident était dû à la faute de l'un des deux capitaines, que les conséquences en fussent supportées en entier par celui qui l'avait occasionné ; et, s'il était reconnu fortuit, que le dommage fût partagé par moitié entre les navires qui s'étaient abordés.

Valin, dans son *Commentaire* (1), justifie cette dernière disposition, qu'il reconnaît être contraire

(1) *Comment. de l'Ordonnance*, titre des *Avaries*, art. 10.

aux principes qui régissent le cas fortuit, par le but qu'on se serait proposé, celui de rendre les capitaines des gros navires plus circonspects, en les mettant en garde contre le danger de se heurter avec des bâtiments d'une moindre force que la leur.

Ce raisonnement manque de justesse. Le gros qui aborde le petit par sa faute est tenu de réparer le dommage qu'il a causé et le petit doit aussi veiller à ne pas aborder le gros. On ne voit donc pas pourquoi si un navire venait à être entraîné contre un bâtiment d'un tonnage plus fort que le sien, ce dernier pourrait être tenu, alors qu'il n'y aurait eu aucune faute de la part de ceux qui se trouvaient à son bord, de contribuer aux avaries occasionnées par l'accident au navire plus faible qui serait venu se heurter contre lui.

C'est donc avec raison que, repoussant la considération qui avait entraîné le rédacteur de l'Ordonnance, l'article 407 du Code de Commerce dispose que, dans le cas d'un abordage fortuit, chacun des deux navires supportera à part ses avaries (1).

Lorsque l'abordage, au lieu d'être fortuit, a pour cause la faute de l'un des deux capitaines, le Code, d'accord avec la législation qui l'a précédé, met à la charge de celui dont la faute a été reconnue, le dommage éprouvé des deux côtés.

(1) C'était la disposition de la loi romaine : *Sed si tanta vis navi facta sit quæ temperari non potuit, nullam in dominum dandam actionem.* Alphenus ait. ff. ad. leg. aquiliam, liv. 20, § 4.

Reste le troisième cas, celui que l'Ordonnance n'a pas prévu et où l'abordage est déclaré douteux.

Il devenait impossible, dans ce cas, de mettre les conséquences de l'accident à la charge de l'un des navires plutôt que de l'autre; on ne pouvait non plus laisser chacun supporter ses avaries, comme si l'accident eût été purement fortuit.

Il fallait donc un moyen terme; c'est l'Ordonnance qui l'a fourni. Le Code lui a emprunté, pour l'employer, avec plus de raison, dans le cas douteux, le mode de répartition qu'elle avait imaginé d'appliquer aux abordages fortuits.

Aux termes de l'article 407, lorsqu'il y a doute sur les causes de l'abordage, le dommage est réparé à frais communs et par égale portion, par les navires qui l'ont fait et souffert.

Le texte de l'Ordonnance étant moins précis que ne l'est celui de notre Code de Commerce on s'en était prévalu, pour soutenir que la réparation des dommages devait être supportée, non par moitié, mais au *prorata* de la valeur des navires qui s'étaient abordés; ce système, justement repoussé par Valin, et dont l'inconvénient le plus saillant était de nécessiter des estimations toujours difficiles à établir, n'a plus été reproduit. Il serait impossible de le renouveler aujourd'hui en présence des termes formels de l'article 407.

Nous avons raisonné, jusqu'ici, dans l'hypothèse d'une rencontre entre deux navires seulement. Mais il peut se faire que le même navire soit jeté sur plusieurs à la fois, ou que le premier abordé soit poussé, par contre-coup, sur ceux qui se trouvent derrière lui, ce qui, en compliquant l'accident, aurait nécessairement pour effet d'augmenter l'importance des dommages à réparer.

Les règles que nous venons d'exposer n'en doivent souffrir aucune atteinte. Ou l'abordage étant fortuit, chaque navire devra réparer ses propres avaries ; ou il aura eu pour cause la faute de quelqu'un et ce sera à celui dont la faute aura été reconnue, à supporter seul les dommages éprouvés par tous les autres ; ou enfin, les causes de l'événement seront déclarées douteuses et, s'il y a plusieurs navires intéressés dans la question, l'ensemble des dommages, au lieu d'être réparti par moitié, le sera, par égales parts, entre tous ceux ceux qui auront souffert de l'accident.

Un navire venant à chasser sur une rade foraine, celui qui se trouve placé au-dessous de lui, craignant un abordage, file sa chaîne par le bout et prend le large; revenu plus tard au mouillage, il lui devient impossible, malgré tous ses efforts, de ressaisir son ancre qui demeure perdue pour lui.

On demande s'il y a lieu d'appliquer à l'espèce les dispositions de l'article 407 et, en cas d'affirmative, à la charge de qui il faut mettre la perte de l'ancre ?

Le fait s'étant reproduit par deux fois et avec les mêmes circonstances, sur la rade de Saint-Pierre (Réunion), le Tribunal, saisi de la question, crût devoir, à chaque fois, le résoudre d'une manière différente. Il décida, la première fois, que l'appareillage ayant eu pour objet d'éviter un danger commun, la perte de l'ancre devait être partagée entre les deux navires ; la seconde fois, il crut devoir la mettre tout entière à la charge de celui qui, ayant chassé dans la direction du navire placé près de lui, l'avait, en quelque sorte, contraint à appareiller et à abandonner son ancre.

La Cour de la Réunion ayant eu à se prononcer successivement sur l'appel de ces deux décisions, les réforma avec raison toutes les deux.

En effet, le capitaine qui, dans la crainte d'un abordage, avait appareillé, en laissant son ancre sur la rade, n'y avait été déterminé que par la considération de son propre danger et par la nécessité d'obéir, en filant sa chaîne par le bout, aux règlements du lieu où il se trouvait. D'ailleurs, les circonstances qui avaient fait chasser l'un des deux navires, dans la direction de l'autre, constituant une force majeure, il n'y avait aucune raison de mettre à la charge du premier les conséquences d'une manœuvre faite dans la crainte d'un événement dont les suites, s'il s'était réalisé, seraient demeurées pour le compte de celui qui l'aurait subi.

L'obligation de réparer les dommages résultant de l'abordage n'est pas bornée aux avaries du navire ; elle s'étend à celles de la marchandise, quand elles ont été occasionnées par le même accident ; mais il faut, pour cela, qu'il y ait eu faute reconnue, car si l'abordage a été fortuit ou simplement douteux, les marchandises qui ont pu être endommagées à bord de l'un ou de l'autre navire supportent, seules et sans répétition envers qui que ce soit, les avaries dont elles ont été atteintes.

Cette solution, qui ne peut être contredite lorsqu'il s'agit d'un abordage fortuit, ne saurait être contestée, dans l'hypothèse d'un abordage douteux, qu'autant que, touchées ou non, les marchandises viendraient à contribuer, de leur côté, aux avaries éprouvées par les navires, ce qui les exposerait à supporter une part du dommage causé par l'événement, alors même qu'elles n'en auraient pas souffert.

Les abordages étant soumis aux mêmes règles que les autres fortunes de mer, le dommage qui en peut résulter pour la marchandise contitue une avarie à la charge de son propriétaire. Si lorsqu'il y a faute reconnue, la responsabilité se déplace et tombe sur l'abordeur, c'est en vertu du principe général que chacun est tenu de réparer le dommage dont il est l'auteur.

Or, dans l'abordage dont la cause est douteuse, il n'y a de faute établie d'aucun côté ; il n'y a, par conséquent, pas d'auteur responsable. La disposition de l'article 407, qui met en commun les avaries éprouvées de part et d'autre, est une disposition exceptionnelle qui ne regarde que les navires et non les marchandises. Ces dernières doivent donc, lorsqu'il s'agit d'un abordage douteux, demeurer dans le droit commun et supporter seules leurs avaries.

C'était l'opinion de Valin et d'Emérigon. C'est celle également de tous les auteurs qui se sont depuis occupés de la question (1).

Bien qu'aux termes de l'article 1151 du Code Napoléon, les dommages intérêts ne doivent comprendre que ce qui est une suite directe et immédiate de l'accident, il est d'usage, et ce n'est pas là une infraction à cet article, d'accorder à l'abordé, en sus du coût des réparations matérielles nécessitées par l'abordage, une indemnité pour la privation de jouissance de son navire, pendant le temps des réparations (2).

C'est le dommage de retard, qui se calcule d'ordinaire d'après le tonnage du navire et à raison de cinquante centimes par tonneau, le produit de ce calcul étant considéré comme la représentation à peu près exacte de la dépense journalière augmentée de l'usure et de l'intérêt du capital.

On a vu des capitaines porter plus loin leurs prétentions, jusqu'à vouloir que celui à qui ils imputaient l'abordage fut tenu de répondre de la baisse que le retard occasionné par les réparations pourrait faire subir à la marchandise, à l'époque de son arrivée au lieu du reste. Il est inutile de dire que de semblables réclamations ne sauraient être accueillies par les Tribunaux.

(1) Valin. Tit. des *Avaries*, art. 10. — Emérigon. *Assur.*, chap. XII, sect. 12, § 4. — Pardessus, n° 652.

(2) Bordeaux, 16 juillet 1856. — Marseille, 23 mai 1856, *J. d. Comm.* 34. 1. p. 133 et 2. p. 164.

Valin, examinant le cas où un navire se serait abordé aux filets d'une pêcherie, dit qu'on ne doit faire attention qu'au dommage réellement reçu, à l'effet de remettre la pêcherie et les filets en état de servir comme par le passé et qu'il n'y a lieu d'indemniser les pêcheurs du poisson qu'ils auraient pu prendre (1).

C'est ainsi que le 12 janvier 1857, le Tribunal du Havre, saisi par le patron d'un bateau pêcheur d'une demande en indemnité contre le capitaine d'un navire à vapeur qui l'avait abordé pendant qu'il se livrait à son industrie, refusa de comprendre, dans l'estimation des dommages intérêts, la valeur du poisson dont le patron disait avoir été privé (2).

En vertu de ce principe que le dommage doit être mis à la charge de celui qui l'a occasionné, on a soutenu que les capitaines dont les navires venaient au mouillage sous la conduite d'un pilote devaient être exonérés de toute responsabilité, sauf le recours de l'abordé contre le pilote, cause de l'accident.

Ce système a été repoussé, avec juste raison, par les Tribunaux (3). Le capitaine est responsable des faits du pilote, comme de tous ceux qui peuvent être employés par lui à la direction de son navire.

(1) Valin. Tit. des *Madragues et Bordigues*, art. 8 et ff. ad. leg. aquiliam, liv. 29, § 3.

(2) *J. de Comm.*, tom. XXXV. 2, p. 50.

(3) Rennes, 3 août 1832. — Aix, 23 février 1841, tom. II, p. 282. — Trib. de Marseille, 14 janv. et 22 avril 1830. *J. d. Comm.* 2. 55 et 302.

Quand il y a abordage, la question est, à proprement parler, de navire à navire, sans préjudice du recours ouvert au capitaine ou à l'armateur de celui des deux qui est condamné en justice, contre le véritable auteur du dommage qu'il aura été tenu de réparer.

Mais le recours à exercer contre les pilotes n'est pas chose facile. On croirait au premier abord que rien n'est plus simple et qu'il suffit d'un appel en garantie devant le Tribunal chargé d'apprécier les causes et les conséquences de l'abordage.

C'est ainsi que la chose avait été décidée à deux reprises, le 4 novembre 1840, par un jugement du Tribunal de Marseille, et le 23 février 1841, par un arrêt de la Cour d'Aix; mais le Procureur Général à la Cour de Cassation s'étant pourvu d'office contre la première de ces décisions, il est intervenu, le 17 janvier 1842, un arrêt de la Cour Suprême qui annule, pour excès de pouvoir, le jugement objet de ce pourvoi (1).

La responsabilité des pilotes dépend, suivant cet arrêt, de la question préjudicielle de savoir s'ils se sont ou non conformés aux règlements et instructions sur le pilotage, question qui serait uniquement du ressort de l'autorité maritime supérieure. Il s'en suit qu'en principe aucune action en dommages intérêts contre un pilote ne saurait être introduite *de plano* devant l'autorité judiciaire, ou du

(1) Cass., 17 janv. 1842, tom. 1, 1842, p. 665.—Voir également Aix, 23 février 1841, tom. II 1841, p. 222.

moins que, tout en se déclarant compétents sur la question de garantie, les Tribunaux de Commerce saisis de la demande doivent surseoir à statuer, jusqu'à ce que la question préjudicielle ait été résolue par l'administration,

Cet arrêt, qui est motivé sur les dispositions de l'article 50 du décret du 12 décembre 1806, relatif au service du pilotage, nous paraît une concession excessive au parti pris par notre administration de soustraire, à la juridiction ordinaire, les moindres de ses employés, à quelque titre qu'ils soient commissionnés par elle.

Il est vrai que l'article 50 du décret précité, qui défère aux Tribunaux de Commerce les contestations relatives aux droits de pilotage ainsi qu'aux indemnités et salaires des pilotes, réserve à la connaissance de l'officier chargé des mouvements maritimes les délits de peu de gravité qui peuvent être commis par les pilotes, en abandonnant les autres, suivant les cas, à la juridiction correctionnelle ou criminelle.

Mais cette faculté de répression qu'exerce l'administration sur ses subordonnés, à raison des manquements commis dans l'exercice de leurs fonctions, ne nous semble pas devoir être confondue avec l'action en dommages-intérêts, qui est absolument indépendante de l'action correctionnelle et que la partie qui se prétend lésée est en droit de former, civilement, devant les Tribunaux ordinaires.

Il semble en outre illogique de disputer aux Tribunaux de commerce le droit de rechercher, lorsque le navire aura été conduit par un pilote, si c'est par sa faute que l'abordage a eu lieu ; illogique de vouloir que le Tribunal saisi de la demande en dommages intérêts attende, pour y faire droit, que l'administration se soit prononcée sur les causes et les circonstances d'un accident dont l'article 407 attribue expressément la connaissance aux juges consulaires.

CHAPITRE VIII.

DE LA PROCÉDURE A SUIVRE EN MATIÈRE D'ABORDAGE.

L'action en indemnité pour cause d'abordage est soumise à deux conditions : la première, que celui qui a le dessein de l'intenter manifeste son intention par une protestation signifiée dans les 24 heures ; la deuxième, qu'il réalise sa demande en justice dans le mois qui suivra sa protestation (1).

Il ne faut pas en conclure qu'il soit nécessaire, dans tous les cas, de remplir la double formalité de la protestation et de l'assignation. L'acte seul d'assignation pourra suffire, pourvu qu'il ait été signifié dans les 24 heures.

L'Ordonnance de 1681 exigeait que la demande elle-même fût formée dans ce délai. Valin en donne

(1) Code de Commerce, art. 435 et 436.

la raison dans son *Commentaire* « c'est que les « accidents maritimes sont si fréquents qu'un na« vire, après avoir été abordé par un autre, pourrait « dans un intervalle de temps assez court, souffrir « d'autres avaries dont on dissimulerait la cause, « pour les faire considérer comme une suite natu« relle ou même comme un effet direct de l'abor« dage (1). »

Si le Code de Commerce a permis, par une disposition nouvelle, de différer d'un mois la réalisation de l'action en justice à la condition expresse de protester dans les 24 heures de l'abordage, c'est qu'il a voulu concilier, avec le temps et la réflexion qu'il faut laisser au plaideur avant de l'obliger à introduire sa demande, la nécessité de fixer, à une époque aussi rapprochée qu'il est possible de l'événement, les causes et la nature de la réclamation qui devra être portée plus tard devant les Tribunaux.

Mais celui qui s'est mis en règle par une protestation commettrait une grave imprudence, s'il négligeait de faire procéder immédiatement à la constatation de ses avaries. Il pourrait arriver, en effet, que des avaries nouvelles venant à se produire à la suite d'un événement ultérieur, il ne fut plus possible de distinguer les unes des autres. La confusion et l'incertitude qui en résulteraient ne pourraient nuire qu'à celui qui, devant se mettre en règle, aurait négligé de le faire en temps opportun.

(1) Valin. Art. 8 de l'*Ordonnance*, tit. des *Prescriptions et fins de non-recevoir*.

Quant à la formalité à suivre, elle est des plus simples. Le capitaine qui veut prendre ses précautions n'a qu'à faire nommer des experts par le Président du Tribunal de Commerce, à défaut par le Juge de paix ou même par le Consul ou toute autre autorité compétente si l'affaire se passe en pays étranger, et à sommer celui à qui il impute le dommage d'assister à l'expertise.

Si cette constatation ne suffit pas pour établir le chiffre du préjudice, elle vaut au moins comme preuve des avaries qui existaient au moment de l'expertise et a pour effet d'empêcher toute confusion avec celles qui pourraient survenir postérieurement.

Les capitaines dont les navires sont mouillés sur une rade ou dans un port sont dans l'usage de constater ces sortes d'événements par un procès-verbal fait à leur bord et qui contient d'ordinaire le détail des avaries occasionnées au navire par l'abordage. Bien que cette précaution ne soit pas exigée par la loi, elle ne peut qu'être utile pour la détermination des avaries, surtout quand le détail donné dans le procès-verbal est confirmé par une constatation postérieure. Si c'est pendant sa route que le navire est abordé, l'événement doit, conformément aux articles 224 et 242 du Code de Commerce, être relaté sur le registre du bord et consigné dans le rapport que le capitaine est tenu de faire à l'arrivée.

Lorsque le navire est mouillé sur une rade foraine où l'imminence du danger ne permet pas de différer les réparations, le devoir du capitaine est d'y procéder immédiatement, après avoir fait constater le nombre et l'importance de ses avaries, sauf au Tribunal qui aura été saisi de la demande, dans le délai fixé par la loi, à évaluer plus tard les dommages-intérêts sur le vu du compte des réparations ou, s'il le juge nécessaire, par la nomination de nouveaux experts chargés d'estimer la valeur de ces réparations et l'étendue du dommage éprouvé.

Le défaut de protestation en temps utile ayant pour effet de rendre l'action irrecevable, on ne saurait veiller avec trop de soin à l'accomplissement de cette formalité.

Cependant, s'il venait à être établi que les parties étaient entrées en pourparler à la suite de l'accident, le capitaine assigné ne saurait exciper, dans le cas où ces pourparlers n'auraient abouti à aucun résultat, de ce qu'il n'aurait pas été mis en demeure par une protestation régulière.

Il faut aussi, pour que la fin de non recevoir puisse être invoquée, que celui à qui on l'oppose ait été dans la possibilité d'agir.

Si l'abordage a eu lieu un jour férié ou la veille d'un jour férié, ce jour ne sera pas compté dans les 24 heures imparties par la loi; il en sera de même, si le fait s'est passé dans un lieu où il n'y avait pas d'autorité établie, ou si le navire abordeur ayant mis à la voile aussitôt après l'accident, l'abordé n'a trouvé personne à qui signifier sa protestation.

Il y a même raison de décider pour le navire qui,

abordé à la sortie du port, continue sa route sans rétrograder et pour celui qui est heurté par un autre, pendant qu'il est à la mer sous voiles ou à la cape.

Il est des capitaines qui, dans ces divers cas, croient nécessaire de protester au greffe du Tribunal de Commerce dans les 24 heures de l'accident ou aussitôt après leur arrivée dans un port quelconque. Cette précaution n'a, à coup sûr, rien qu'on puisse reprendre ; mais la loi n'exige pas seulement que l'on proteste, elle veut surtout que cette protestation soit portée à la connaissance de celui contre qui elle est dirigée. Or, comment dénoncer un acte de cette nature à une personne que l'on sait être absente ?

La protestation exigée par l'article 435 du Code de Commerce n'est rigoureusement nécessaire que lorsqu'il y a eu réellement abordage. Or l'abordage n'étant, comme nous l'avons défini plus haut, que le choc de deux navires l'un contre l'autre, il s'en suit que, si le heurt a eu lieu contre tout autre objet qu'un navire, le défaut de protestation dans les 24 heures ne saurait entraîner l'irrecevabilité de la demande.

Cette solution n'est pas seulement l'application littérale des termes dans lesquels est conçut l'article 435 ; elle est fondée sur l'esprit même de la loi qui, en prescrivant un délai de 24 heures, a eu pour objet de prévenir des complications et une confusion qui ne sauraient exister lorsque le dommage a eu lieu par la rencontre d'un navire avec un corps étranger placé sur sa route.

Ainsi la Cour de Bordeaux a décidé, le 17 mars 1830, qu'il n'y a pas abordage dans le sens de la loi, et partant, pas de protestation nécessaire, lorsque le choc a eu lieu contre un pieu planté en rivière (1).

Le Tribunal de Marseille a jugé également, le 14 septembre 1840, que le défaut de protestation n'est pas opposable par le capitaine qui a volontairement endommagé le câble d'un navire voisin du sien (2).

Il faut appliquer la même solution au cas où un navire viendrait à donner contre des filets établis dans une madrague ou dans tout autre lieu réservé pour la pêche, ainsi qu'aux autres cas analogues qui pourraient se présenter.

Il n'est pas nécessaire au surplus que ce soit le capitaine du navire abordé qui fasse lui-même la protestation. La formalité peut être remplie utilement par son armateur. C'est ce qui a été jugé par la Cour de Rennes le 3 août 1832 (3). Il semble, par voie de conséquence, que la protestation doit être reconnue valable si, au lieu d'être signifiée au capitaine, elle l'a été à l'armateur qui, en définitive, est responsable des faits de ce dernier.

Quant à la demande en réparation du préjudice qui doit être formée dans le mois et sans laquelle la protestation faite dans les 24 heures deviendrait une

(1) *Journal du Palais* à sa date.
(2) *J. de Comm.* Tom. XX. 1. 59.
(3) *Journal du Palais* à sa date.

formalité inutile, elle doit être portée devant le Tribunal de Commerce le plus voisin du lieu où s'est passé l'événement (1).

C'est ce qui résulte implicitement de l'article 435, qui n'autorise pas seulement le capitaine à agir, mais qui lui prescrit d'agir sur les lieux, lorsqu'il est dans la possibilité de le faire, c'est-à-dire qu'il s'y trouve un huissier pour faire les significations et un Tribunal pour juger la contestation.

Le navire abordé est le plus souvent hors d'état de continuer sa route sans être réparé ; le capitaine qui le commande a donc droit et intérêt à exiger que ses réparations soient faites immédiatement et aux frais de celui qui a causé le dommage. Il serait trop singulier que, dans de pareilles circonstances, celui qui est assigné en réparation du préjudice, pût décliner la juste réclamation qui lui est faite ou la différer à son gré, en demandant son renvoi devant le Tribunal de son domicile.

D'ailleurs, l'abordage peut avoir lieu entre un français et un étranger ou entre deux étrangers appartenant, soit à une même nation, soit à deux nations différentes. Donner, dans chacun de ces cas, le droit à la partie assignée de décliner la juridiction du lieu où le fait s'est passé, ce serait lui fournir, la plupart du temps, les moyens d'échapper aux conséquences de la responsabilité qu'elle a encourue.

(1) Rouen, 24 novemb. 1840 *J. du P.* tom. I 1841, p. 275.

Il est vrai, qu'en principe, nos Tribunaux ne sont pas juges de questions entre étrangers; mais cette règle n'est pas applicable aux matières maritimes, toutes les nations civilisées étant unies, sous ce rapport, par un intérêt commun, qui ne permet pas aux Juges de refuser leur assistance à ceux qui la demandent, alors qu'il s'agit de faits qui se sont passés dans l'étendue de leur juridiction.

Si c'est en pays étranger que l'abordage a eu lieu entre deux navires français, et qu'il existe, sur les lieux, un consul ayant pleine juridiction, l'affaire sera portée devant lui; à défaut, il en sera, comme s'il s'agissait d'un abordage entre un français et un étranger et la contestation sera soumise aux Tribunaux de la localité. Si l'action a pour cause un abordage en pleine mer, où si elle regarde un capitaine qui, étant en train de sortir du port ou d'appareiller, ne s'est pas laissé arrêter par l'accident et a poursuivi sa route, l'abordé aura le choix de former sa demande devant le Tribunal le plus voisin du lieu où s'est passé l'événement ou devant celui du domicile de l'armateur.

Il pourra même, si le navire a fui l'action dont il était menacé, éviter le risque de laisser échapper son recours, en actionnant son capitaine au premier lieu où il le recontrera, pour le contraindre à lui payer le dommage qui lui aura été occasionné.

Une fois l'affaire portée devant le Tribunal qui doit en connaître, le demandeur est tenu de justifier des causes de l'abordage et de l'étendue du préjudice dont il demande la réparation.

L'article 407 dit que l'estimation du dommage est faite par experts; mais ces experts, qui sont nommés contradictoirement par le Tribunal saisi de la contestation, ne peuvent estimer que le dommage matériel occasionné au navire et à la marchandise.

C'est aux juges seuls à apprécier l'étendue du préjudice, en y comprenant toutes les prestations de droit et d'équité, comme les frais de retard, ceux de débarquement, magasinage et rembarquement de la cargaison quand il aura fallu la mettre à terre, pour pouvoir remédier à ses avaries ou réparer celles du navire, ainsi que tous les autres frais accessoires qui seront reconnus être la suite directe et immédiate de l'accident éprouvé par le navire ou par les marchandises.

Il n'est pas besoin de dire qu'en prescrivant de recourir à des experts, la loi n'oblige pas les juges à accepter aveuglément leur estimation. Les Tribunaux ne sont jamais liés par les expertises (1). Ils peuvent donc modérer ou élever le chiffre des dommages-intérêts, suivant leurs appréciations personnelles et les renseignements qui leur sont fournis par les parties.

Dans un abordage qui a eu lieu récemment à la Réunion, le Tribunal, adoptant l'estimation des experts, qui du reste n'avait pas été discutée devant

(1) Art. 323 du Cod. de Procéd. Civil.

lui, avait condamné l'abordeur au paiement de 5,500 francs. Il fût établi, sur l'appel, que les experts s'étaient trompés dans leur évaluation et que des offres sérieuses avaient été faites pour réparer le navire abordé, au prix de 3,500 francs, offres qui n'avaient été refusées par le capitaine de ce navire, que dans l'espérance de les faire lui-même à meilleur marché, en ne déboursant que le prix des matériaux.

La Cour, tout en maintenant la décision des premiers juges, au point de vue de la responsabilité encourue, réduisit la condamnation au chiffre de 3,500 francs (jugement du Tribunal de Commerce de Saint-Denis du 6 février 1867, arrêt de la Cour Impériale de la Réunion du 16 février 1867, affaire du *Léon*, capitaine Revel, contre le navire l'*Oriental*, capitaine Dubois).

Il n'est, en effet, ni décent ni honnête que des capitaines spéculent sur des événements de cette nature et qu'au lieu de se contenter de la réparation du préjudice réellement souffert, ils cherchent à faire, du malheur d'autrui, une occasion de gain et de lucre pour eux ou pour leurs armements.

Depuis que ce dernier chapitre a été écrit, l'attention de l'auteur a été éveillée par trois décisions émanées de trois Cours différentes, qui sont rapportées dans le *Journal de Jurisprudence* de Marseille, t. 1841 2. 13, t. 1848 p. 41, t. 1863 2. 78.

Suivant ce premier de ces arrêts, qui a été rendu par la cour de Rouen le 22 novembre 1840, le

Tribunal compétent est celui qui est le plus voisin du lieu de l'accident ; par le second, la Cour de Caen a jugé, le 1er octobre 1848, que c'est le plus voisin du lieu où l'abordé s'est réfugié après l'accident ; le dernier des trois, qui a été rendu par la Cour de Bordeaux, le 23 février 1863, s'écarte absolument des deux autres ; il décide que les actions d'abordage doivent, suivant la règle générale de l'article 59 du Code de Procédure civile, être portées devant le Tribunal du domicile du défendeur.

Le même recueil contient, t. 1855 1. 135 et 1856 2. 146, deux décisions, l'une rendue le 22 janvier 1852 par le Tribunal de Marseille, qui veut que, même en l'absence de l'abordeur, l'action soit portée devant le Tribunal du lieu du déchargement du navire abordé ; par conséquent, au port de destination de ce dernier navire, et l'autre par laquelle le Tribunal du Havre a, le 12 juillet 1856, repoussé une demande formée devant lui, à l'occasion d'un abordage survenu à l'île de la Réunion, par le motif que, bien que le navire abordeur, qui appartenait à l'arrondissement du Havre, eût quitté la colonie immédiatement après l'événement, l'action aurait dû, malgré l'absence du navire abordeur, être portée devant le Tribunal du lieu qui avait été témoin de l'abordage.

Ces diverses solutions dont une, celle qui prend pour règle de la compétence le lieu de destination du navire abordé, a été longuement et habilement développée dans le *Recueil Alphabétique* de Dalloz, au mot *droit maritime*, nous paraissent pécher les unes et les autres par leur caractère exclusif.

L'action d'abordage est complexe de sa nature ; elle est tout à la fois personnelle et réelle ; personnelle, à raison du quasi-délit qui lui a donné lieu et de la réparation qui peut en être poursuivie, soit contre l'auteur même du dommage, soit contre ceux que la loi en déclare responsables ; réelle, à raison des droits que celui qui a été victime de l'accident est fondé à exercer sur la chose même qui a été la cause matérielle du dommage. En d'autres termes, il y a deux actions ouvertes à l'abordé, une personnelle contre le capitaine ou les armateurs du navire abordé, et l'autre réelle contre le navire même qui a occasionné le préjudice dont la réparation est demandée.

Il suit de là que si, à raison de l'action personnelle qui lui est ouverte contre les armateurs du navire abordeur, l'abordé n'est fondé à se pourvoir que conformément aux dispositions de l'article 59 du Code de procédure civile, il a pour l'exercice de l'action qui lui appartient sur la chose même par laquelle le dommage est arrivé, le droit d'agir partout où cette chose se rencontrera.

De ces deux voies, il pourrait être facultatif à l'abordé de suivre l'une ou l'autre à son choix si, par les articles 435 et 436 du Code de Commerce, la loi ne lui imposait l'obligation implicite de s'adresser, tout d'abord et toutes les fois qu'il en aura eu la possibilité, au Tribunal du lieu où les navires se seront trouvés en présence après l'événement accompli.

La raison de ces deux articles est évidente :

Le cas le plus fréquent est celui où, l'abordage consommé, les deux navires se trouvent l'un et l'autre sur le lieu de l'accident; dans ce cas, la juridiction que nous appellerons *territoriale* offre le triple avantage : 1° de faire juger l'affaire par le Tribunal qui est le plus apte à apprécier les causes et les circonstances de l'événement, 2° d'éviter, par la promptitude de la solution, que les avaries dont la réparation est demandée puissent être confondues avec d'autres avaries survenues postérieurement, 3° d'offrir, à celui qui a été victime de l'accident, outre l'avantage d'une réparation immédiate, celui de pouvoir exercer ses droits sur la chose qui est naturellement appelée à répondre du dommage qu'il a souffert.

Si, au contraire, un seul des deux navires étant en mouvement, ils se séparent et s'éloignent l'un de l'autre après l'événement, il pourra se faire qu'ils viennent à se rencontrer plus tard, soit pendant la route, dans un même port de refuge, soit après l'arrivée au même lieu de destination.

Dans ces deux cas, les articles 435 et 436 sont encore impératifs. Le capitaine du navire abordé ayant son adversaire en présence, sera tenu d'agir dans les vingt-quatre heures, sous peine de se rendre plus tard non recevable; c'est encore l'action réelle qui prévaudra et déterminera la compétence, en offrant ainsi, au capitaine du navire abordé, le moyen, aussitôt la condamnation prononcée, d'en poursuivre l'exécution contre le navire qui aura été l'agent matériel du dommage souffert.

Mais si les deux navires, après s'être abordés et s'être immédiatement éloignés l'un de l'autre, ne se rencontrent plus ni en route ni au port de destination, contre qui l'abordé devra-t-il diriger son action ?

Évidemment contre les armateurs du navire abordeur qui, sauf le bénéfice qui leur est réservé par l'article 216 du Code de Commerce, sont responsables de l'événement, soit aux termes même de cet article, soit en vertu du principe général qui est écrit dans l'article 1384 du Code Civil

Ici, la compétence du lieu fait absolument défaut; le navire qui a occasionné le dommage ne se rencontrant plus avec celui qui l'a souffert. Il ne reste donc plus au demandeur qu'une action personnelle résultant du quasi-délit, action qui ne peut être intentée qu'en conformité de l'article 59 du Code de procédure civile, c'est-à-dire devant le Tribunal du domicile de celui qui est appelé à y répondre.

Voilà comment il nous semble que la question de compétence doit être résolue, en adaptant, aux diverses circonstances qui peuvent se présenter, les prescriptions des articles 435 et 436 du Code de Commerce, non pas en se référant comme, l'ont fait certains Tribunaux, à l'article 420 du Code de procédure civile et en arrivant ainsi jusqu'à accorder à l'abordé le droit de former son action dans un lieu où ni le capitaine ni les armateurs du navire abordeur n'auront pu être à même de se défendre.

CHAPITRE IX.

DE LA MANIÈRE DE PROCÉDER, LORSQUE L'ACTION EN RÉPARATION DU DOMMAGE A POUR CAUSE L'ABORDAGE D'UN NAVIRE APPARTENANT A L'ÉTAT.

L'abordage est une sorte de quasi-délit qui, quoique dérivant du droit commun, devait, à raison de sa nature spéciale, être placé dans la partie maritime de notre Code de commerce, et se trouve ainsi dévolu à la juridiction consulaire, qui est la juridiction ordinaire dans les matières commerciales et maritimes.

Peu importe de qui provient le fait dommageable. Il est un double principe : le premier, que chacun est responsable de ses faits personnels ; le second, que la responsabilité s'étend, de l'auteur du dommage, à ceux sous les ordres de qui il était placé au moment où il a commis le fait qui donne lieu à l'action en réparation.

Il semble donc que rien ne s'oppose à ce qu'un capitaine, qui s'est vu aborder par un navire de l'Etat, actionne, devant la juridiction commerciale, et le commandant du navire abordeur et l'Administration de la Marine, responsables tous deux, l'un, à titre personnel; l'autre, comme tenu de répondre civilement du fait de son préposé.

Malheureusement, cette solution, qui paraît si simple au premier abord, est l'objet d'un dissentiment profond entre deux juridictions rivales, le Conseil d'Etat et la Cour de Cassation.

Les Tribunaux ordinaires ne peuvent, suivant le Conseil d'Etat, prononcer aucune condamnation contre l'Etat, pour quelque cause et à quelque titre que ce soit.

Quant aux fonctionnaires et aux préposés du Gouvernement, à quelque ordre qu'ils appartiennent, du plus grand jusqu'au plus petit, ils échappent également à la juridiction ordinaire, toutes les fois qu'ils ont agi dans l'exercice de leurs fonctions, leur conduite et les conséquences qu'elle a pu avoir pour les particuliers dépendant de l'examen des règlements administratifs qui les concernent, et dont la connaissance est interdite aux Tribunaux (1).

De son côté, la Cour de Cassation, sans méconnaître le principe de la séparation des pouvoirs et l'interdiction faite aux Tribunaux de s'immiscer dans l'examen et l'appréciation des règlements administratifs, a toujours reconnu aux particuliers le droit de traduire les préposés de l'Administration devant la juridiction civile, en réparation des dommages

(1) Cons. d'Etat, 8 août 1844, D. P. 45. 3. 3. — 9 février et 26 avril 1847, D. P. 57. 3. 113.

ayant pour cause des faits de négligence, d'imprudence ou autres, prenant leur source dans le droit commun.

Quant à ce qui concerne l'Administration, tout en reconnaissant l'incompétence des Tribunaux ordinaires pour les questions relatives à la liquidation de la dette publique, la même Cour a constamment décidé que, lorsqu'il s'agissait de dommages-intérêts réclamés à l'Etat comme civilement responsable du fait de ses préposés, c'était à ces Tribunaux qu'il appartenait de les prononcer et d'en fixer le montant (1).

Le dissentiment le plus grave était donc dans le droit de condamner l'Etat au paiement d'une somme quelconque, que le Conseil d'Etat contestait, d'une manière absolue, aux Tribunaux ordinaires, et que la Cour de Cassation revendiquait, pour ces Tribunaux, dans toutes les matières de droit commun.

Appelé à trancher la question, le Tribunal des conflits avait essayé, par un moyen terme, d'apaiser le différend (2).

Pour déclarer l'Etat civilement responsable du fait de son préposé, il fallait reconnaître si ce préposé avait agi ou non dans l'exercice de ses fonctions.

Le débat se trouvait ainsi naturellement transporté sur un terrain où la question brûlante, celle

(1) C[illegible] s. [illegible] janvier et 3 juin 1843, D. P. 43. 1. 96 et 421. — 1. avril [1]845, D[illegible] 1, 261.

(2) Trib. des conflits, 20 mai 1850, 5 esp. DP, 1850, 3. 65.

de l'*État débiteur*, ne pouvait plus trouver place ; elle s'effaçait et disparaissait devant la nécessité où on se trouvait, à chaque affaire, d'examiner et de discuter les règlements administratifs à l'aide desquels on devait reconnaître si le fait reproché dépendait ou non des fonctions de l'agent et était susceptible d'être couvert par la responsabilité de l'Administration.

Pour ce qui était de l'agent lui-même ou du fonctionnaire, si le fait qui lui était imputé ne paraissait pas de nature à entraîner, quant à lui, la discussion des actes ou des règlements de l'Administration, le Tribunal des conflits laissait aux Tribunaux ordinaires le soin de statuer sur les dommages-intérêts qu'il pouvait avoir encourus, à raison de sa responsabilité personnelle (1).

Comme il arrive toujours, cette tentative de rapprochement est demeurée sans résultat.

Le Tribunal des conflits, institué en vertu de la Constitution de 1848, venait à peine de terminer son existence, lorsque, rétabli par la Constitution de 1852, dans le droit de statuer sur les conflits entre l'autorité administrative et les corps judiciaires, le Conseil d'Etat a déclaré, le 10 mars 1853 (2), qu'il n'appartient pas à l'autorité judiciaire de déterminer la responsabilité qui peut incomber à l'Etat, par suite des

(1) Trib. des conflits (affaire Lavigerie), 20 mai 1850. D. P. 50. 3. 66.
(2) D. P. 1853. 3. 33.

actes des agents de l'Administration, à moins que ce droit ne lui ait été donné par des dispositions législatives particulières.

Confirmant cette doctrine par une nouvelle décision du 10 septembre 1855 (1), il a admis, comme palliatif, la distinction déjà faite par le Tribunal des conflits le 20 mai 1850 (affaire Lavigerie), pour le cas où l'action en responsabilité, au lieu de s'adresser à l'Administration, ne serait dirigée que contre l'agent, auteur du dommage.

Dans l'intervalle, la Cour de Cassation avait, de son coté, affirmé de nouveau la jurisprudence contraire, en décidant, le 19 décembre 1854 (2), que les Tribunaux civils sont compétents pour statuer sur toutes demandes en réparation de dommages causés par le fait d'autrui, par sa négligence, son imprudence ou l'inobservation des règlements;

Que l'action exercée, dans ces circonstances, contre les employés de l'Administration, a son principe dans le droit commun et doit être jugée par les principes de ce droit;

Que si, par sa nature, elle réagit contre l'Administration elle-même, comme responsable du fait de ses agents, cette responsabilité n'est aussi que la conséquence du droit commun.

(1) D. P., 1855, 3, 34.
(2) D. P., 1855, 1, 38.

Que les administrations publiques, comme représentant l'Etat, ne sont pas à l'abri des poursuites judiciaires qui ont pour objet de faire établir cette responsabilité;

Qu'enfin, s'il est vrai que les condamnations prononcées contre elles ne puissent avoir leur exécution que de la manière et dans le cas déterminés par la loi, il n'en est pas moins vrai qu'il appartient aux Tribunaux, dans les matières du droit commun, de les prononcer et d'en fixer le montant.

Cet arrêt n'est pas seulement une protestation contre la doctrine absolue du Conseil d'Etat; la Cour s'y est évidemment proposé un autre but, celui de combattre le moyen qui avait été imaginé par le Tribunal des conflits, pour soustraire l'Etat à la juridiction des Tribunaux ordinaires, en l'abritant derrière l'impossibilité où ils se verraient, pour arriver jusqu'à lui, d'examiner et d'apprécier les actes et les règlements administratifs d'où devait découler sa responsabilité.

Elle déclare, en effet, par un de ses attendus, que, dans ces sortes de matières, la compétence des Tribunaux est générale, qu'elle ne saurait être modifiée, parce que les faits de négligence ou d'imprudence constitueraient en même temps, de la part des employés des administrations publiques, des infractions aux règlements de ces administrations, alors surtout que ces règlements ne sont pas contestés.

Quoique étrangères à la matière de ce livre, celle des abordages, les décisions qui viennent d'être citées contiennent, chacune avec le sens différent dans lequel elle a été conçue, un principe général susceptible d'être appliqué à toutes les actions en dommages-intérêts poursuivies contre l'Administration ou ses préposés, quelle que soit la cause qui les ait fait naître.

Il était donc naturel de penser que le jour où la responsabilité de l'Etat viendrait à être mise en jeu, à la suite d'un événement de mer, le Conseil d'Etat ne manquerait pas d'appliquer sa jurisprudence au cas spécial dont il se trouverait saisi.

C'est ce qui a eu lieu le 11 mai 1870 à l'occasion de l'abordage du paquebot le *prince Pierre-Bonaparte* par l'aviso à vapeur de l'état, la *Latouche-Tréville* (1).

Après un déclinatoire proposé par le préfet maritime et rejeté par le Tribunal de Marseille, le Conseil d'Etat, considérant que l'action du demandeur avait pour objet de faire déclarer l'Etat responsable de la faute imputée au commandant d'un navire de la marine impériale et de le constituer débiteur, a, par un arrêté de conflit, dessaisi le Tribunal devant lequel avait été portée la demande.

Le 26 mars 1847, la Cour de Paris avait rendu un arrêt absolument contraire; adoptant la doctrine

(1) D. P. 1871. 3. 62.

déjà émise, à cette époque, par la Cour de Cassation, elle avait reconnu aux Tribunaux ordinaires le droit de se prononcer sur les dommages intérêts réclamés à l'État, pour cause d'abordage.

Mais il ne paraît pas, bien que le Tribunal et la Cour se soient prononcés sur ce point (1), que la difficulté consistât principalement dans la question de savoir si l'affaire devait être jugée administrativement ?

La compagnie d'assurances de Glascow, demanderesse, avait porté l'action devant le Tribunal Civil de la Seine.

L'Administration, partie assignée, se borna à demander son renvoi devant la juridiction commerciale. Son déclinatoire, fondé uniquement sur les articles 407, 435 et 633 du Code de Commerce, fût appuyé par le Ministère public, qui prit des conclusions tendant à ce que le Tribunal déclarât d'office son incompétence.

La Cour, ou plutôt le Tribunal et la Cour, se basant sur le caractère non commercial des expéditions maritimes entreprises par l'État dans l'intérêt des services publics, refusèrent le renvoi demandé,

(1) Cet arrêt est rapporté par Dalloz (Table de 1847, v°, Compétence civile), sous la date du 26 mars et par le *Journal du Palais* (t. 2. 1848, p. 648), sous celle du 27 du même mois. Les co[illegible]idérants reproduits par les deux arrêtistes sont les mêmes, avec cette différence que le Journal de Dalloz les rapporte à l'arrêt lui-même, tandis que, d'après le *Journal du Palais*, ils appartiendraient exclusivement au Tribunal dont l'arrêt n'aurait fait que confirmer les dispositions, en adoptant les motifs des premiers juges.

et il fût ainsi décidé que la juridiction civile avait été régulièrement saisie de l'affaire.

Il est probable que si l'instance se fût produite plus tard, le déclinatoire proposé devant le Tribunal de la Seine eût eu une toute autre portée et qu'il eût donné lieu, comme en mars 1853, à un conflit qui eût eu pour résultat de faire trancher la question, par le Conseil d'État, en faveur de la juridiction administrative.

C'est sans doute pour échapper à cette conséquence que, le 15 janvier 1856, la Cour d'Aix s'est déclarée incompétente, à l'occasion d'un abordage entre le brick goëlette *le Goëland* et le vapeur de l'État *le Montezuma,* dans la rade de Kamiesch (1).

Sur la réclamation du capitaine abordé, le vice-Amiral commandant l'Escadre de la Méditerranée avait chargé un capitaine de frégate de représenter le département de la marine, pour le règlement des avaries.

Cet officier avait accepté un arbitrage avec réserve d'appel, et les arbitres désignés avaient alloué au plaignant la somme de 5,668 francs 48 centimes.

La sentence ayant été frappée d'appel par le représentant du département de la Marine, le préfet des Bouches-du-Rhône intervint et, de concert avec l'appelant, proposa un déclinatoire qui fut accueilli par la Cour.

(1) D. P. 1857, 2, 13.

Le motif de l'arrêt est tiré de la nature de la demande dont l'objet était « de statuer sur l'étendue « de la responsabilité de l'Administration, à raison « du fait de l'un de ses agents commandant un « navire de l'État, alors qu'il exerçait son comman- « dement et par suite de l'exercice de ses fonc- « tions. »

La Cour décide « que l'appréciation de pareils « actes ne saurait entrer dans le domaine de l'auto- « rité judiciaire qui, d'après les règles générales de « son institution et de la séparation des pouvoirs, « ne peut s'immiscer directement ni indirectement « dans les actes de l'autorité publique administra- « tive, ni connaître de ces actes. »

Cette décision, qui protégeait le commandant lui-même, aussi bien que le département de la Marine, contre la juridiction des Tribunaux soit civils, soit consulaires, a été appuyée, le 22 mai 1865, par une circulaire du Ministre de la Marine prescrivant de proposer des déclinatoires et d'élever des conflits, dans toutes les affaires d'abordage où l'Administration se trouverait intéressée, soit par elle-même, soit dans la personne de ses agents.

Le Ministre ne se borne pas, en effet, à contester, aux Tribunaux ordinaires le droit de déclarer l'État débiteur; revenant sur la concession faite par le Tribunal des conflits, le 20 mai 1850, et par le Conseil d'État lui-même, le 10 septembre 1855, pour le

(1) Chap. VII, liv. 3, 3e partie.

cas où c'est l'agent seul et non l'État qui est assigné, il a déclaré que, dans tous les cas de cette nature, l'Administration de la Marine entendait couvrir de sa responsabilité les commandants des navires de guerre et s'opposer à ce que leur conduite fût appréciée par les Tribunaux.

Il faut reconnaître qu'il était difficile de faire autrement, après la protection spéciale dont, ainsi qu'on a pu le voir dans un chapitre prédédent (1), on a songé à entourer les simples pilotes.

Quelle doit être, en présence des décisions diverses que nous venons d'indiquer, la conduite à tenir par les capitaines ou les armateurs du commerce dont les bâtiments viendraient à être abordés par des navires de l'État?

S'il suffisait, pour sortir d'embarras, d'envisager la question au point de vue théorique, nous ne cacherions pas notre prédilection pour la doctrine de la Cour de Cassation, qui, limitant les dispositions législatives invoquées par le Conseil d'État au cas où il s'agit de la liquidation de la dette publique, considère l'état comme suffisamment garanti, dans les matières du droit commun, par les dispositions spéciales relatives à l'exécution des condamnations qui peuvent être prononcées contre lui.

Nous le ferions avec d'autant moins de crainte, que nous aurions, pour nous défendre, l'opinion de Valin, dans son *Commentaire sur l'article XI*, au

(1) Pages 371 et suiv.

titre des Avaries, où après avoir établi que « les dis-
« positions de l'Ordonnance, sur le fait de l'abordage
« des navires, regardent aussi bien les vaisseaux du
« roi que ceux des particuliers », il décide « qu'en
« cas d'abordage d'un vaisseau du roi avec un navire
« marchand, l'Amirauté est fondée à en connaître, et
« qu'à cet égard, tout doit être réglé, comme s'il
« s'agissait de l'abordage de deux vaisseaux appar-
« tenant à des particuliers. »

Nous serions d'autant mieux fondés à nous prévaloir, sur ce point, de l'autorité de l'illustre commentateur, que le conflit, qui s'est produit de nos jours, entre les Tribunaux ordinaires et la juridiction administrative, n'est pas de date récente, et que, déjà en 1753, un abordage ayant eu lieu entre la flûte du roi *la Chèvre* et le navire *la Couronne*, un arrêt du Conseil, rapporté dans le *Commentaire* que nous venons de citer, annula, dit Valin, *sous prétexte d'incompétence*, la procédure faite à l'Amirauté, pour le règlement des avaries provenant de cet abordage.

On peut juger, par les réflexions que cet arrêt du Conseil a inspirées à l'auteur, de l'étonnement profond et du regret qu'il avait éprouvés de voir l'autorité administrative intervenir dans des affaires qui, jusques là et *de toute ancienneté*, avaient toujours été portées devant les Tribunaux de l'Amirauté.

Nous n'hésiterions donc pas, quant à nous, à nous prononcer pour la juridiction des Tribunaux de commerce, comme autrefois Valin, pour celle des Tribunaux de l'Amirauté, bien qu'on ait essayé, dans ces derniers temps, de contester à tort que les Tribunaux de commerce soient devenus, en ce qui concerne les matières maritimes conservées par notre Code commercial, les héritiers naturels et légitimes de cette ancienne juridiction.

Nous ne demanderions pas mieux, contrairement à la Cour de Paris, de reconnaître, avec Pardessus (1), que « lorsque le navire d'un ama-« teur a éprouvé un dommage, à la suite d'un « abordage causé par un vaisseau, il n'est pas « douteux que la partie lésée ne puisse assigner « directement l'Etat dans les formes ordinaires, » c'est-à-dire devant la juridiction commerciale.

Nous nous contenterions de n'être pas de son avis quant au préliminaire qui, selon lui, doit être observé à l'égard de l'Etat, en exécution de l'article 15 du titre III de la loi du 5 novembre 1870, parce que, outre l'inconvénient qu'il y aurait à différer, d'un mois au moins, la réalisation d'actions qui réclament d'ordinaire la plus grande célérité, cette loi relative à la vente et à l'administration des biens nationaux, ne nous paraît nullement applicable à la matière spéciale des abordages.

Mais nous serions volontiers d'accord, en ce qui concerne la compétence des Tribunaux de commerce, parce qu'indépendamment de l'avantage accordé aux matières maritimes par l'article 418

(1) T. 6, chap. 1. De la Comp. d'attribution, n° 1352, *in fine*.

du Code de procédure civile, qui permet d'assigner, de jour à jour et même d'heure à heure, les dommages résultant des abordages, ont pour cause un quasi-délit *sui generis*, spécialement prévu par le Code de commerce, et qu'il n'est pas admissible que le Législateur, ayant pris soin d'indiquer, dans ce Code, les règles suivant lesquelles ces sortes de dommages doivent être réparés, ait pu avoir en vue une autre juridiction que celle des Tribunaux de Commerce.

Malheureusement, toutes les questions ont deux faces, et c'est, quoiqu'on veuille. le côté pratique qui finit toujours par l'emporter.

Sous ce rapport, le parti à prendre n'est pas douteux.

Depuis le conflit vidé par le Conseil d'Etat, à l'occasion de l'abordage du *Prince Pierre Bonaparte* par le *Latouche-Tréville*, le Tribunal des conflits, rétabli par un décret du 24 mai 1872, semble s'être prononcé implicitement, dans le sens de la compétence exclusive des Tribunaux administratifs, à raison des actions qui pourraient être formées contre l'Etat, par suite d'abordages entre des navires de guerre et des bâtiments de commerce.

Il s'agissait encore du *Prince Pierre Bonaparte*, dont le naufrage, occasionné par sa rencontre avec le *Latouche Tréville*, avait amené la perte des dépêches qui se trouvaient à son bord. Les destinataires de ces dépêches ayant assigné l'Administration des Postes, les sieurs Valery et fils, propriétaires du *Prince Pierre Bonaparte*, appelés en garantie par cette Administration, assignèrent, à leur tour, le Ministre de la Marine devant le Tribunal saisi de la contestation.

Sur l'appel porté devant la Cour de Paris, un conflit d'attribution ayant été élevé par le préfet de la Seine, le nouveau Tribunal des conflits en a, le 1er février 1873, prononcé la validité (1).

Le Conseil d'Etat, par une décision antérieure du 15 février 1872, avait déjà réglé le chiffre incombant à l'Etat, à raison des dommages occasionnés au même navire par son abordage avec le *Latouche-Tréville.*

Depuis, le même Conseil, par une autre décision du 15 avril 1873, a statué seul, sur les conséquences d'un abordage survenu, dans la rivière du Sénégal, entre le bateau le *Lithama* et l'aviso de l'Etat le *Phaéton* (2).

Il est donc à peu près établi qu'il n'y aurait aujourd'hui aucun avantage aux capitaines ou aux armateurs des navires du Commerce abordés par des navires de l'Etat, de chercher, quelle que fût leur conviction, à porter, devant les Tribunaux de commerce, ni même devant la juridiction civile, les demandes en dommages-intérêts qu'ils se croiraient autorisés à former, soit contre l'Adminis-

(1) D. P. 3, 58.
(2) *Ibid.*

tration de la Marine, soit même contre les commandants des navires abordeurs; qu'ils donneraient sûrement occasion, en cas d'une déclaration de compétence par le Tribunal saisi, à un arrêté de conflit qui aurait pour résultat d'éloigner la solution de l'affaire et d'en aggraver les frais;

Qu'ainsi le parti le plus sage, en attendant que la question puisse être législativement résolue, sera, pour éviter une lutte inutile, de s'adresser, tout d'abord et sans tarder, à la juridiction administrative.

FIN DU LIVRE TROISIÈME.

AVIS

Cet ouvrage a été écrit à l'Ile de la Réunion où l'auteur n'avait en mains que le *Journal du Palais*, auquel il a emprunté les divers arrêts cités par lui.

Ayant eu plus tard en sa possession le *Répertoire de Dalloz*, il a jugé nécessaire d'indiquer les diverses parties de ce recueil où les mêmes décisions se trouvent reproduites ou seulement citées.

D. A. désigne le recueil alphabétique au mot : *Droit Maritime*.

D. P. désigne la partie périodique du même recueil.

2 frimaire an X		Rouen.	D. A.	1078	(1)	P. 512
6 germinal an X		Rouen.	»	1116	(1)	523
1 septembre	1813	Cassation.	»	539.2060	(1)	694
24 janvier	1822	Rennes.	»	1196.1194	(2)	537
31 décembre	1824	Aix.	»	1128.1097.1095.1093.1086	(1)	514
22 »	»	Trib. Com. Marseille.	»	1137	0	0
2 janvier	1826	Rouen.	»	1159	(1)	553
22 mai	»	Rennes.	»	1212.1122.1083	(3)	513
19 juin	»	Rouen.	»	1113.1103.1100	(1)	519
11 juillet	»	Bordeaux (ou 11 février).	»	1211.1204.2218	(1)	731
28 mars	1827	Rennes.	»	2239.1217.1083.1209	(2)	541
3 mai	»	Rouen.	»	1104	0	0
21 novembre	»	Bordeaux.	»	1194	(1)	537
15 février	1828	Aix.	»	1095	(1)	517
15 avril	»	Trib. Com. Marseille.	»	1103	0	0
20 novembre	»	Caen.	»	1219.1122.1133	(1)	528
23 février	1829	Bordeaux.	»	509.1133.1073.1098	(1)	518
13 juillet	»	Casssation.	»	2237.567	(1)	452
17 mars	1830	Bordeaux.	»	2292	(1)	754
21 avril	»	Trib. Com. Marseille.	»	509	0	0
11 juillet	1832	Rouen.	»	1121	(1)	525
2 août	»	Rennes.	»	207.509.2295	(1)	756
6 juin	1833	Rennes (ou 31 mai).	»	1140	(1)	529
26 novembre	»	Trib. Com. Marseille.	»	1103	0	0
19 février	1834	Cassation.	»	1121	(1)	525
7 juillet	1835	Cassation.	»	1140	(1)	529
25 décembre	1837	Montpeilier.	»	1102	(1)	521
27 mars	1838	Paris.	»	2033	(1)	689
27 juillet	»	Trib. Com. Marseille.	»	2239	0	0

6 décembre	»	Bordeaux.	D. A.	390.337.336 (1)	178
3 juillet	1839	Cassation.	»	532.2080 (1)	703
29 février	1840	Trib. Com. Marseille.	»	1099 0	0
9 juin	»	Aix.	»	1189 (1)	536
25 juillet	»	Rouen.	»	1080 (1)	513
24 novembre	»	Rouen.	»	2305. V. Comp. com. n° 515	
2 décembre	»	Cassation.	»	1110 (1)	524
13 janvier	1841	Bordeaux.	»	306.1101 (2)	536
4 mars	»	Aix.	»	1105 (1)	538
27 mai	»	Rouen.	»	1122 (1)	525
26 novembre	»	Rouen.	»	532.1125 (1)	527
6 février	1843	Rouen.	»	2230.2238.1219.1122 1109.1073.1123 (1)	526
20 mai	1845	Cassation.	D. P.	1845.3 P.	233
1 octobre	1848	Caen.	»	1849.2	8
23 juillet	1856	Cassation.	»	1856.1	313
11 août	1859	Aix.	»	1860.2	15
3 janvier — 3 juin	1843	Cassation.	»	1843.1.96	421
8 août	1844	Conseil d'État.	»	1845.3	3
1 avril	1845	Cassation.	»	1845.1	201
9 février — 26 avril	1847	Conseil d'État.	»	1847.3	113
26 mars	»	Paris.	»	1847 tabl. comp.	
20 mai	»	Trib. des conflits 5ᵉ esp.	»	1850.3	65
» »	»	» » 6ᵉ esp.	»	1850.3	66
10 mars	1853	Conseil d'État.	»	1853.3	33
19 décembre	1854	Cassation.	»	1855.1	38
10 septembre	1855	Conseil d'État.	»	1855.3	34
15 janvier	1856	Aix.	»	1857.2	13
11 mai	1870	Conseil d'État.	»	1871.3	62
15 février	1872	Conseil d'État.	»	1873.3	58
20 décembre	»	Conseil d'État.	»	1873.3	59
1 février	1873	Conseil d'État.	»	1873.3	59

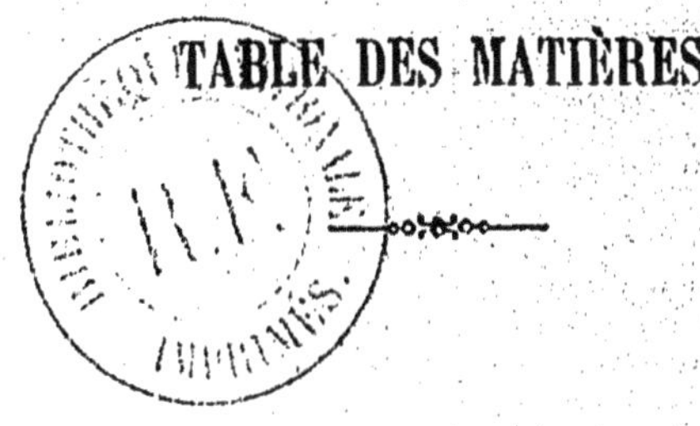

TABLE DES MATIÈRES

LIVRE SECOND.

LIVRE TROISIÈME.

FIN DE LA TABLE.

EN VENTE A LA MÊME LIBRAIRIE

BRAVARD-VEYRIÈRES ET ROYER-COLLARD. **Des Prises maritimes** d'après l'ancien et le nouveau droit, tel qu'il résulte du traité de Paris et de la déclaration du 16 avril 1856, in-8° . . . . 1 fr. 50

GAY. **De la propriété des rivages de la mer** et autres dépendances du domaine public. Etude sur les principes de la législation domaniale, in-8°. . . . . 1 fr. »

GOUSE. **Effet de l'abandon du navire** et du fret. Article 216 du Code de commerce (Extrait de la *Revue critique de législation et de jurisprudence*), in-8° . . . . 1 fr. 50

HEFFTER. **Le droit international** public de l'Europe, traduit par G. Bergson. Nouvelle édition revue et augmentée . . . . 18 fr. »

LEVEILLÉ **Notre marine marchande** et son avenir (Extrait de la *Revue critique de législation et de jurisprudence*), in-8° . . . . 2 fr. »

VALROGER. **Questions sur le prêt à la grosse** (Extrait de la *Revue critique de législation et de jurisprudence*), in-8° . . . . 2 fr. »

Marseille.— Typ. et Lith. Baratier-Feissat Père et Fils, rue Venture, 19.

www.ingramcontent.com/pod-product-compliance
Ingram Content Group UK Ltd.
Pitfield, Milton Keynes, MK11 3LW, UK
UKHW022324190726
13856UKWH00001B/201

9 782013 603539